Por trás da notícia

Dados Internacionais de Catalogação na Publicação (CIP)
(Câmara Brasileira do Livro, SP, Brasil)

Flosi, Edson
   Por trás da notícia / Edson Flosi. – São Paulo : Summus, 2012.

   ISBN 978-85-323-0781-1

   1. Jornalismo - Brasil 2. Repórteres e reportagens I. Título.

11-11934   CDD-070.43

Índice para catálogo sistemático:
1. Reportagens : Jornalismo 070.43

Compre em lugar de fotocopiar.
Cada real que você dá por um livro recompensa seus autores
e os convida a produzir mais sobre o tema;
incentiva seus editores a encomendar, traduzir e publicar
outras obras sobre o assunto;
e paga aos livreiros por estocar e levar até você livros
para a sua informação e o seu entretenimento.
Cada real que você dá pela fotocópia não autorizada de um livro
financia o crime
e ajuda a matar a produção intelectual de seu país.

Por trás da notícia

E D S O N F L O S I

POR TRÁS DA NOTÍCIA
Copyright © 2012 by Edson Flosi
Direitos desta edição reservados por Summus Editorial

Editora executiva: **Soraia Bini Cury**
Editora assistente: **Salete Del Guerra**
Capa: **Alberto Mateus**
Projeto gráfico e diagramação: **Crayon Editorial**
Impressão: **Sumago Gráfica Editorial**

Summus Editorial
Departamento editorial
Rua Itapicuru, 613 – 7º andar
05006-000 – São Paulo – SP
Fone: (11) 3872-3322
Fax: (11) 3872-7476
http://www.summus.com.br
e-mail: summus@summus.com.br

Atendimento ao consumidor
Summus Editorial
Fone: (11) 3865-9890

Vendas por atacado
Fone: (11) 3873-8638
Fax: (11) 3873-7085
e-mail: vendas@summus.com.br

Impresso no Brasil

Dedico este livro ao Cláudio Abramo,
o maior jornalista do meu tempo.

À minha mulher, Nancy da Costa Flosi,
companheira leal de uma vida inteira.

E aos meus filhos, Edson, Nancy Regina e Sandra,
que fizeram mais por mim do que eu fiz por eles.

Este livro é o produto final e ampliado
de um trabalho que o autor escreveu para
o Centro Interdisciplinar de Pesquisa
(CIP) da Faculdade Cásper Líbero.

Sumário

Apresentação **9**

A grande reportagem **11**
Um mistério em oito capítulos: suicídio ou assassinato? **16**

Jornal da Tarde de 8 de junho de 1976

Planejamento **29**
Uma luva preta ainda é a única pista no trucidamento da família Kubitzky. . **35**

Folha de S.Paulo de 1 de julho de 1969

Apurando os fatos **47**
Assassinos dos Kubitzky confessaram tudo friamente **52**

Folha de S.Paulo de 13 de julho de 1969

A informação **58**
Conversando com os meninos assassinos **63**

Jornal da Tarde de 19 de outubro de 1976

Entrevista **67**
Dom Agnello Rossi **73**

Jornal da Tarde de 19 de abril de 1977

Inspiração **80**
O domingo em que Francisco, funcionário público, virou lobo do mar... . . **84**

Jornal da Tarde de 25 de outubro de 1976

Luta armada **88**

Trem pagador: 110 milhões roubados **98**

Folha de S.Paulo de 11 de agosto de 1968

Polícia diz: ladrões são guerrilheiros **106**

Folha de S.Paulo de 12 de agosto de 1968

Os guerrilheiros **115**

China prepara brasileiros para fazerem guerrilha em nosso país – I **123**

Folha de S.Paulo de 21 de novembro de 1968

China prepara brasileiros para fazerem guerrilha em nosso país (conclusão) . **130**

Folha de S.Paulo de 22 de novembro de 1968

Arquivo de jornal **139**

Pistoleiros atocaiados no Brooklin mataram professor **143**

Folha de S.Paulo de 9 de novembro de 1980

Morte de Maria Tereza foi investigada com muita falha **148**

Folha de S.Paulo de 10 de novembro de 1980

A morte de Amante Neto na Estrada Velha de Santos **153**

Folha de S.Paulo de 11 de novembro de 1980

O assassinato da líder divorcista Anita Carrijo **158**

Folha de S.Paulo de 12 de novembro de 1980

Crime do cineasta sem solução 20 anos depois **163**

Folha de S.Paulo de 13 de novembro de 1980

Apresentação

DEPOIS DE TRABALHAR durante 30 anos – de 1960 a 1990 – como jornalista e já exercendo a nova profissão de advogado, iniciei mais uma carreira: a de professor universitário na Faculdade Cásper Líbero, onde leciono desde 1996 aos alunos do curso de jornalismo. Foi o contato com essa juventude estudantil que me levou a escrever este livro.

Como jornalista, fui essencialmente repórter policial. Trabalhei em vários órgãos da imprensa, como *Folha de S.Paulo* e *Jornal da Tarde*. Assinei mais de 500 reportagens e delas selecionei 15, que reuni e transcrevi neste livro, cada uma precedida de um comentário e ilustrada com o fac-símile da página do veículo em que a matéria foi publicada.

Lecionando jornalismo, descobri que os alunos tinham dificuldade de escrever reportagens, principalmente as grandes histórias, capazes de ocupar uma página inteira do jornal ou várias da revista. Espero que as matérias comentadas que compõem este livro possam inspirar os estudantes e profissionais em início de carreira.

No entanto, o livro não se destina exclusivamente aos estudantes de jornalismo, podendo interessar também ao público que gosta de saber como se dá a produção da notícia. Ao comentar os bastidores da reportagem – do trabalho do repórter até a impressão do jornal – e revisitar matérias importantes, a obra, creio, pode ser considerada um documento histórico, o testemunho de como se fazia jornalismo algumas décadas atrás.

Participei da última geração do jornalismo romântico, que era praticado por intelectuais e autodidatas. Suas marcas eram as velhas e pesadas máquinas de escrever, os vidros de cola branca usada para unir laudas e retrancas, as matérias descendo para a oficina, o teletipo funcionando o tempo todo, a campainha dos telefones chamando, a redação barulhenta, o frenético fechamento do jornal, o amor à reportagem e ao texto.

O jornal fechava às 21h, mas alguns repórteres, redatores e editores ficavam na redação, formando grupos para discutir jornalismo, literatura, história, política e outros assuntos. Depois, uns iam embora, outros rumavam para o bar e, mais tarde, para casa. Às vezes, nos excedíamos em noitadas de boêmia.

Fazíamos o jornalismo de rua, apurando os fatos pessoalmente, entrevistando gente, pesquisando arquivos, investigando casos. No fim da tarde, voltávamos à redação para escrever as reportagens que o jornal publicava no dia seguinte. Uma vida agitada, tensa, mas ainda encontrávamos tempo para ler. Líamos de tudo, principalmente história e literatura.

De vez em quando escrevíamos uma *grande reportagem*, que exigia tempo e dinheiro e era bancada pelo jornal. Nela podíamos exercitar o jornalismo literário – forma de escrever a reportagem usando recursos como pesquisa, história, psicologia, descrição dos fatos, do local e dos personagens e, sobretudo, estudo aprofundado do tema e tratamento do texto. Escrevíamos e reescrevíamos a matéria, aperfeiçoando-a até que ficasse boa. Tínhamos tempo para isso.

Ninguém criou o jornalismo literário, que não seguia uma fórmula nem era um movimento com normas definidas. Ele surgiu espontaneamente e ao mesmo tempo em vários lugares, como São Paulo e Nova York, onde ficou conhecido por *new journalism* (novo jornalismo). Fazíamos literatura dentro do jornalismo, mas sem ficção.

Depois veio o jornalismo "empresarial", pragmático, que acabou com a grande reportagem e com o jornalismo literário, implantando a política do maior lucro e menor despesa. A redação mudou muito e o jornalismo passou a ser praticado por acadêmicos. O computador, a internet, as reportagens e entrevistas feitas por telefone ou e-mail, o texto frio e objetivo, a redação silenciosa e a tela do monitor são as marcas dessa era.

Foram 30 anos de reportagem, no dia a dia do jornalismo, a melhor parte da minha vida dedicada a essa profissão. Eu ganhava pouco e trabalhava muito, mas valeu a pena – e faria tudo de novo.

Não tomei parte no jornalismo "empresarial". Minha carreira acabou antes. Mas, sonhador irreverente, acredito na volta da *grande reportagem* e do jornalismo literário, o que dependerá das novas gerações de jornalistas, que terão de lutar por mais espaço dentro das empresas se quiserem atingir esse objetivo.

EDSON FLOSI

A grande reportagem

O REPÓRTER ESCREVE, basicamente, três tipos de matéria: 1 – A *reportagem comum*, que faz parte do dia a dia da sua vida profissional, raramente ultrapassando quatro laudas de texto[1]. 2 – O *furo de reportagem*, caracterizado pela exclusividade da notícia, não importando o seu tamanho. 3 – A *grande reportagem*, que é sempre longa, muitas vezes de página inteira, exigindo texto cuidadosamente trabalhado.

A *reportagem comum* é essencialmente factual e escrita no dia do acontecimento ou, dando-lhe continuidade, nos dias seguintes, até o assunto se esgotar. São chamadas de suítes as reportagens elaboradas depois da primeira e a partir dela, podendo ser obras do mesmo repórter que iniciou o caso ou de outro, o que vai depender da chefia da Reportagem ou da disponibilidade do jornal.

O *furo de reportagem* depende de sorte e das fontes de informação, contribuindo também, para chegar a ele, o exercício do jornalismo investigativo. Mas, geralmente, o *furo de reportagem* cai de mão beijada no colo do repórter, jogado por um informante que, via de regra, tem interesse na divulgação da história, o que não desmerece o trabalho jornalístico. O *furo de reportagem* é ocasional na vida do repórter.

A *grande reportagem* só pode ser escrita por um repórter que tenha bom texto, no mínimo acima da média, pois, necessariamente extensa, não será lida se a narrativa for fraca, monótona, cansativa ou desinteressante. Sempre ilustrada com fotografias, desenhos ou gráficos, a *grande reportagem* exige diagramação competente e deve conter atrativos como mistério, suspense, calor humano e outros elementos que só um texto criativo será capaz de explorar.

A época de ouro da *grande reportagem* durou 20 anos, de 1960 a 1980, florescendo no período o jornalismo literário, técnica de escrever reportagem com

---

1 Uma lauda de texto, na máquina de escrever, corresponde a 1.400 toques (contando os espaços) no computador.

recursos literários, sem, contudo, recorrer à ficção. O jornalismo literário só pode ser praticado na *grande reportagem*, que exige tempo e dinheiro para ser produzida, além de texto diferenciado, que também custa caro. Não há como praticá-lo na *reportagem comum*, escrita hoje para ser publicada amanhã, o que acontece também com o *furo de reportagem*, cujo objetivo principal é a exclusividade da notícia, importando em grau menor a qualidade do texto.

A prática do jornalismo literário exige o planejamento da matéria, a pesquisa às vezes demorada, a descrição dos personagens e dos lugares, a técnica da entrevista, a construção de um perfil e, sobretudo, o estilo da narrativa, que, dependendo do caso, pode ser realista ou romântica, nervosa ou suave, solene ou irônica, esclarecedora ou misteriosa, além de um texto capaz de sustentar a *grande reportagem*.

Depois da sua época de ouro, a *grande reportagem* e o jornalismo literário começaram a morrer e hoje agonizam na imprensa escrita, vítimas do pragmatismo empresarial, que tem por únicos objetivos o maior lucro e a menor despesa possíveis.

Foi atrás de uma *grande reportagem* que perdi muito tempo certa vez, conversando com policiais da Divisão de Homicídios, especializada em esclarecer assassinatos misteriosos. Ouvi uma história, depois outra, um caso que ainda era mistério, outro que já havia sido esclarecido, mas nada do que eu queria.

Eu estava atrás de uma história que, além de interessante, permitisse um texto bem elaborado. Queria escrever uma matéria sobre um caso que envolvesse tragédia, mistério, investigação e suspense. Delegados, investigadores, escrivães, peritos, nenhum deles tinha a história que eu queria.

Uma tarde cruzei no corredor com o delegado Martinho Pereira Barreto. Beirando os 60 anos, ele trabalhava na Divisão de Homicídios. Educado, culto e inteligente, com mais de 30 anos na carreira, estava acostumado a investigar e a esclarecer assassinatos de autoria desconhecida. Fomos até a sua sala, tomamos café e ele me contou a história do dentista Cícero Sumio Yajima. Era a história que eu procurava, a história que eu ia escrever e o *Jornal da Tarde* publicar no dia 8 de junho de 1976, uma terça-feira.

O dentista havia morrido dois meses antes, com um tiro na cabeça, no trevo do km 23 da rodovia Castelo Branco, no caminho que leva de São Paulo a Osasco. O delegado me liberou o inquérito e todos os relatórios das investigações, que estavam em andamento, permanecendo a misteriosa morte ainda sem solução. Um fotógrafo do jornal reproduziu as fotografias que haviam sido feitas por um perito.

Alguns dias depois, eu estava entrevistando Martinho Pereira Barreto, desta vez na casa dele. Na verdade, éramos amigos, trabalhamos muitos anos juntos, eu repórter, ele delegado. É assim que se escreve a *grande reportagem*: com tempo, sem pressão, aguardando o momento certo para pôr o texto no papel. Ela tem de ser pensada e planejada, escrita e reescrita, lida e relida, e isso não se faz de um dia para o outro.

Eu tinha esse tempo. O *Jornal da Tarde* investia no meu trabalho. Foram várias horas conversando com o delegado em mais de um encontro. Ele parecia angustiado diante do desafio: crime ou suicídio? Tudo era mistério na morte do dentista. Depois, conversei com a viúva do dentista e outras pessoas a ele ligadas, até que cheguei à sua amante, personagem que tratei com muito cuidado para não denegrir a imagem da vítima.

Demorei para escrever essa *grande reportagem*. Li e reli as anotações reunidas durante o trabalho de apuração e até de alguma investigação que fiz por conta própria. Mas, se toda uma equipe da Divisão de Homicídios não esclarecia o crime, não seria eu que, sozinho e sem recursos, iria esclarecê-lo.

Em três momentos, ao longo da reportagem, escrevi na primeira pessoa do singular, recurso raramente usado, mas aceito conforme a situação. A matéria foi publicada e eu não voltei ao assunto, primeiro porque outras reportagens tomaram o meu tempo, segundo porque nenhum fato novo surgiu no caso do dentista Cícero Sumio Yajima.

O tempo passou e eu saí do *Jornal da Tarde*. O delegado Martinho Pereira Barreto aposentou-se, depois morreu, levando para o túmulo a dúvida: crime ou suicídio? Nem essa pergunta foi possível responder e a investigação sobre a morte do dentista nunca saiu da estaca zero. O caso foi arquivado pela Justiça Criminal e até hoje, mais de 30 anos decorridos, ainda é um mistério.

O *Jornal da Tarde* valorizava a *grande reportagem*, abrindo espaço e distribuindo esse tipo de matéria entre suas páginas com excelente diagramação e aproveitamento de fotografias, gráficos e desenhos.

Repórter do jornal, eu produzia muita *reportagem comum*. Às vezes, um *furo de reportagem*. Outras vezes, uma *grande reportagem*, que levava até um mês para ficar pronta. Eu sugeria uma *grande reportagem* e o jornal me dava tempo para escrevê-la, arcando com as despesas. Ou era o jornal que me pedia uma *grande reportagem* e então eu saía atrás dela.

NOVELA POLICIAL

1 A misteriosa morte do dentista Cícero Sumio Yajima desafia o delegado Martinho Pereira Barreto que, após dois meses de investigações, ainda não conseguiu responder à pergunta "Crime ou suicídio?" O velho e competente policial, que já esclareceu mais de oitenta assassinatos, enfrenta, agora, o caso mais difícil da sua carreira.

Vinte e duas pessoas foram ouvidas no inquérito que está com duzentas páginas, entre depoimentos, relatórios, exames periciais e gráficos. Nenhuma pista definitiva surgiu de tudo isso e o delegado Martinho Pereira Barreto quase duas vezes as investigações para pintar seus quadros a óleo, pensando, inutilmente, que um pouco de descanso poderia lhe trazer alguma idéia nova.

"Continuamos na estaca zero" — disse-me o delegado, ontem, em sua casa, enquanto retocava sua última obra: uma paisagem. Depois, ele se afastou, calmamente, do cavalete e da tela, limpou os óculos, começou a andar, em silêncio, pela sala há muito anos transformada em atelier, biblioteca e escritório.

Eu o conheço suficientemente para saber que não gosta de ser interrompido quando está pensando. Continuei a ler o meu jornal, afundado numa poltrona, e, de vez em quando, levantava os olhos para observar aquele homem alto e magro, de terno e gravata, andando de um lado para outro, as mãos nas costas e a cabeça baixa.

De repente ele parou e ficou olhando para o centro de um tapete persa, no meio da sala, como se quisesse arrancar do chão a resposta para aquela pergunta — "Crime ou suicídio?" — ponto de partida para esclarecer a morte do dentista Cícero Sumio Yajima.

O delegado Martinho Pereira Barreto é um homem polido, educado, culto e inteligente. Fala seis línguas e é de três a quatro horas por dia. Eu pensava nisso quando ele me disse: "Não se encaixam as peças deste quebra-cabeça. A situação é a mesma. Trabalhamos muito e nada conseguimos. Nós ainda não sabemos se o homem se matou ou foi assassinado - e já se passaram dois meses." Ele falava no plural referindo-se aos investigadores que o ajudam no caso.

O dentista Cícero Sumio Yajima era filho de japoneses e tinha uma boa clientela. Morreu aos trinta e oito anos de idade. Casado com uma professora de arte, também nissei, era pai de duas meninas.

O mistério começou na tarde de 22 de março — uma segunda-feira — no trevo do km. 23 da Rodovia Castelo Branco. O dentista Cícero Sumio Yajima, que morava em São Paulo, passava por ali, todos os dias, a caminho de Osasco, onde tinha consultório. Naquela tarde, entretanto, foi encontrado morto no acostamento do trevo, com uma bala na cabeça, dentro do seu Maverick vermelho incendiado.

Uma jovem alta e bonita foi a primeira pessoa a ver o automóvel em chamas. Ela estava de carro e chegou em poucos minutos ao Posto da Polícia Rodoviária, voltando com um soldado, até o local do incêndio. Quando chegaram um operário apagava o fogo, com uma mangueira de quatro polegadas, que saía de um caminhão-tanque cheio de água.

O operário contou ao soldado que estava levando dois tratores, numa obra de terraplanagem, perto do trevo, quando viu o automóvel incendiado. Abandonou o seu trabalho e foi apagar o fogo. Ao perceber um corpo carbonizado dentro do carro, diminuiu a força da água, para não alterar a posição original do morto. O soldado o elogiou por isso e enquanto perdia tempo fazendo o elogio, a água desaparecia. Procurou-se por ela, mais tarde, ou pelo seu automóvel, mas ninguém soube informar a direção que havia tomado.

O detetive
Em dois meses, o delegado Martinho Pereira Barreto parou as investigações duas vezes para pintar seus quadros a óleo, pensando, inutilmente, que um pouco de descanso poderia lhe trazer uma idéia nova.

2 Na Divisão de Homicídios estava de plantão a Equipe C, chefiada pelo delegado Martinho Pereira Barreto, que atendeu ao chamado para investigar o caso. O delegado tcolou o local, auxiliado pelos peritos. Começaram suas dúvidas sobre o assassinato ou suicídio e seu pensamento logo se voltou para a jovem que fora buscar o soldado no Posto da Polícia Rodoviária.

A moça havia desaparecido, sem deixar nome ou endereço, e os investigadores perderam quatro dias atrás desta pista que acabou se revelando completamente falsa. Uma vez identificada, ela compareceu à Divisão de Homicídios para prestar depoimento e provar que nada tinha a ver com a morte do dentista Cícero Sumio Yajima.

Os policiais investigaram e se convenceram de que isso era verdade: a moça não conhecia a vítima. Ela passava pelo trevo, a caminho de casa, quando viu o Maverick vermelho em chamas. Foi buscar e trouxe o soldado. Depois foi embora, normalmente, sem que ninguém lhe perguntasse nada.

O exame do local aumentou o mistério. O Maverick vermelho, parado no acostamento do trevo, na direção de Osasco, com o freio de mão acionado e a alavanca do câmbio em ponto morto. As máquinas denunciaram que todos os vidros estavam fechados na hora do incêndio. Alguns estourarem por causa do calor. O fogo destruiu o carro totalmente pelo lado de dentro.

O corpo do dentista Cícero Sumio Yajima, carbonizado, no lugar do motorista, com um revólver ao seu lado, entre suas pernas. Este revólver, de cano médio e marca Taurus, calibre 32, encontrado com cinco balas e uma vazia. A outra, que completara a carga, foi encontrada na cabeça do morto.

Do pulso esquerdo do dentista pendia um relógio Seiko de metal prateado e corrente de aço. Quando o peritos, ele marcava a hora do incêndio 13h56. A chave do carro estava no contato, que se apresentava em posição vertical (desligado) O botão do acendedor, no painel, também não havia sido acionado.

Entre o banco e o vidro traseiro do automóvel, um repouso almofadado e, sobre ele, uma pedra bruta e irregular, com mais de um palmo e qualquer uma das suas extensões, passado de três a quatro quilos. Uma pedra suja de terra — intrigante e misteriosa pista — que até hoje não levou a nada

Os peritos perceberam um forte cheiro de gasolina dentro do carro. No piso, entre os dois bancos, o que sobrou de um bujão amarelo. Havia resíduos do combustível nele. Era de metal plástico, com capacidade para cinco litros, mais ou menos. Estava destampado e vazio. A tampa, semi-destruída, também foi encontrada, depois, embaixo do banco.

Sobre o bujão amarelo, descobriu-se que o dentista Cícero Sumio Yajima sempre o levava no automóvel, para abastecer seu consultório de água não clorada, que conseguia no Centro de Saúde de Osasco.

Mas, sobre a pedra, ninguém disse nada. Ela jamais fora vista no carro da vítima. Nenhuma informação surgiu que revelasse a utilidade deste tão pesado e diferente objeto, que pelo menos em condições normais, teria que ser transportado no porta-malas do automóvel, e nunca assim, na poltrona, a balanço e ríscando o repouso almofadado.

O tanque de gasolina do carro, quase cheio, não chegou a explodir. O tampão estava no lugar e trancado a chave. O incêndio não permitiu aos peritos o habitual levantamento de impressões digitais.

As pistas
As poucas pistas encontradas no carro incendiado foram de pouca ajuda. Não se sabe nem do menos se a bala que matou Cícero foi disparada por seu revólver. O relógio determinou a hora do incêndio: 13h56. Mas as chaves não levaram a nada.

O morto
Cícero Yajima não tinha inimigos e nunca falou em se matar. Era casado, mas amava outra mulher

Um mistério em oito capítulos: suicídio ou assassinato?

Por Edson Flosi, especial para o JT

3 Dois exames no motor do carro (fios, bobinas, bateria) revelaram a ausência de fenômeno termo-elétrico, o que quer dizer que o fogo não foi acidental, mas provocado, certamente, com a gasolina derramada nos bancos e no piso do automóvel. Era de 1974 o Maverick vermelho, e suas quatro portas estavam destravadas.

O rádio e o toca-fitas do carro foram destruídos pelo fogo e os peritos concluíram que eles estavam desligados na hora do incêndio. Quetinha-se muito tudo dentro do automóvel, menos o que estava guardado no porta-luvas: um lenço branco com a letra C em azul, dois molhos de chaves, o esboço de planta de uma casa térrea, os documentos do carro e a Carta de Habilitação do morto.

Do misterioso local o delegado Martinho Pereira Barreto saiu com duas certezas apenas — o carro e o revólver pertenciam mesmo ao dentista Cícero Sumio Yajima — e uma dúvida que o atormenta até hoje: o dentista tanto pode ter-se matado como pode ter sido assassinado. As vezes pensando em crime, outras vezes em suicídio, o delegado trabalha, há dois meses.

A hipótese de latrocínio foi logo afastada. Embora roupe da vítima tenha desaparecido no incêndio, os policiais acreditam que nada foi roubado. Ninguém mexeu no porta-luvas e eventuais assaltantes teriam, pelo menos, levado o revólver, o relógio, o toca-fitas, ou o automóvel. Sobraram as outras duas hipóteses que deram origem à pergunta sem resposta: "Crime ou suicídio?"

Tecnicamente esta morte misteriosa leva à qualquer uma das duas conclusões. Um relatório foi elaborado pelo delegado Martinho Pereira Barreto e teria encerrado o inquérito, concluindo, com a mesma facilidade, tanto por crime quanto por suicídio.

Mas o delegado diz que só fará o relatório que, apesar de conter provas definitivas, que o levem a se decidir, conscienciosamente, por uma ou outra coisa. Extras dessas provas que ele está, há dois meses, segundo pistas falsas, perdido no labirinto de um caso muito difícil.

O tiro partiu da esquerda para a direita, no ouvido, descerrando uma trajetória de baixo para cima. O corpo inclinou para o lado direito e o braço esquerdo ficou no ponto levantado. As costas coladas no banco e a cabeça jogada para trás. É o suicídio típico do homem canhoto e o dentista Cícero Sumio Yajima não era canhoto.

4 Os peritos analisaram a posição da vítima no carro incendiado e chegaram a estas hipóteses:

Suicídio — Os vidros do automóvel estavam fechados, e o dentista se matou mesmo, usava com o braço muito encostado na porta do carro. Empunhou o revólver com a mão esquerda, provavelmente, encostado o cano na orelha, para obter maior apoio. Antes de disparar, inclinou-se para a direita, por dois motivos: afastar-se um pouco da porta e pôr fogo na gasolina no ponto mais distante possível, ou seja, o banco traseiro (o combustão é rápida e a vítima precisava de um segundo, pelo menos, para disparar a arma).

Crime — Alguém atirou no dentista Cícero Sumio Yajima do lado de fora do automóvel e pode ter feito isto com o próprio revólver da vítima que, num instintivo gesto de defesa, ricocheteou o braço, levantando o braço esquerdo e jogando o corpo para a direita. A bala partiu em linha reta, e, neste caso, a aparente trajetória de baixo para cima foi provocada pelo movimento da cabeça da vítima e não pela posição da arma. Depois o assassino fechou os vidros e incendiou o carro, para destruir eventuais sinais de luta e impressões digitais. Fugiu sem se ver. E possível também, que a vítima tenha sido assassinada antes, em outro lugar, e depois levada para o local do incêndio.

5 Se houve suicídio, o dentista Cícero Sumio Yajima, naturalmente, estava sozinho. A gasolina se inflama rapidamente e ele teria que usar (apelar) para incendiar o automóvel com uma mão só: a direita, acendendo o cano, a torre-fitas, ou o automóvel. Acenderia o isqueiro do automóvel e se ocupava do revólver. Um pequeno sobre os costumes da vítima, entretanto, complica a situação:

"O dentista Cícero Sumio Yajima não tinha vicios, bebia muito pouco, fumava menos ainda ou quase nunca" — disse um seu amigo no depor na Divisão de Homicídios.

Por outro lado os peritos examinaram o Maverick vermelho incendiado e não encontraram vestígios de isqueiro (mesmo os mais baratos, de matéria plástica, têm a parte superior de metal, que resistiria ao fogo). E o acendedor do painel do carro não havia sido acionado.

No caso de crime — concluiu o delegado Martinho Pereira Barreto, após várias reuniões com os investigadores e peritos — pode ter acontecido uma destas três coisas:

1 — A vítima conhecia o assassino e o levou até o local do crime por algum motivo ainda desconhecido. O assassino já estava com a arma da vítima ou lhe pegou na hora.

2 — A vítima não conhecia o assassino e foi por ele surpreendido no local do crime. Houve luta e a arma passou das m ãos da vítima para as do assassino.

3 — O local do crime não era esse: a vítima foi morta em outro lugar, com sua própria arma, e levada, em seu automóvel, pelo assassino, até o Km. 23 da Rodovia Castelo Branco.

Nos três casos, o incêndio destruiu todos os vestígios, pistas ou sinais de luta ou transporte do corpo, prejudicando, também, o estabelecimento da hora exata do crime, pela rigidez cadavérica se altera ao calor do fogo.

Só os canhotos se suicidam com tiro no ouvido, da esquerda para a direita, de baixo para cima. Todavia, o dentista Cícero Sumio Yajima não era canhoto, mas era destra, e os dentistas trabalham com as duas mãos, são ambidestros por hábito. Ele poderia, então, ter-se matado com a mão esquerda e usado a direita para incendiar o carro.

Eu tive a idéia que faltou aos investigadores: procurei oito dentistas, nenhum deles canhoto, estrevelatos, um por um, e os submetia testes, separadamente, em seus consultórios. Entreguei-lhes um revólver descarregado, pedi que simulassem o suicídio, com um tiro no ouvido. Coloquei a arma em posição neutra, sobre mesas, cadeiras ou balcões. Os oito pegaram o revólver com a mão direita e encostaram o cano na orelha do mesmo lado. Eles nada sabiam sobre a misteriosa morte de Cícero Sumio Yajima.

Um deles, Rubens Rizzi, dentista, piloto e campeão de pára-quedismo, explicou-me: "Nós somos ambidestros só no trabalho. Usamos a mão esquerda mais para segurar o espelhinho. Nunca, por exemplo, para firmar o motor, numa obturação; o bisturi, em operações cirúrgicas; ou o alicate, durante uma extração". Rubens Rizzi não simulou suicídio com a mão direita.

Ninguém acredita em suicídio, mas ainda não apareceu alguém para provar que houve crime. É o mistério. Nenhuma carta, nenhum bilhete, nada que evidenciasse o suicídio. Entrevistados extra-autos, dois psiquiatras afirmaram que, quanto maior o grau de cultura do suicida, maior a possibilidade de deixar alguma coisa escrita, justificando seu ato. O dentista Cícero Sumio Yajima tinha elevado grau de cultura e não escreveu nada antes de morrer.

5 Um casal aparentemente feliz: Cícero Sumio Yajima e Elisabete Yoshimura Yajima. Duas meninas completam a família, que mora num apartamento, na Liberdade — o bairro Amarelo de São Paulo — por causa da concentração de chineses, japoneses e nisseis. Ela era dentista. Ela é professora de arte. As crianças estudam.

Cícero Sumio Yajima tinha trinta e oito anos e era um pouco mais velho do que a mulher. Os dois trabalhavam em Osasco. Ele atendia os clientes no consultório. Ela lecionava num curso ginasial. Os horários são coincidentes e cada um tinha seu automóvel. O casamento aconteceu há onze anos.

Quando juntos, parecia que se amavam bastante, formando um casal perfeito: ele — simpático e elegante; ela, formosa e meiga. Muito educados e atenciosos com os parentes e amigos, eles tinham tudo de seus antepassados japoneses; nunca com os lábios e concordavam com a cabeça. Falavam pouco e baixo e viviam sob aquela atmosfera enigmática que só os orientais podem entender. Into completava o quadro daquela família nissei: os filhos aprendendo com os pais o que os avós ensinavam.

Aquele dia 22 de março o dentista Cícero Sumio Yajima havia marcado para atender um cliente, em seu consultório, às 6 horas da manhã. Ele se levantava normalmente, às oito e meia. Naquele dia, entretanto, apesar de ter um cliente esperando, só saiu da cama às 9 h horas, conforme depoimento prestado na Divisão de Homicídios por sua mulher.

Ela disse que o marido acordou cansado e nervoso, por causa de um sonho mais ou menos assim: "Dois assaltantes, quatro tiros, muito carros. Um homem morto na estrada." O delegado Martinho Pereira Barreto ouviu tudo com atenção, em consultar um especialista em parapsicologia, desistiu da idéia, esqueceu o sonho.

Elisabete Yoshimura Yajima esclareceu, também, que o marido saiu do apartamento às onze horas. Ele não se preocupou em telefonar para o consultório dispensando o cliente ou justificando o atraso. Sua secretária, entretanto, telefonou de lá, às onze e meia, para dizer que o cliente, cansado de esperar, decidira ir embora. Cícero Sumio Yajima já havia saído e foi sua mulher quem atendeu ao telefone.

Antes de sair, Cícero beijou a mulher e as filhas, como fazia todos os dias. Estava calmo e nada de anormal se percebia nele. Elisabete ficou em casa para atender uma criança para a escola a sairu. As duas horas da tarde, para lecionar em Osasco. Se tivesse ido pela Rodovia Castelo Branco, teria visto o Maverick vermelho do marido, no trevo do Km. 23, cercado de policiais. Mas preferiu outro caminho — a av. Coríolis de Azevedo Marques — e não viu nada.

Elisabete contou que o marido nunca andou armado, embora tivesse o revólver e as balas sempre guardadas, numa gaveta trancada a chave, no apartamento. Ela viu quando ele pegou a arma. O dentista encerrava o expediente, no consultório, invariavelmente, às três horas da noite. Voltava para o apartamento, mais ou menos, onze e meia.

Só uma vez, há dois anos, ele voltou muito tarde: cinco horas da manhã. Explicou que vinha de Osasco quando viu um grupo de assaltantes em Atirar em casal de namorados. O moço não foi ferido, a jovem levou dois tiros na barriga, os agressores fugiram protegidos pela chuva.

O dentista Cícero Sumio Yajima socorreu o casal de namorados e levou o rapaz e a moça para o Hospital das Clínicas. A jovem ficou internada e os médicos conseguiram salvá-la. Na falta de pista melhor, o delegado Martinho Pereira Barreto teve este caso, mas não encontrou nada.

6 Tudo é mistério na morte do dentista Cícero Sumio Yajima. Não foi possível, ao menos, provar que a bala encontrada em seu crânio foi disparada, realmente, por seu revólver. Apenas o calibre 32, tanto da arma quanto do projétil, foi estabelecido. O delegado Martinho Pereira Barreto e os peritos não têm dúvida de que a bala saiu mesmo daquele revólver, mas, provas disso eles não conseguiram.

O projétil achatou-se excessivamente contra um osso e encontra a arma deformou-se também ao intenso calor do fogo. Estes dois fatores impediram que fosse feito o Exame de Balística, que é a comparação dos sulcos deixados na bala pelas estrias do cano do revólver. A esse trabalho técnico e microscópico não se pode recorrer desta vez.

Até a identificação da vítima foi difícil: o corpo, carbonizado, não tinha impressões digitais e estava irreconhecível. O fogo destruiu qualquer vestígio que pudesse levar à imediata identificação e o pescoço, também, que eventuais marcas de violência tenham desaparecido. Ironicamente o dentista Cícero Sumio Yajima só pôde ser identificado através da sua arcada dentária. Ele trabalhou os dentes com um colega e a esse casal identificá-lo foi graças também por um médico legista.

Mas o maior mistério deste caso está num espaço de tempo de três horas do dia 22 de março: das onze horas da manhã, quando o dentista saiu do apartamento, às duas horas da tarde, quando foi encontrado morto no relógio de pulso, que parou durante o incêndio, marcava 13h56). Ninguém sabe, até agora, o que a vítima fez onde esteve, ou com quem esteve neste período.

Os investigadores fizeram repetidas vezes o trajeto entre o apartamento do dentista Cícero Sumio Yajima, em São Paulo, e seu consultório, em Osasco, seguindo o caminho da Rodovia Castelo Branco e parando onde ele costumava ou poderia parar. Quarenta e oito pessoas foram interrogadas. Ninguém viu a vítima naquelas três horas.

Os policiais percorreram o caminho previamente e ampliaram depois levando fotografias recentes e ampliadas de Cícero de frente e de perfil. Levaram, também, ao motorista, comparado num supermercado, igual ao que a vítima usava para transportar água não clorada e o ofereceram do incêndio do Maverick vermelho.

Das quarenta e oito pessoas interrogadas dezesseis trabalham em lugares que o dentista frequentava: posto de gasolina, restaurante, salão de cabeleiro, laboratório de próteses e posto e onde ele tinha consultório. Elas nada sabem. O próspero que faria destas duas e pontes para os carros da vítima. Outra é o funcionário do Centro de Saúde de Osasco que lhe fornecia a água não clorada diariamente.

Falta investigar duas coisas: é provável compre de um isqueiro ou dentista Cícero Sumio Yajima pode ter comprado um para incendiar o automóvel; e a pedra de trás de quanto quilos encontrada dentro do carro queimado.

Trinta e duas charutarias — depois em São Paulo e a cantora em Osasco — foram visitadas e o dentista encontrado. Sobre a pedra, a policial tem desistiu, pois encontrá-la seria é uma dúzia iguais entre São Paulo e Osasco, nos mais variados lugares: terrenos baldios, acostamentos, construções, obras e ramais de estradas. E teriam que ser investigadas e mal se quiseram.

Os investigadores não desobstruem nenhum inimigo pessoal da vítima. Até por alegações familiares estas soritais eles andam pouco curado e nada conseguiram. Deixaram fotografias de Cícero Sumio Yajima e o telefone da Divisão de Homicídios em todos os lugares por onde passaram. Até hoje ninguém telefonou.

NOVELA POLICIAL

7 Os policiais começaram a desanimar: nenhuma pista, ninguém viu nada, um mistério total. Passaram, então, para os dois molhos de chaves encontrados no porta-luvas do automóvel incendiado. Eram chaves e, uma a uma, elas foram encaixando-se, perfeitamente, nas respectivas fechaduras: portas, armários, gavetas.

Estas chaves também não trouxeram novidade para o caso. Se uma delas, pelo menos, não servisse nas fechaduras usadas normalmente pela vítima, então os investigadores teriam uma pista: descobrir de onde era a chave. Mas todas serviram, e os policiais, que chegaram a depositar alguma esperança nelas, acabaram por desprezá-las completamente.

O lenço branco com a letra C em azul e o esboço de planta de uma casa térrea, que também estavam no porta-luvas, eram pistas fracas, mas não havia outras, e o delegado Martinho Pereira Barreto mandou os investigadores seguirem essas mesmo.

Eles procuraram Elisabete Yoshimura Yajima, que lhes falou sobre a planta: era idéia de uma casa que o marido sonhava construir, um dia, num lugar bem tranqüilo, longe da cidade. Os policiais nem perguntaram do lenço. Afinal, com a letra C, inicial do nome da vítima, só podia ser dela mesmo.

Elisabete Yoshimura Yajima não lecionou durante uma semana para poder ajudar os investigadores. Ela colaborou o quanto pôde e lhes permitiu examinar seu apartamento e o consultório que era do marido. Os policiais esquadrilharam estes dois lugares na busca de uma pista. Leram cartas, analisaram papéis, copiaram anotações, nomes e endereços, mas nada encontraram de útil para as investigações.

Apenas na gaveta de um armário, no consultório, descobriram uma fita gravada. Os peritos examinaram o material, a gravação era recente, tomaram todo o cuidado para não estragar a fita: fixaram bem sua rotação antes de a colocarem num gravador.

Os peritos ligaram o aparelho. Surgiu a voz do dentista Cícero Sumio Yajima. Os investigadores entreolham-se, mas, logo, balançaram a cabeça desanimados. A gravação não passava de uma brincadeira que a vítima fizera com um amigo, telefonando-lhe do consultório, com o gravador ligado ao telefone. Os policiais foram embora. Faltava-lhes ânimo para continuar naquele dia. Haviam seguido mais uma pista falsa.

Boa parte das investigações recaiu sobre a jovem Maria do Carmo Marchetti, secretária do dentista, na esperança de que ela se lembrasse de alguma coisa interessante. A moça passava, praticamente, o dia todo ao lado da vítima, atendendo clientes e ouvindo, normalmente, conversas telefônicas.

Mas Maria do Carmo Marchetti não se lembrou de nada que pudesse ajudar os policiais. Apenas disse que Cícero era um homem muito elegante e simpático e, até certo ponto, atraente. No consultório usava trajes esporte, nas cores azul claro ou branco. Andava sempre bem humorado, mesmo nos dias que antecederam a tragédia.

O dentista Cícero Sumio Yajima nunca falou em suicídio e parecia viver feliz, conforme depoimentos que seus parentes, amigos e clientes prestaram na Divisão de Homicídios. No prédio de oito andares, em Osasco, onde tinha o consultório, era amigo de todos, desde um advogado milionário até o zelador.

A cena do mistério

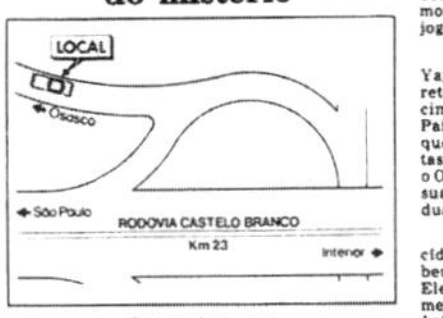

O corpo do dentista foi encontrado no carro incendiado no trevo do km 23 da Castelo Branco. Mas ele morreu mesmo ali?

8 Esgotadas as pistas, o delegado Martinho Pereira Barreto queimou o último cartucho, enveredando por um caminho que evitou tanto quanto lhe foi possível — a vida particular e sentimental do dentista Cícero Sumio Yajima — e descobriu o inevitável: ele amava outra mulher. Discretamente, mas amava. Chama-se Marlene Paiva. É loira e bonita. Tem vinte e três anos.

Eu também evitei, tanto quanto me foi possível, seguir por este caminho, mas tive que fazê-lo, agora, no fim do meu trabalho, porque a descoberta de um novo amor na vida da vítima transformou-se numa preciosa pista. São as regras do jogo e não posso mudá-las.

A professora de arte Elisabete Yoshimura Yajima disse ao delegado Martinho Pereira Barreto que não sabia de nada e que só tomou conhecimento do fato após a morte do marido. Marlene Paiva confirmou esta declaração no depoimento que prestou na Divisão de Homicídios. Entre estas duas mulheres há tanta diferença como entre o Ocidente e o Oriente: uma é insinuante, a outra, suave. O dentista Cícero Sumio Yajima amava as duas e confessou isso aos amigos mais íntimos.

Marlene Paiva admitiu na Divisão de Homicídios que conheceu Cícero há três anos. Recebeu inúmeros presentes dele: jóias e dinheiro. Ele lhe mandava flores e fazia depósitos, mensalmente, em uma Caderneta de Poupança que abriu em nome dela. Pagou, também, algumas vezes, despesas que ela fez em consultórios médicos e casas de moda.

Marlene Paiva namorava um jovem estudante quando conheceu o dentista e por causa dele desmanchou o namoro. Uma vez o dentista jantou com o rapaz para conversarem sobre o assunto e definirem a situação; considerado suspeito natural, o jovem compareceu, espontaneamente, para depor na Divisão de Homicídios.

Ele disse que nunca mais viu Marlene Paiva desde que o dentista Cícero Sumio Yajima entrou em sua vida. No dia da misteriosa morte no Km 23 da Rodovia Castelo Branco ele estava trabalhando fora de São Paulo e o seu alibi foi amplamente confirmado pelo delegado Martinho Pereira Barreto.

Marlene Paiva esclareceu, tabém, que o relacionamento entre ela e o dentista estava deteriorando-se a cada dia que passava. Disse que começou a se afastar dele, em fins do ano passado, quando ele lhe confessou que estava com vontade de se desquitar.

Em janeiro, Marlene Paiva recusou-se a receber um automóvel que o dentista queria dar-lhe de presente. Ele lhe escreveu uma carta insistindo nisso. Ela diz ter queimado a carta. Continuaram encontrando-se, cada vez menos, embora ele se mostrasse cada vez mais apaixonado por ela. Marlene Paiva acha que esta situação vinha deprimindo bastante Cícero, mas ele nunca lhe falou em suicídio.

Sem querer, ela trouxe para o delegado Martinho Pereira Barreto dois motivos para o dentista Cícero Sumio Yajima morrer: o suicídio — porque ele estava sofrendo muito com o afastamento cada vez maior por parte dela, o crime — porque num triâgulo amoroso surgem os suspeitos naturais de violência.

Tecnicamente as investigações não se alteraram e a pergunta sem resposta continua de pé: "Crime ou suicídio?" Se Marlene Paiva tivesse trazido só um motivo para o dentista Cícero Sumio Yajima morrer, o delegado Martinho Pereira Barreto estaria muito mais contente. Mas ela trouxe dois.

Marlene Paiva é a nova e preciosa pista. Talvez seja a última oportunidade para se esclarecer a misteriosa morte do dentista. O delegado Martinho Pereira Barreto sabe disto. Os investigadores também. Eles trabalham para não falhar.

A LEI DOS TÓXICOS

No Congresso, a discussão sobre o tráfico.

O presidente da República enviou ontem ao Congresso o projeto de lei que dispõe sobre medidas preventivas e repressivas ao tráfico e uso indevido de substâncias entorpecentes ou que determinam dependência física ou psíquica.

Ao anunciar aquela providência, após despachar com o chefe do governo, o ministro Armando Falcão frisou que a filosofia básica do projeto reside na distinção entre o dependente e o viciado; este deverá receber esclarecimento, educação e tratamento ambulatorial ou domiciliar; o traficante será punido com todo o rigor.

O prazo de tramitação do projeto será de 90 dias — 45 em cada casa do Congresso — e, segundo o ministro da Justiça, a participação que as comissões técnicas da Câmara tiveram na sua elaboração será estendida também ao Senado.

Um grupo de trabalho foi formado pelo Ministério da Justiça para fazer um levantamento das causas do recrudescimento do uso e do tráfico de entorpecentes. Foram escolhidos para integrá-lo: Oswald Moraes Andrade, psiquiatra; João de Deus Lacerda Menna Barreto, juiz criminal; Paulo Ladeira de Carvalho, professor de Direito Penal, e Décio dos Santos Vives, diretor da Divisão de Repressão a Entorpecentes do Departamento de Polícia Federal. Colaboraram também na preparação do projeto de lei o Ministério da Saúde e o Ministério da Educação, que apoiou a inclusão nos currículos escolares e nos programas de formação de professores de matéria sobre entorpecentes, para esclarecimento dos jovens quanto a seus efeitos.

A seguir, os artigos do projeto de lei que inovam a legislação atualmente em vigor.

Art. 1 — É dever de toda pessoa física ou jurídica colaborar na prevenção e repressão ao tráfico ilícito e uso indevido de substância entorpecente ou que determine dependência física ou psíquica.

Parágrafo único — As pessoas jurídicas que, quando solicitadas, não prestarem colaboração nos planos governamentais de prevenção e repressão ao tráfico ilícito e uso indevido de substância entorpecente ou que determine dependência física ou psíquica perderão, a juízo do órgão ou do poder competente, auxílios ou subvenções que venham recebendo da União, dos Estados, do Distrito Federal, territórios e municípios, bem como de suas autarquias, empresas públicas, sociedades de economia mista e fundações.

Art. 2 — Ficam proibidos em todo o território brasileiro o plantio, a cultura, a colheita e a exploração, por particulares, de todas as plantas das quais possa ser extraída substância entorpecente ou que determine dependência física ou psíquica.

Parágrafo 1 — As plantas dessa natureza, nativas ou cultivadas, existentes no território nacional, serão destruídas pelas autoridades policiais, ressalvados os casos previstos no parágrafo seguinte.

Parágrafo 2 — A cultura dessas plantas com fins terapêuticos ou científicos só sera permitida mediante prévia autorização das autoridades competentes.

Parágrafo 3 — Para extrair, produzir, fabricar, transformar, preparar, possuir, importar, exportar, reexportar, remeter, transportar, expor, oferecer, vender, comprar, trocar, ceder ou adquirir para qualquer fim substância entorpecente ou que determine dependência física ou psíquica, ou matéria-prima destinada à sua preparação. É indispensável licença da autoridade sanitária competente, observadas as demais exigências legais.

Parágrafo 4 — Fica dispensada da exigência prevista no parágrafo anterior a aquisição de medicamentos mediante prescrição médica, de acordo com os preceitos legais ou regulamentares.

Art. 3 — As atividades de prevenção, fiscalização e repressão ao tráfico e uso de substâncias entorpecentes ou que determinem dependência física ou psíquica serão integradas em um Sistema Nacional de Prevenção, Fiscalização e Repressão, constituído pelo conjunto de órgãos que exerçam essas atribuições no âmbito federal, estadual e municipal.

Art. 4 — Os dirigentes de estabelecimentos de ensino ou hospitalares, ou de entidades sociais, culturais, recreativas, esportivas ou beneficentes adotarão todas as medidas necesspárias à prevenção do tráfico ilícito e do uso indevido de substância entorpecente ou que determine dependência física ou psíquica, nos recintos ou imediações de suas atividades.

Parágrafo único — A não observância do disposto neste artigo implicará na responsabilidade penal e administrativa dos referidos dirigentes.

Art. 5 — Nos programas dos cursos de formação de professores serão incluídos ensinamentos referentes a substâncias entorpecentes ou que determinem dependência física ou psíquica, a fim de que possam ser transmitidos com observância dos seus princípios científicos.

Parágrafo único — Dos programas das disciplinas da área de ciências naturais, integrantes dos currículos dos cursos de 1º grau, constarão obrigatoriamente pontos que tenham por objetivo o esclarecimento sobre a natureza e efeitos das substâncias entorpecentes ou que determinem dependência física ou psíquica.

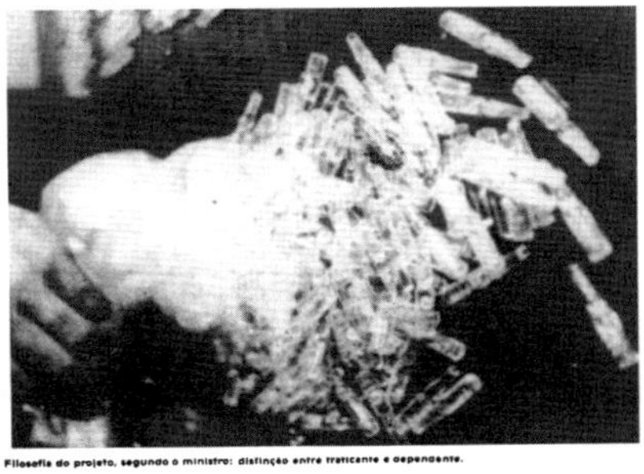

Filosofia do projeto, segundo o ministro: distinção entre traficante e dependente.

Art. 6 — Compete privativamente ao Ministério da Saúde, através de seus órgãos especializados baixar instruções de caráter geral ou especial sobre proibição, limitação, fiscalização e controle da produção, do comércio e do uso de substâncias entorpecentes ou que determine dependência física ou psíquica e de especialidades farmacêuticas que as contenham.

DO TRATAMENTO E DA RECUPERAÇÃO

Art. 9 — As redes dos serviços de saúde dos Estados, territórios e Distrito Federal contarão, sempre que necessário e possível, com estabelecimentos próprios para tratamento dos dependentes de substâncias a que se refere a presente lei.

Parágrafo 1 — Enquanto não se criarem os estabelecimentos referidos neste artigo, serão adaptadas, na rede já existente, unidades para aquela finalidade.

Art. 10 — Os estabelecimentos hospitalares e clínicos, oficiais ou particulares, que receberem dependentes para tratamento, encaminharão à repartição competente, até o dia 10 de cada mês, mapa estatístico dos casos atendidos durante o mês anterior.

Parágrafo 1 — Para efeito do disposto neste artigo, fica dispensada a menção do nome do paciente, indicando-se tão somente o código da doença segundo a classificação aprovada pela Organização Mundial de Saúde.

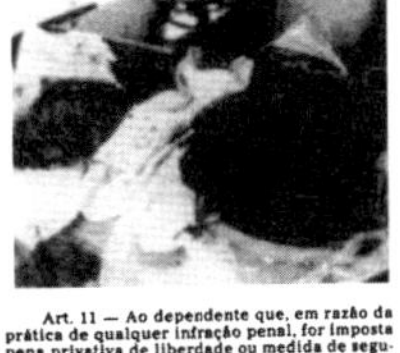

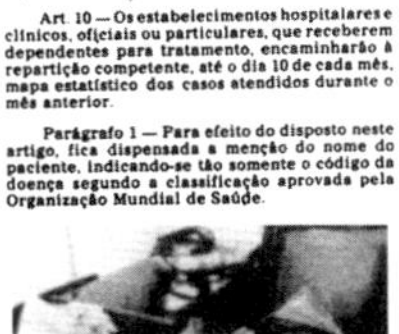

Art. 11 — Ao dependente que, em razão da prática de qualquer infração penal, for imposta pena privativa de liberdade ou medida de segurança detentiva será dispensado tratamento em ambulatório interno do sistema penitenciário onde estiver cumprindo a sanção respectiva.

Parágrafo único — O réu que, cumprida a sanção, não estiver recuperado da dependência, e o condenado por crime de que se livre solto, ficarão sujeitos ao tratamento previsto no artigo seguinte.

DOS CRIMES E DAS PENAS

Art. 13 — Importar ou exportar, remeter, preparar, produzir, fabricar, adquirir, vender, expor à venda ou oferecer, fornecer ainda que gratuitamente, ter em depósito, transportar, trazer consigo, guardar, ministrar ou entregar, de qualquer forma, a consumo substância entorpecente ou que determine dependência física ou psíquica, sem autorização ou em desacordo com determinação legal ou regulamentar:

Pena — Reclusão de cinco a quinze anos e pagamento de cinquenta a trezentos e sessenta dias-multa.

Parágrafo 1 — Nas mesmas penas incorre quem indevidamente:

I — importa ou exporta, remete, produz, fabrica, adquire, vende, expõe à venda ou oferece, fornece ainda que gratuitamente, tem em depósito, transporta, traz consigo ou guarda matéria-prima destinada à preparação de substância entorpecente ou que determine dependência física ou psíquica.

II — Semeia, cultiva ou faz a colheita de plantas destinadas à preparação de entorpecente ou de substâncias que determinem dependência física ou psíquica.

Parágrafo 2 — Nas mesmas penas incorre ainda quem:

I — Induz, instiga ou auxilia alguém a usar entorpecente ou substância que determina dependência física ou psíquica;

II - Utiliza local de que tem propriedade, posse, administração, guarda ou vigilância, ou consente que outrém dele se utilize, ainda que gratuitamente, para uso indevido ou tráfico ilícito de entorpecente ou de substância que determine dependência física ou psíquica,

III - Contribui de qualquer forma para incentivar ou difundir o uso indevido ou o tráfico ilícito de substância entorpecente ou que determine dependência física ou psíquica.

Art. 14 - Fabricar, adquirir, vender, fornecer ainda que gratuitamente, possuir ou guardar maquinismo, aparelho, instrumento ou qualquer objeto destinado à fabricação, preparação, produção ou transformação de substância entorpecente ou que determine dependência física ou psíquica, sem autorização ou em desacordo com determinação legal ou regulamentar:

Pena - Reclusão de três a dez anos, e pagamento de cinqüenta a trezentos e sessenta dias-multa.

Art. 15 - Associarem-se duas ou mais pessoas para o fim de praticar, reiteradamente ou não, qualquer dos crimes previstos nos arts. 13 ou 14 desta lei.

Pena - Reclusão de três a dez anos e pagamento de cinqüenta a trezentos e sessenta dias-multa.

Art. 16 - Prescrever ou ministrar o médico, dentista, farmacêutico ou profissional de enfermagem substância entorpecente ou que determine dependência física ou psíquica, em dose evidentemente maior que a necessária ou em desacordo com determinação legal ou regulamentar:

Pena - Detenção, de seis meses a dois anos e pagamento de trinta a cem dias-multa.

Art. 17 - Adquirir, guardar ou trazer consigo, para uso próprio, substância entorpecente ou que determine dependência física ou psíquica, sem autorização ou em desacordo com determinação legal ou regulamentar:

Pena - Detenção de seis meses a dois anos e pagamento de vinte a cinqüenta dias-multa.

Art. 18 - Violar de qualquer forma o sigilo de que trata o art. 27; desta lei:

Pena - Detenção de dois a seis meses, ou pagamento de vinte a cinqüenta dias-multa, sem prejuízo das sanções administrativas a que estiver sujeito o infrator.

Art. 19 - As penas dos crimes definidos nesta lei serão aumentadas de um a dois terços:

I - No caso de tráfico com o exterior ou de extraterritorialidade da lei penal.

II - Quando o agente tiver praticado o crime prevalecendo-se de função pública relacionada com a repressão à criminalidade ou quando, muito embora não titular de função pública, tenha missão de guarda e vigilância.

Art. 2º — É isento de pena o agente que, em razão da dependência, ou sob o efeito de substância entorpecente ou que determine dependência física ou psíquica proveniente de caso fortuito ou força maior era, ao tempo da ação ou da omissão, qualquer que tenha sido a infração penal praticada, inteiramente incapaz de entender o caráter ilícito do fato ou de determinar-se de acordo com esse entendimento.

Parágrafo único — A pena pode ser reduzida de um a dois terços se, por qualquer das circunstâncias previstas neste artigo, o agente não possuía, ao tempo da ação ou da omissão, a plena capacidade de entender o caráter ilícito do fato ou de determinar-se de acordo com esse entendimento.

DO PROCEDIMENTO CRIMINAL

Art. 23 — Recebidos os autos em juízo, será aberta vista ao ministério público para, no prazo de três dias, oferecer denúncia, arrolar testemunhas, até o máximo de cinco, e requerer as diligências que entender necessárias.

Parágrafo 1 — Para efeito da lavratura do auto de prisão em flagrante e do oferecimento da denúncia, no que tange à materialidade do delito, bastará laudo de constatação da natureza da substância firmado por perito oficial ou, na falta deste, por pessoa idônea escolhida de preferência entre as que tiverem habilitação técnica.

Parágrafo 6 — Interrogado o réu, será aberta vista à defesa para, no prazo de três dias, oferecer alegações preliminares, arrolar testemunhas até o máximo de cinco e requerer as diligências que entender necessárias. Havendo mais de um réu, o prazo será comum e correrá em cartório.

Art. 24 — Findo o prazo do parágrafo 6 do artigo anterior, o juiz proferirá despacho saneador, em quarenta e oito horas, no qual ordenará as diligências indispensáveis ao julgamento do feito e designará, para um dos oito dias seguintes, audiência de instrução e julgamento, notificando-se o réu e as testemunhas que nela devam prestar depoimento, intimando-se o defensor e o ministério público, bem como cientificando-se a autoridade policial e os órgãos dos quais dependa a remessa de peças ainda não constantes dos autos.

Parágrafo 1 — Na hipótese de ter sido determinado exame de dependência, o prazo para a realização da audiência será de trinta dias.

Parágrafo 2 — Na audiência, após a inquirição das testemunhas, será dada a palavra, sucessivamente, ao órgão do ministério público e ao defensor do réu, pelo tempo de vinte minutos para cada um, prorrogável por mais dez, a critério do juiz que, em seguida, proferirá sentença.

Parágrafo 3 — Se o juiz não se sentir habilitado a julgar de imediato a causa, ordenará que os autos lhe sejam conclusos para, no prazo de cinco dias, proferir sentença.

Art. 25 — Nos casos em que couber fiança, sendo o agente menor de vinte e um anos, a autoridade policial, verificando não ter o mesmo condições de prestá-la, poderá determinar o seu recolhimento domiciliar na residência dos pais, parentes ou de pessoa idônea, que assinarão termo de responsabilidade.

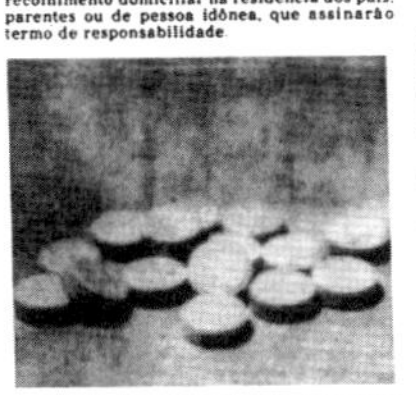

Art. 27 — Os registros, documentos ou peças de informação, bem como os autos de prisão em flagrante e os de inquéritos policial para a apuração dos crimes definidos neste lei serão mantidos sob sigilo, ressalvadas, para efeito exclusivo de atuação profissional, as prerrogativas do juiz, do ministério público, da autoridade policial e do advogado, na forma da legislação específica.

Parágrafo único — Instaurada a ação penal, ficará a critério do juiz a manutenção do sigilo a que se refere este artigo.

Art. 29 — Nos casos de conexão e continência entre os crimes definidos nesta lei e outras infrações penais, o processo será o previsto para a infração mais grave, ressalvados os da competência do júri e das jurisdições especiais.

Art. 3º — Quando o juiz absolver o agente, reconhecendo, por força de perícia oficial, que ele, em razão de dependência, era, ao tempo da ação ou da omissão, inteiramente incapaz de entender o caráter ilícito do fato ou de determinar-se de acordo com esse entendimento, ordenará seja o mesmo submetido a tratamento médico.

Parágrafo 1 — Verificada a recuperação, será esta comunicada ao juiz, que, após comprovação por perícia oficial, e ouvido o ministério público determinará o encerramento do processo.

Parágrafo 2 — Não havendo peritos oficiais, os exames serão feitos por médicos, nomeados pelo juiz, que prestarão compromisso de bem e fielmente desempenhar o encargo.

Parágrafo 3 — No caso de o agente frustrar, de algum modo, tratamento ambulatorial ou vir a ser novamente processado nas mesmas condições do "caput" deste artigo, o juiz poderá determinar que o tratamento seja feito em regime de internação hospitalar.

Art. 31 — Nos casos em que couber fiança, deverá a autoridade que a conceder ou negar, fundamentar a decisão.

Parágrafo 1 — O valor da fiança será fixado pela autoridade que a conceder, entre o mínimo de Cr$ 500,00 e o máximo de Cr$ 5.000,00.

Art. 35 — Os veículos, embarcações, aeronaves e quaisquer outros meios de transporte, assim como os maquinismos, utensílios, instrumentos e objetos de qualquer natureza utilizados para a prática dos crimes definidos nesta lei, após a sua regular apreensão, serão entregues à custódia da autoridade competente.

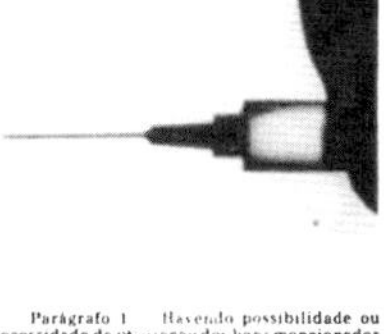

Parágrafo 1 — Havendo possibilidade ou necessidade da utilização dos bens mencionados neste artigo, para sua conservação, poderá a autoridade deles fazer uso.

Parágrafo 2 — Transitada em julgado sentença que declare a perda de qualquer dos bens referidos, passarão eles à propriedade do Estado.

Art. 36 — O réu condenado por infração dos artigos 13 ou 14 desta lei não poderá apelar sem recolher-se à prisão.

DISPOSIÇÕES GERAIS

Art. 39 — A pena de multa consiste no pagamento ao Tesouro Nacional de uma soma em dinheiro que é fixada em dias-multa.

Parágrafo 1 — O montante do dia-multa será fixado segundo o arbítrio do juiz, entre o mínimo de Cr$ 25,00 (vinte e cinco cruzeiros) e o máximo de Cr$ 250,00 (duzentos e cinqüenta cruzeiros).

Art. 41 — Todas as substâncias entorpecentes ou que determinam dependência física ou psíquica, apreendidas por infração a qualquer dos dispositivos desta lei, serão obrigatoriamente remetidas, após o trânsito em julgado da sentença, ao órgão competente do Ministério da Saúde ou congênere estadual, cabendo-lhes providenciar o seu registro e decidir do seu destino.

Art. 42 — As autoridades judiciárias, o ministério público e as autoridades policiais poderão requisitar às autoridades sanitárias competentes, independentemente de qualquer procedimento judicial, a realização de inspeções nas empresas industriais ou comerciais, nos estabelecimentos hospitalares, de pesquisa, ensino e congêneres, assim como nos serviços médicos que produzirem, venderem, comprarem, consumirem ou fornecerem substâncias entorpecentes ou que determinem dependência física ou psíquica, ou especialidades farmacêuticas que as contenham, sendo facultada a assistência da autoridade requisitante.

Art. 43 — É passível de expulsão, na forma da legislação específica, o estrangeiro que praticar qualquer dos crimes definidos nesta lei, desde que cumprida a condenação imposta, salvo se ocorrer interesse nacional que recomende sua expulsão imediata.

Art. 44 — Os tribunais de Justiça deverão, sempre que necessário e possível, observado o disposto no art. 144, parágrafo 5 da Constituição, instituir juízos especializados para o processo e julgamento dos crimes definidos nesta lei.

Art. 45 — Nos setores de repressão a entorpecentes do Departamento de Polícia Federal, só poderão ter exercício policiais que possuam especialização adequada.

Art. 46 — O Poder Executivo regulamentará a presente lei dentro de 60 dias, contados de sua publicação.

Um mistério em oito capítulos: suicídio ou assassinato?

Reportagem publicada no *Jornal da Tarde* em 8 de junho de 1976

EDSON FLOSI, ESPECIAL PARA O *JT*

1

A misteriosa morte do dentista Cícero Sumio Yajima desafia o delegado Martinho Pereira Barreto, que, após dois meses de investigações, ainda não conseguiu responder a esta pergunta: "Crime ou suicídio?" O velho e competente policial, que já esclareceu mais de 80 assassinatos, enfrenta, agora, o caso mais difícil da sua carreira.

Vinte e duas pessoas foram ouvidas no inquérito, que está com 200 páginas, entre depoimentos, relatórios, exames periciais e gráficos. Nenhuma pista definitiva surgiu de tudo isso e o delegado Martinho Pereira Barreto parou duas vezes as investigações para pintar seus quadros a óleo, pensando, inutilmente, que um pouco de descanso poderia lhe trazer alguma ideia nova.

"Continuamos na estaca zero", disse-me o delegado, ontem, em sua casa, enquanto retocava sua última obra: uma paisagem. Depois, ele se afastou, calmamente, do cavalete e da tela, limpou os óculos, e começou a andar, em silêncio, pela sala há muitos anos transformada em *atelier*, biblioteca e escritório.

Eu o conheço suficientemente para saber que não gosta de ser interrompido quando está pensando. Continuei a ler o meu jornal, afundado numa poltrona, e, de vez em quando, levantava os olhos para observar aquele homem alto e magro, de terno e gravata, andando de um lado para o outro, as mãos nas costas e a cabeça baixa.

De repente, ele parou e ficou olhando para um tapete persa, no meio da sala, como se quisesse arrancar do chão a resposta para aquela pergunta – "Crime ou suicídio?" –, ponto de partida para esclarecer a morte do dentista Cícero Sumio Yajima.

O delegado Martinho Pereira Barreto é um homem polido, educado, culto e inteligente. Fala três línguas e lê de três a quatro horas por dia. Eu pensava nisso quando ele me disse: "Não se encaixam as peças deste quebra-cabeça. A situação é a mesma. Trabalhamos muito e nada conseguimos. Nós ainda nem sabemos se o homem se matou ou foi assassinado e já se passaram dois meses". Ele falava no plural referindo-se aos investigadores que o ajudam no caso.

O dentista Cícero Sumio Yajima era filho de japoneses e tinha uma boa clientela. Morreu aos 38 anos de idade. Casado com uma professora de arte, também nissei, era pai de duas meninas.

O mistério começou na tarde de 22 de março – uma segunda-feira – no trevo do km 23 da rodovia Castelo Branco. O dentista Cícero Sumio Yajima, que morava em São Paulo, passava por ali, todos os dias, a caminho de Osasco, onde tinha consultório. Naquela tarde, entretanto, foi encontrado morto no acostamento do trevo, com uma bala na cabeça, dentro do seu Maverick vermelho incendiado.

Uma jovem alta e bonita foi a primeira pessoa a ver o automóvel em chamas. Ela estava de carro e chegou em poucos minutos ao posto da Polícia Rodoviária, voltando com um soldado até o local do incêndio. Quando chegaram, um operário apagava o fogo, com uma mangueira de quatro polegadas, que saía de um caminhão-tanque cheio de água.

O operário contou ao soldado que estava trabalhando em uma obra de terraplanagem, perto do trevo, quando viu o automóvel se incendiando. Abandonou o seu trabalho e foi apagar o fogo. Ao perceber um corpo carbonizado dentro do carro, diminuiu a força da água, para não alterar a posição original do morto. O soldado o elogiou por isso e, enquanto perdia tempo fazendo o elogio, a moça desapareceu. Procurou-se por ela, mais tarde, ou pelo seu automóvel, mas ninguém soube informar a direção que havia tomado.

2

Na Divisão de Homicídios estava de plantão a equipe C, chefiada pelo delegado Martinho Pereira Barreto, que atendeu ao chamado para investigar o caso. O delegado isolou o local, auxiliado pelos peritos. Começaram suas dúvidas sobre o assassinato ou suicídio e seu pensamento logo se voltou para a jovem que fora buscar o soldado no posto da Polícia Rodoviária.

A moça havia desaparecido, sem deixar nome ou endereço, e os investigadores perderam quatro dias atrás dessa pista, que acabou se revelando completamente falsa. Uma vez identificada, ela compareceu à Divisão de Homicídios para prestar depoimento e provar que nada tinha a ver com a morte do dentista Cícero Sumio Yajima.

Os policiais investigaram e se convenceram de que isso era verdade: a moça não conhecia a vítima. Ela passava pelo trevo, a caminho de casa, quando viu o Maverick vermelho em chamas. Foi buscar e trouxe o soldado. Depois foi embora, normalmente, sem que ninguém lhe perguntasse nada.

O exame do local aumentou o mistério. O Maverick vermelho, parado no acostamento do trevo, na direção de Osasco, com o breque de mão acionado e a alavanca do câmbio em ponto morto. As maçanetas denunciando que todos os vidros estavam fechados na hora do incêndio. Alguns estouraram por causa do calor. O fogo destruiu o carro totalmente pelo lado de dentro.

O corpo do dentista Cícero Sumio Yajima, carbonizado, no lugar do motorista, e um revólver caído no assento, entre suas pernas. Esse revólver, de cano médio e marca Taurus, calibre 32, enegrecido pelas chamas, tinha cinco balas no tambor. A outra, que completava a carga, foi encontrada na cabeça do morto.

Do pulso esquerdo do dentista pendia um relógio Seiko de metal prateado e corrente de aço. Queimado e parado, ele marcava a hora do incêndio: 13h56. A chave do carro estava no contato, que se apresentava em posição vertical (desligado). E o botão do acendedor, no painel, não havia sido acionado.

Entre o banco e o vidro traseiros do automóvel, um repouso almofadado e, sobre ele, uma pedra bruta e irregular, com mais de um palmo em qualquer uma das suas extensões, pesando de três a quatro quilos. Uma pedra suja de terra – intrigante e misteriosa pista – que até hoje não levou a nada.

Os peritos perceberam um forte cheiro de gasolina dentro do carro. No piso, entre os dois bancos, o que sobrou de um bujão amarelo. Havia resíduos do combustível nele. Era de matéria plástica, com capacidade para cinco litros, mais ou menos. Estava destampado e vazio. A tampa, semidestruída, também foi encontrada, depois, embaixo do banco.

A GRANDE REPORTAGEM

Sobre o bujão amarelo, descobriu-se que o dentista Cícero Sumio Yajima sempre o levava no automóvel, para abastecer seu consultório de água não clorada, que conseguia no Centro de Saúde de Osasco.

Mas, sobre a pedra, ninguém disse nada. Ela jamais fora vista no carro da vítima. Nenhuma informação surgiu que revelasse a utilidade deste tão pesado e disforme objeto, que, pelo menos em condições normais, teria que ser transportado no porta-malas do automóvel, e nunca dentro dele, sujando e riscando o repouso almofadado.

O tanque de gasolina do carro, quase cheio, não chegou a explodir. O tampão estava no lugar e trancado à chave. O incêndio não permitiu ao perito o habitual levantamento de impressões digitais.

3

Dois exames no motor do carro (fios, bobinas, bateria) revelaram a ausência de fenômeno termoelétrico, o que quer dizer que o fogo não foi acidental, mas provocado, certamente, com a gasolina derramada nos bancos e no piso do automóvel. Era de 1974 o Maverick vermelho, e suas quatro portas estavam destravadas.

O rádio e o toca-fitas do carro foram destruídos pelo fogo e os peritos concluíram que eles estavam desligados na hora do incêndio. Queimou tudo dentro do automóvel, menos o que estava guardado no porta-luvas: um lenço branco com a letra C em azul, dois molhos de chaves, o esboço da planta de uma casa térrea, os documentos do carro e a carta de habilitação do morto.

Do misterioso local o delegado Martinho Pereira Barreto saiu com duas certezas apenas – o carro e o revólver pertenciam mesmo ao dentista Cícero Sumio Yajima – e uma dúvida que o atormenta até hoje: o dentista tanto pode ter-se matado como pode ter sido assassinado. Às vezes pensando em crime, outras vezes em suicídio, o delegado trabalha, há dois meses.

A hipótese de latrocínio foi logo afastada. Embora a roupa da vítima tenha desaparecido no incêndio, os policiais acreditam que nada foi roubado. Ninguém mexeu no porta-luvas e eventuais assaltantes teriam, pelo menos, levado o revólver, o relógio, o toca-fitas ou o automóvel. Sobraram as outras duas hipóteses que deram origem à pergunta sem resposta: "Crime ou suicídio?"

Tecnicamente esta morte misteriosa leva a qualquer uma das duas conclusões. Um relatório bem elaborado pelo delegado Martinho Pereira Barreto já teria encerrado o inquérito, concluindo, com a mesma facilidade, tanto por crime quanto por suicídio.

Mas o delegado diz que só fará o relatório quando conseguir as provas definitivas, que o levem a se decidir, conscienciosamente, por uma ou outra coisa. É atrás dessas provas que ele anda há dois meses, seguindo pistas falsas, perdido no labirinto de um caso muito difícil.

O tiro partiu da esquerda para a direita, no ouvido, descrevendo leve trajetória de baixo para cima. O corpo inclinou-se para o lado direito e o braço esquerdo ficou um pouco levantado. As costas coladas no banco e a cabeça jogada para trás. É o suicídio típico do homem canhoto e o dentista Cícero Sumio Yajima não era canhoto. Os peritos analisaram a posição da vítima no carro incendiado e chegaram a estas hipóteses:

Suicídio Os vidros do automóvel estavam fechados e, se o dentista se matou mesmo, estava com o braço muito encostado na porta do carro. Empunhou o revólver com a mão esquerda, provavelmente, encostando o cano na orelha, para obter maior apoio. Antes de disparar, inclinou-se para a direita, por dois motivos: afastar-se um pouco da porta e pôr fogo na gasolina no ponto mais distante possível, ou seja, o banco traseiro (a combustão é rápida e a vítima precisava de um segundo, pelo menos, para disparar a arma).

Crime Alguém atirou no dentista Cícero Sumio Yajima do lado de fora do automóvel e pode ter feito isso com o próprio revólver da vítima, que, num instintivo gesto de defesa, recuou o quanto pôde, levantando o braço esquerdo e jogando o corpo para a direita. A bala partiu em linha reta e, neste caso, a aparente trajetória de baixo para cima foi provocada pelo movimento da cabeça da vítima e não pela posição da arma. Depois o assassino fechou os vidros e incendiou o carro, para destruir eventuais sinais de luta e impressões digitais. Fugiu sem ser visto. É possível, também, que a vítima tenha sido assassinada antes, em outro lugar, e depois levada para o local do incêndio.

4

Se houve suicídio, o dentista Cícero Sumio Yajima, naturalmente, estava sozinho. A gasolina se inflama rapidamente e ele teria que usar isqueiro para incendiar o automóvel com uma mão só – a direita –, pois a esquerda se ocupava do revólver. Um depoimento sobre os costumes da vítima, entretanto, complica a situação:

"O dentista Cícero Sumio Yajima não tinha vícios, bebia muito pouco, fumava menos ainda: um ou outro cigarro, que pedia aos amigos, de vez em quando" – disse um seu amigo ao depor na Divisão de Homicídios.

Por outro lado, os peritos examinaram o Maverick vermelho incendiado e não encontraram vestígios de isqueiro (mesmo os mais baratos, de matéria plástica, têm a parte superior de metal, que resistiria ao fogo). E o acendedor do painel do carro não havia sido acionado.

No caso de crime – concluiu o delegado Martinho Pereira Barreto, após várias reuniões com os investigadores e peritos – pode ter acontecido uma destas três coisas:

1   A vítima conhecia o assassino e o levou até o local do crime por algum motivo ainda desconhecido. O assassino já estava com a arma da vítima ou lutou para consegui-la.
2   A vítima não conhecia o assassino e foi por ele surpreendida no local do crime. Houve luta e a arma passou das mãos da vítima para as do assassino.
3   O local do crime está errado: a vítima foi morta em outro lugar, com sua própria arma, e levada, em seu automóvel, pelo assassino, até o km 23 da rodovia Castelo Branco.

Nos três casos, o incêndio destruiu todos os vestígios, pistas, sinais de luta e transporte do corpo, prejudicando, também, o estabelecimento da hora exata do crime, porque a rigidez cadavérica se altera ao calor do fogo.

Só os canhotos se suicidam com tiro no ouvido da esquerda para a direita, de baixo para cima. Cícero Sumio Yajima não era canhoto, mas era dentista, e os dentistas trabalham com as duas mãos; são ambidestros por hábito. Ele poderia, então, ter-se matado com a mão esquerda e usado a direita para incendiar o carro.

Eu tive a ideia que faltou aos investigadores: procurei oito dentistas, nenhum deles canhoto, entrevistei-os, um por um, e os submeti a testes, separadamente, em seus consultórios. Entreguei-lhes um revólver descarregado, pedi que simulassem o suicídio, com um tiro no ouvido. Coloquei a arma em posição neutra, sobre mesas, cadeiras ou balcões. Os oito pegaram o revólver com a mão direita e encostaram o cano na orelha do mesmo lado. Eles nada sabiam sobre a misteriosa morte de Cícero Sumio Yajima.

Um deles, Rubens Rizzi, dentista, piloto e campeão de paraquedismo, explicou-me: "Nós somos ambidestros só no trabalho. Usamos a mão esquerda mais para segurar o espelhinho. Nunca, por exemplo, para firmar o motor, numa obturação; o bisturi, em operações cirúrgicas; ou o alicate, durante uma extração". Rubens Rizzi usa muito as duas mãos, no consultório, pilotando aviões, saltando de paraquedas. Ele também simulou o suicídio com a mão direita.

Ninguém acredita em suicídio, mas ainda não apareceu alguém para provar que houve crime. É o mistério. Nenhuma carta, nenhum bilhete, nada que evidenciasse o suicídio. Entrevistados extra-autos, dois psiquiatras afirmaram que, quanto maior o grau de cultura do suicida, maior a possibilidade de deixar alguma coisa escrita, justificando seu ato. O dentista Cícero Sumio Yajima tinha elevado grau de cultura e não escreveu nada antes de morrer.

5

Um casal aparentemente feliz: Cícero Sumio Yajima e Elizabete Yoshimura Yajima. Duas meninas completam a família, que mora num apartamento na Liberdade – o Bairro Amarelo de São Paulo – por causa da concentração de chineses, japoneses e nisseis. Ele era dentista. Ela é professora de arte. As crianças estudam.

Cícero Sumio Yajima tinha 38 anos e era um pouco mais velho do que a mulher. Os dois trabalhavam em Osasco. Ele atendia os clientes no consultório. Ela lecionava num curso ginasial. Os horários não coincidiam e cada um tinha o seu automóvel. O casamento aconteceu há 11 anos.

Quando juntos, pareciam que se amavam bastante, formando um casal perfeito: ele, simpático e elegante; ela, formosa e meiga. Muito educados e atenciosos com os parentes e amigos, eles tinham tudo dos seus antepassados japoneses: riam com os lábios e concordavam com a cabeça. Falavam pouco e baixo e viviam sob aquela atmosfera enigmática que só os orientais podem entender. Isto completava o quadro daquela família nissei: os filhos aprendendo com os pais o que os avós ensinaram.

Aquele dia 22 de março o dentista Cícero Sumio Yajima havia marcado para atender um cliente, em seu consultório, às dez horas da manhã. Ele se levantava, normalmente, às oito e meia. Naquele dia, entretanto, apesar de ter um cliente esperando, só saiu da cama às dez horas, conforme depoimento prestado na Divisão de Homicídios por sua mulher.

Ela disse que o marido acordou cansado e nervoso por causa de um sonho mais ou menos assim: "Dois assaltantes, quatro tiros, muitos carros. Um homem morto na estrada". O delegado Martinho Pereira Barreto ouviu tudo com atenção, pensou em consultar um especialista em parapsicologia, desistiu da ideia, esqueceu o sonho.

Elizabete Yoshimura Yajima esclareceu, também, que o marido saiu do apartamento às onze horas. Ele não se preocupou em telefonar para o consultório dispensando o cliente ou justificando o atraso. Sua secretária, entretanto, telefonou de lá, às onze e meia, para dizer que o cliente, cansado de esperar, decidira ir embora. Cícero Sumio Yajima já havia saído e foi sua mulher quem atendeu o telefone.

Antes de sair, Cícero beijou a mulher e as filhas, como fazia todos os dias. Estava calmo e nada de anormal se percebia nele. Elizabete ficou. Depois, ela mandou as crianças para a escola e saiu, às duas horas da tarde, para lecionar em Osasco. Se tivesse ido pela rodovia Castelo Branco, teria visto o Maverick vermelho do marido, no trevo do km 23, cercado de policiais. Mas preferiu outro caminho – a av. Corifeu de Azevedo Marques – e não viu nada.

Ela contou que o marido nunca andou armado, embora tivesse o revólver e as balas sempre guardados, numa gaveta trancada a chave, no apartamento. Não viu quando ele pegou a arma. O dentista encerrava o expediente, no consultório, invariavelmente, às dez horas da noite. Voltava para o apartamento, mais ou menos, às onze e meia.

Só uma vez, há dois anos, ele voltou muito tarde: cinco horas da manhã. Explicou que vinha de Osasco quando viu um grupo de assaltantes atacar um casal de namorados. O moço não foi ferido, a jovem levou dois tiros na barriga, os agressores fugiram protegidos pela escuridão.

O dentista Cícero Sumio Yajima socorreu o casal de namorados e levou o rapaz e a moça para o Hospital das Clínicas. A jovem ficou internada e os médicos conseguiram salvá-la. Na falta de pista melhor, o delegado Martinho Pereira Barreto reviveu este caso, mas não encontrou nada.

6

Tudo é mistério na morte do dentista Cícero Sumio Yajima. Não foi possível, ao menos, provar que a bala encontrada em seu crânio foi disparada realmente por seu revólver. Apenas o calibre 32, tanto da arma quanto do projétil, foi estabelecido. O delegado Martinho Pereira Barreto e os peritos não têm dúvida de que a bala saiu mesmo daquele revólver, mas provas disso eles não conseguiram.

O projétil achatou-se excessivamente contra um osso e o cano da arma deformou-se submetido ao intenso calor do fogo. Esses dois fatores impediram que fosse feito o exame de balística, que é a comparação dos sulcos deixados na bala pelas estrias do cano do revólver. A esse infalível processo técnico e microscópico não se pôde recorrer dessa vez.

Até a identificação da vítima foi difícil: o corpo, carbonizado, não tinha impressões digitais e estava irreconhecível. O fogo destruiu qualquer vestígio que pudesse levar à imediata identificação e é possível, também, que eventuais marcas de violência tenham desaparecido. Ironicamente o dentista Cícero Sumio Yajima só pôde ser identificado através da sua arcada dentária. Ele tratava os dentes com um colega e a este coube identificá-lo durante a autópsia feita por um médico-legista.

Mas o maior mistério deste caso está num espaço de tempo de três horas do dia 22 de março: das 11 horas da manhã, quando o dentista saiu do apartamento, às duas horas da tarde, quando ele foi encontrado morto (seu relógio de pulso, que parou durante o incêndio, marcava 13h56). Ninguém sabe, até agora, o que a vítima fez, onde andou ou com quem esteve nesse período.

Os investigadores fizeram repetidas vezes o trajeto entre o apartamento do dentista Cícero Sumio Yajima, em São Paulo, e seu consultório, em Osasco, seguindo o caminho da rodovia Castelo Branco e parando onde ele costumava ou poderia parar. Quarenta e oito pessoas foram interrogadas. Ninguém viu a vítima naquelas três horas.

Os policiais percorreram o caminho previamente estabelecido sempre levando fotografias recentes e ampliadas de Cícero (de frente e de perfil). Levaram, também, um bujão amarelo, comprado num supermercado, igual ao que ele usava para transportar água não clorada e que se perdeu no incêndio do Maverick vermelho.

Das 48 pessoas interrogadas, 16 trabalham em lugares que o dentista frequentava: posto de gasolina, restaurante, salão de barbeiro, laboratório de prótese e o prédio onde ele tinha consultório. Uma dessas pessoas é o protético que fazia dentaduras e pontes para os clientes da vítima. Outra é o funcionário do Centro de Saúde de Osasco que lhe fornecia água não clorada diariamente.

A GRANDE REPORTAGEM

Faltava investigar duas coisas: a provável compra de um isqueiro (o dentista Cícero Sumio Yajima pode ter comprado um para incendiar o automóvel) e a pedra de três ou quatro quilos encontrada dentro do carro queimado.

Trinta e duas charutarias – 18 em São Paulo e 14 em Osasco – foram visitadas e nada aconteceu. Sobre a pedra, os policiais logo desistiram, pois encontraram umas 200 iguais entre São Paulo e Osasco, nos mais variados lugares: terrenos baldios, acostamentos, construções, obras e ramais de estradas. E teriam encontrado mais mil se quisessem.

Os investigadores não descobriram nenhum inimigo pessoal da vítima. Até por algumas dessas fanáticas seitas orientais eles andaram procurando e nada conseguiram. Deixaram fotografias de Cícero Sumio Yajima e o telefone da Divisão de Homicídios em todos os lugares por onde passaram. Até hoje ninguém telefonou.

7

Os policiais começaram a desanimar: nenhuma pista, ninguém viu nada, um mistério total. Passaram, então, para os dois molhos de chaves encontrados no porta-luvas do automóvel incendiado. Eram chaves e, uma a uma, elas foram encaixando-se, perfeitamente, nas respectivas fechaduras: portas, armários, gavetas.

Essas chaves também não trouxeram novidades para o caso. Se uma delas, pelo menos, não servisse nas fechaduras usadas normalmente pela vítima, então os investigadores teriam uma pista: descobrir de onde era a chave. Mas todas serviram, e os policiais, que chegaram a depositar alguma esperança nelas, acabaram por desprezá-las completamente.

O lenço branco com a letra C em azul e o esboço de planta de uma casa térrea, que também estavam no porta-luvas, eram pistas fracas, mas não havia outras, e o delegado Martinho Pereira Barreto mandou os investigadores seguirem essas mesmo.

Eles procuraram Elizabete Yoshimura Yajima, que lhes falou sobre a planta: era ideia de uma casa que o marido sonhava construir, um dia, num lugar bem tranquilo, longe da cidade. Os policiais nem perguntaram do lenço. Afinal, com a letra C, inicial do nome da vítima, só podia ser dela mesmo.

Elizabete Yoshimura Yajima não lecionou durante uma semana para poder ajudar os investigadores. Ela colaborou quanto pôde e lhes permitiu examinar seu apartamento e o consultório que era do marido. Os policiais esquadrinharam esses dois lugares na busca de uma pista. Leram cartas, analisaram papéis, copiaram anotações, nomes e endereços, mas nada encontraram de útil para as investigações.

Apenas na gaveta de um armário, no consultório, descobriram uma fita gravada. Os peritos examinaram o material, a gravação era recente, tomaram todo o cuidado para não estragar a fita: fixaram bem a sua rotação antes de a colocarem num gravador.

Os peritos ligaram o aparelho. Surgiu a voz do dentista Cícero Sumio Yajima. Os investigadores entreolharam-se, mas logo balançaram a cabeça desanimados. A gravação não passava de uma brincadeira que a vítima fizera com um amigo, telefonando-lhe do consultório, com o gravador ligado ao telefone. Os policiais foram embora. Faltava-lhes ânimo para continuar naquele dia. Haviam seguido mais uma pista falsa.

Boa parte das investigações recaiu sobre a jovem Maria do Carmo Marchetti, secretária do dentista, na esperança de que ela se lembrasse de alguma coisa interessante. A moça passava praticamente o dia todo ao lado da vítima, atendendo clientes e ouvindo, normalmente, conversas telefônicas.

Mas Maria do Carmo Marchetti não se lembrou de nada que pudesse ajudar os policiais. Apenas disse que Cícero era um homem muito elegante e simpático e, até certo ponto, atraente. No consultório usava trajes esporte, nas cores azul-claro ou branco. Andava sempre bem-humorado, mesmo nos dias que antecederam a tragédia.

O dentista Cícero Sumio Yajima nunca falou em suicídio e parecia viver feliz, conforme depoimentos que seus parentes, amigos e clientes prestaram na Divisão de Homicídios. No prédio de oito andares, em Osasco, onde tinha o consultório, era amigo de todos, desde um advogado milionário até o zelador.

8

Esgotadas as pistas, o delegado Martinho Pereira Barreto queimou o último cartucho, enveredando por um caminho que evitou tanto quanto lhe foi possível – a vida particular e sentimental do dentista Cícero Sumio Yajima –, e descobriu o inevitável: ele amava outra mulher. Discretamente, mas amava. Chama-se Marlene Paiva. É loira e bonita. Tem vinte e três anos.

Eu também evitei, tanto quanto me foi possível, seguir por esse caminho, mas tive que fazê-lo, agora, no fim do meu trabalho, porque a descoberta de um novo amor na vida da vítima transformou-se numa preciosa pista. São as regras do jogo e não posso mudá-las.

A professora de arte Elizabete Yoshimura Yajima disse ao delegado Martinho Pereira Barreto que não sabia de nada e que só tomou conhecimento desse fato após a morte do marido. Marlene Paiva confirmou essa declaração no depoimento que prestou na Divisão de Homicídios. Entre essas duas mulheres há tanta diferença como entre o Ocidente e o Oriente: uma é insinuante, a outra, suave. O dentista Cícero Sumio Yajima amava as duas e confessou isso aos amigos mais íntimos.

Marlene Paiva admitiu na Divisão de Homicídios que conheceu o dentista há três anos. Recebeu inúmeros presentes dele: joias e dinheiro. Ele lhe mandava flores e fazia depósitos, mensalmente, em uma caderneta de poupança que abriu em nome dela. Pagou também, algumas vezes, despesas que ela fez em consultórios médicos e casas de moda.

Marlene Paiva namorava um jovem estudante quando conheceu o dentista e por causa dele desmanchou o namoro. Uma vez o dentista jantou com o rapaz para conversarem sobre o assunto e definirem a situação; considerado suspeito natural, o jovem compareceu, espontaneamente, para depor na Divisão de Homicídios.

Ele disse que nunca mais viu Marlene Paiva desde que o dentista Cícero Sumio Yajima entrou em sua vida. No dia da misteriosa morte no km 23 da rodovia Castelo Branco, ele estava trabalhando fora de São Paulo e o seu álibi foi amplamente confirmado pelo delegado Martinho Pereira Barreto.

Marlene Paiva esclareceu, também, que o relacionamento entre ela e o dentista estava se deteriorando a cada dia que passava. Disse que começou a se afastar dele, em fins do ano passado, quando ele lhe confessou que estava com vontade de se desquitar[2].

Em janeiro, Marlene Paiva recusou-se a receber um automóvel que o dentista queria lhe dar de presente. Ele lhe escreveu uma carta insistindo nisso. Ela diz ter queimado a carta. Continuaram encontrando-se, cada vez menos, embora ele se mostrasse cada vez mais apaixonado por ela. Marlene Paiva acha que essa situação vinha deprimindo bastante o dentista, mas ele nunca lhe falou em suicídio.

---

2 O desquite dissolvia a sociedade conjugal, mas não o vínculo matrimonial, impedindo novo casamento. O divórcio, instituído no Brasil em 1977, tem efeitos jurídicos mais amplos, tornando o homem e a mulher livres e desimpedidos para casar-se novamente.

Sem querer, ela trouxe para o delegado Martinho Pereira Barreto dois motivos para o dentista Cícero Sumio Yajima morrer: o suicídio – porque ele estava sofrendo muito com o afastamento cada vez maior por parte dela; o crime – porque num triângulo amoroso surgem os suspeitos naturais de violência.

Tecnicamente as investigações não se alteraram e a pergunta sem resposta continua de pé: "Crime ou suicídio?" Se Marlene Paiva tivesse trazido só um motivo para o dentista Cícero Sumio Yajima morrer, o delegado Martinho Pereira Barreto estaria muito mais contente. Mas ela trouxe dois.

Marlene Paiva é a nova e preciosa pista. Talvez seja a última oportunidade para se esclarecer a misteriosa morte do dentista. O delegado Martinho Pereira Barreto sabe disso. Os investigadores também. Eles trabalham para não falhar.

Planejamento

Dia 28 de junho de 1969. Fim de tarde de um sábado. Eu estava em casa, de folga nesse fim de semana, quando ligou o Alexandre Gambirásio, secretário da Redação da *Folha de S.Paulo,* jornal em que eu trabalhava como repórter policial. A edição de domingo já estava rodando e mais um pouco estaria nas bancas. Ouvi pelo telefone:

– Mataram uma família inteira em São José dos Campos. Foi em uma chácara. Quatro mortos. Parece que ladrões praticaram o crime. Chegou matéria do correspondente, 20 linhas apenas, está saindo no jornal de amanhã. Se você quiser viajar, vamos providenciar carro, fotógrafo e dinheiro. É um caso grande. Vai ou não vai?

Alexandre Gambirásio perguntou se eu queria ou não viajar porque eu estava de folga. Ele poderia ter mandado um repórter de plantão fazer a reportagem, mas preferiu me consultar primeiro, certamente por causa da minha experiência na área policial. Eu tinha o direito de decidir. Pensei: "Lá se foi a minha folga". E decidi:

– Eu vou.

No momento em que recebe uma missão, o jornalista tem de começar a planejar o seu trabalho, o que às vezes exige decisões rápidas. Depois, o plano será mantido ou alterado, dependendo das circunstâncias e dos fatos novos que podem surgir e não poderiam ter sido previstos.

Quando aceitei viajar para cobrir o caso, imediatamente comecei a planejar o meu trabalho, logo levando em consideração que o sábado já estava acabando. O crime acontecera na noite anterior, os corpos já estavam enterrados, policiais e perito cansados e recolhidos em casa, a chácara vazia e tudo fechado.

São José dos Campos, cidade do vale do Paraíba, à beira da via Dutra e a 90 quilômetros de São Paulo, uma hora para chegar lá, não era longe. Mas pensei no jornal, na liberação do dinheiro, na escolha do carro e do motorista para viajar, no

PLANEJAMENTO

fotógrafo arrumando a sua maleta e abastecendo-a de filmes, tudo isso, naturalmente, demorava um pouco.

Eu ia chegar à noite a São José dos Campos e não teria nada para fazer, a não ser dormir em um hotel da cidade, para no dia seguinte bem cedo iniciar o trabalho. Analisei a situação e ponderei:

– Eu vou, mas amanhã cedo. O plano é este: arranja o dinheiro para a viagem, o motorista pega o fotógrafo às seis horas na casa dele, passa pela minha casa às sete, vamos chegar às oito em São José dos Campos. Fale com o pessoal do Transporte e veja se você consegue a cabine-dupla.

Eu sabia que ele ia conseguir. Alexandre Gambirásio era o segundo homem do jornal, subordinado apenas a Cláudio Abramo, diretor da Redação. Tinha força para conseguir a cabine-dupla. Naquele tempo o jornal operava com frota própria de carros para a reportagem, mas só dois eram imponentes e confortáveis, os F-1000 de cabine dupla. Os outros eram os apertados sedãs da Volkswagen.

À noite, liguei para a delegacia de polícia de São José dos Campos e fui atendido por policiais que sabiam do caso, mas por ouvir dizer. Eram outros os que investigavam o crime. Como eu havia previsto: cansados de uma noite maldormida, estavam em casa e retornariam ao trabalho no dia seguinte.

A cabine-dupla chegou no horário combinado, trazendo o fotógrafo Oswaldo Kaiser, que dormia no banco traseiro. Em São José dos Campos, fomos direto para a chácara onde acontecera a tragédia. Alguns policiais e o perito já estavam lá, continuando o trabalho que haviam interrompido no dia anterior.

Passei a manhã no local. Entrevistei o delegado, o escrivão, os investigadores e o perito. As marcas da chacina indicavam como os ladrões haviam matado a família toda (quatro irmãos, dois homens e duas mulheres, com idade variando de 68 a 76 anos). O local do crime: a casa-grande no meio de uma chácara. Estava tudo revirado e os policiais me contaram como e onde estavam os corpos das vítimas quando foram descobertos.

O local oferecia excelente campo para fotografias e disso cuidou o fotógrafo, enquanto, baseado nas informações dos policiais, eu desenhava a planta da casa, assinalando a posição dos corpos dos quatro irmãos assassinados.

O repórter jamais saberá tudo de determinada área. Isso cabe a outras profissões. O jornalista tem de saber um pouco de tudo, inclusive desenhar. O esboço ou

PLANEJAMENTO

o rascunho de um lugar, um prédio ou uma região, observados pontos de referência e distâncias, servem de subsídios para que a seção de Arte do jornal execute a ilustração que enriquecerá a reportagem, tornando-a mais interessante, com um efeito visual sempre compensador.

Não é toda reportagem que permite esse esboço ou rascunho, mas, quando surge a oportunidade, o repórter tem de percebê-la imediatamente, o que vai depender da sua criatividade, do seu poder de observação, da sua capacidade de trabalho e, às vezes, da sua rapidez de raciocínio, qualidades que adquire e aperfeiçoa treinando bastante, lendo bons livros e, sobretudo, assimilando a experiência dos professores e dos jornalistas mais velhos.

Quando saí de São Paulo, tinha um plano na cabeça: trabalhar até meio-dia em São José dos Campos, almoçar rapidamente, voltar e escrever a matéria para o jornal do dia seguinte. Aos domingos, como nos outros dias da semana, à exceção do sábado, o jornal fechava às nove horas da noite; dava tempo para escrever a reportagem. Aos sábados, o jornal fechava mais cedo, às quatro horas da tarde.

Mas, quando cheguei ao local do crime, meu plano mudou. Percebi logo que estava diante de uma história extraordinária, recheada de mistério, de violência incomum. Quatro idosos, um deles quase cego e paralítico das pernas, assassinados a tiros de revólver. Havia requintes de crueldade nesse crime perpetrado a sangue-frio. Os mortos eram os irmãos Kubitzky: Hermann Paul, de 76 anos; Arthur Moritz, de 74; Erma Érica, de 72; e Frida Elsa, de 68.

Analisei a situação e decidi adiar a matéria. A *Folha de S.Paulo* competia, como até hoje, com *O Estado de S. Paulo*. Essa era a minha maior preocupação. Os policiais me informaram que apenas os correspondentes locais dos dois jornais haviam se interessado pela chacina. Eu era o único repórter de São Paulo que estava cobrindo o caso em São José dos Campos.

Além disso, a *Folha de S.Paulo*, às segundas-feiras, tinha tiragem reduzida, pois os assinantes não recebiam o jornal nesse dia. E *O Estado de S. Paulo* não saía às segundas-feiras. Decidi escrever a matéria para o jornal de terça-feira. Nesse caso, então, sobraria tempo para apurar e escrever.

Como se vê, o trabalho jornalístico não se restringe a receber uma pauta, sair à rua, colher as informações, voltar para o jornal, escrever a reportagem, entregá-

PLANEJAMENTO

-la ao editor e ir embora para casa. Longe disso, exige concentração total, uma preocupação constante com todos os elementos que pedem apuração.

Para adiar a matéria, entretanto, eu precisava da autorização do jornal. Liguei, expus meus argumentos, o jornal concordou. Então, almoçamos sossegados, eu, o fotógrafo e o motorista, e depois voltamos ao local do crime. Como sobrava tempo, eu melhorei e completei definitivamente o trabalho, mantendo novos contatos com os policiais e o perito que cuidavam do caso. E ainda conversei com o médico-legista que autopsiara os corpos dos quatro assassinados.

À noite, voltei para casa e, enquanto jantava, pensava na reportagem que deveria escrever no dia seguinte. Não se tratava de um trabalho comum, desses que os repórteres fazem todos os dias, correndo contra o tempo. Ia pedir espaço de uma página inteira ao jornal, teria de escrever de 14 a 18 laudas, dependendo do aproveitamento das fotografias e do desenho da planta da casa e da posição dos corpos das vítimas.

Lápis e papel na mão, melhorei o esboço e, ao mesmo tempo que desenhava, reconstituí mentalmente a cena do crime. Mantinha a concentração, tenso, pois se tratava de uma grande história e eu ia aproveitá-la da melhor maneira. Planejei a matéria e a sua distribuição na página inteira. Decidi que escreveria três retrancas: a primeira sobre o crime, sem pormenores, com informações objetivas; a segunda sobre o local da tragédia e como ela aconteceu; a terceira sobre a história dos quatro idosos assassinados.

O que eu planejei à noite poderia mudar no dia seguinte, mas não muito, disso eu tinha certeza. O editor geralmente concordava comigo. Na seção de Arte eu tinha livre trânsito. Ia sair tudo como eu queria. Fui dormir pensando no lide. Não conseguia esquecer de uma luva preta encontrada perto do local do crime. Ia ser o lide da reportagem. Era a única pista que os policiais tinham até então para descobrir os assassinos.

Segunda-feira. Cheguei cedo ao jornal. Comecei a escrever. Tinha tempo para um bom texto. Podia escrever, ler, escrever de novo, ler de novo. Interrompia o meu trabalho, de vez em quando, o Alexandre Gambirásio. De gravata, mas sem paletó, óculos de grau, ele encostava na minha mesa, lia alguns trechos da reportagem, fazia breves comentários e se afastava com a mesma elegância com que havia chegado. Lúcido, inteligente, criativo e culto, tinha especial predileção pela reportagem policial.

Ao entardecer, a reportagem estava pronta e entregue ao editor. Foi quando Alexandre Gambirásio me chamou. Fui até sua mesa, ele me exibiu uma lauda escrita por ele mesmo, junto com uma fotografia. Propôs perguntando:

– Posso encaixar este texto e esta fotografia no pé da sua reportagem, dentro de um quadro, no canto da página?

Li o texto, vi a fotografia, concordei com ele. Na verdade, havia me consultado porque respeitava o trabalho dos repórteres e era muito educado, já que, como secretário da Redação, poderia ter feito o que quisesse sem me perguntar nada.

O texto que ele escreveu saiu realmente no pé da minha matéria, dentro de um quadro, no canto da página. Era sobre o livro *A sangue-frio*, de Truman Capote, com a fotografia do escritor americano, o que acabou enriquecendo a reportagem.

Alexandre Gambirásio havia lido o livro e foi por isso que mandou buscar a pasta sobre o assunto, no Arquivo do jornal, anotando as informações para o seu texto e separando a fotografia. Eu não conhecia o autor e não havia lido o livro. Fiz isso logo depois, e foi um dos melhores livros que li até hoje.

É a vantagem do jornalista que lê. Lendo bastante, ele se ilustra e assimila o estilo dos grandes escritores. O corpo se alimenta de proteínas. A célula, de oxigênio. O alimento da alma é a leitura. O jornalista que lê se destaca na profissão.

Uma luva preta ainda é a única pista no trucidamento da família Kubitzky

Do enviado especial
Edson Flosi

A Polícia de São José dos Campos só tem uma luva preta para descobrir os matadores da família Kubitzky, exterminada a tiros de revólver, na noite de sexta-feira, naquela cidade. A luva foi usada por um dos ladrões — pelo menos três pessoas presume-se que tenham sido 3 ou 4 — que trucidaram os irmãos Kubitzky: Hermann Paul, de 76 anos; Arthur Moritz, de 74; Erma Erica, de 72; e Frida Elsa, de 68.

Os Kubitzky foram mortos na Chácara Regio, a um quilômetro e meio do centro de São José dos Campos, onde moravam há quase 30 anos. Os assassinos reviraram toda a casa para roubar e deixaram marcas de luva nos móveis empoeirados.

Uma destas luvas, de tamanho médio, foi encontrada pela polícia, a 200 metros do local do crime. Resta saber onde o por quem ela foi comprada.

Os irmãos Kubitzky, solteiros, que levavam vida parcimoniosa, deixaram uma herança, calculada em mais de um milhão de cruzeiros novos em terras, rendas e dinheiro depositado em bancos, os emprestados a juros altos. O Estado deverá ficar com todo porque os Kubitzky não têm parentes.

Suspeitos naturais

Os poucos amigos da família, trucidada ajudam a delegado Antônio Alvarado Toledo a fazer um levantamento dos objetos e dinheiro roubados. Parece que os Kubitzky guardavam muitos dólares norte-americanos num cofre de aço encontrado aberto após o latrocínio. Os Kubitzky aparentavam dinheiro e juros altos a um grupo de pessoas que lhes devia mais de NCr$ 40 mil...

foi relacionado como suspeito natural. Também são suspeitos naturais os quase 200 ladrões assaltantes fichados na Delegacia de Polícia de São José dos Campos.

Um homem que foi na passado tentou, em vão, comprar a Chácara Regio por NCr$ 800 mil, seria ouvido como co-autor do extermínio da família. A Polícia encontrou uma carta que ele mandou aos Kubitzky insistindo no negócio da chácara.

Os Kubitzky eram considerados anti-sociais e tinham reduzido número de amigos mas, mesmo assim, cerca de 300 pessoas acompanharam o enterro dos quatro irmãos, que no sábado do secretário da cidade para o cemitério municipal.

Cães não atacaram

Quatro cães mestiços policiais não atacaram os ladrões ou foram dominados de alguma forma por eles. Estes cães, que guardam a Chácara Regio há uns seis anos, muitas vezes afugentaram meninos que pulavam a cerca, à noite, para furtar ameixas e pêssegos.

Os ladrões entraram e saltaram pela porta da área lateral, passando pela lavanderia e pela cozinha — deduziram os peritos — e não há sinal de violência na porta, o que leva a crer que ela foi aberta por dentro por alguém da Kubitzky. A teoria sobre a porta e o baixo de de ladrões não terem sido atacados pelos cachorros, leva a Polícia a pensar na possibilidade de os matadores serem ínimos ou conhecidos da família. A Investiga-se nesse sentido.

Um rapaz, que ou no passado, trabalhou pela Regio e foi despedido está entre os suspeitos e os policiais o procuram. Há, também, o caso de um menino de 10 anos que até às vir três homens brancos e altos, em atitude suspeita, perto da chácara, na tarde de sexta-feira.

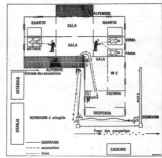

O gráfico mostra como foram mortos os quatro irmãos: Arthur, na cama; Erma e Frida, em seu quarto e Hermann, que caiu no quintal

A única pista do delegado é uma luva preta deixada a 200 metros da casa

Uma rua de terra separa o bairro operário do local da tragédia

Jardim Paulista, bairro operário, a um quilômetro e meio do centro de São José dos Campos, é quase o fim de São Paulo. Foi o palco da tragédia que vitimou os Kubitzky. Uma rua de terra batida divide o Jardim Paulista: de um lado, as casinhas populares de quarto e cozinha; de outro — as terras que eram dos Kubitzky.

Vinte mil pessoas moram no Jardim Paulista e metade dessa gente pelo menos, trabalha nas indústrias, fábricas e oficinas espalhadas por toda São José dos Campos. As ruas do Jardim Paulista são todas de terra, a água vem de poços e há luz elétrica serve apenas uma parte do bairro, que só tinha uma família afortunada, os Kubitzky.

A chácara Regio, que os irmãos Kubitzky usaram denominaram porque o Jardim Paulista, há muitos anos, chamava-se bairro do Regio, tem trinta mil metros quadrados. Já dois anos, era três vezes maior, isto antes de ser loteada a outra vendida à Prefeitura.

Depois daquelas transações a parcela velha, reduzida a uma melhor parte, cercada de arame farpado nos seus limites, com um grande pomar, muitas flores, alguns animais, a criação de galinhas. É mais: a casa grande, o barracão de livros encontrados na caseiro, e dois terreiros cujo terreno plano começa a declinar, a pequena plantação de legumes e cereais que a própria chácara consumia.

A casa grande

A casa grande, num canto da chácara, tem duas áreas de entrada, três salas, quatro quartos, um banheiro amplo, duas despensas, copa e cozinha. É velha por dentro e por fora, o telhado engrenado pelo tempo, as trepadeiras subindo pelas paredes em toda a sua volta. Os Kubitzky nunca se preocuparam em reformá-la.

As portas e janelas, de um azul desbotado, com travas de ferro pelo lado de dentro, denotam a preocupação que os velhos irmãos Kubitzky tinham com os assaltantes, naquela chácara isolada do resto do bairro.

A escassa mobília antiga e desbotada, as camas de ferro com os colchões envelhecidos, o assoalho sem acabamento, as estantes de livros emposteiradas, os quarta-virgens sem portas, duas seculares poltronas e uma pia trincada, os painéis sem polimento, o forro de madeira descolorada, a descoberto nas duas despensas, onde as caixas de ovos se misturam com montes de pernas velhas, todo, naquela casa grande, demonstra o quanto a família Kubitzky era parcimoniosa.

A idade avançada dos dois irmãos, certamente, também os trouxesse em ordem aquela casa de onde

cômodos e sem empregadas. Um dos irmãos, quase cego, velho e paralítico, tinha pouco fazer. E o outro, que apesar de ser a mais velha, tinha bastante saúde, dedicava todo o seu tempo ao fundo de pomar da chácara e à cozinha onde ela produzia.

A sangue-frio

Protegidos pela obscuridade, os assaltantes chegaram à casa grande, numa hora qualquer da noite de sexta-feira, 27 de junho. Hermann Paul e seu irmão Arthur Moritz devem estar dormindo ou já deitados, porque vestiam camisolões, as quais assassinaram, a sangue-frio.

As irmãs Frida Elsa e Erma Erica, contudo, usavam vestidos e malhas de lã, quando foram mortas. Parece que as mulheres ainda não haviam se recolhido. Isto revela que o assalto deve ter ocorrido antes da meia-noite, pois, segundo comum conhecimento, elas não ficavam acordadas além das horas da....

Quatro cães mestiços policiais, nas não muito ferozes — guardavam a chácara. Ao que tudo indica, os animais não agiram ou foram dominados, de algum modo, pelos assassinos, que entraram na casa grande pela porta da área lateral da casa. Dessa porta acessaram alguns fugiram.

A porta da entrada desta área não apresenta qualquer sinais de violência. Parece que alguém a destravou pelo lado de dentro, certamente, se, sem saber que aquele que batiam na porta eram criminosos.

Deduz-se, em princípio, que uma das duas irmãs tenha aberto a porta porque, pela roupa que vestiam, acredita-se que elas ainda estavam acordadas. De qualquer forma, o fato de que alguém de dentro abriu a porta — afirmam os peritos.

Muitos tiros

Os assassinos dispararam várias vezes, com armas de calibres diferentes, mas certo que um dos Kubitzky, que morrem na hora ou poucos depois. Policiais e peritos conseguiram, após exaustivos o local do crime durante todo o dia de sábado, que o trucidamento ocorreu, mais ou menos, nestas condições:

Uma das duas mulheres abriu a porta, os ladrões entraram, elas correram em direção ao quarto que estavam para dormir. Os desconhecidos cortaram o fio de telefone, na sala, perseguiram as duas irmãs, até o quarto, onde as mataram. Frida Elsa recebeu uma bala calibre 32, atrás do ouvido esquerdo e cala à beira da sua cama. Erma Jevou uma bala do mesmo calibre nas três afeta-do. O projétil transfixou-lhe o corpo e ainda varou-lhe o pulso da mão esquerda. Ela

caiu de bruços sobre a sua cama.

Hermann Paul então deitou e seu quarto — foi lá obrigado a sair por um ou mais dos criminosos. Na cozinha, nos fundos da casa, abriu um pequeno cofre de aço, que estava num canto, sobre um vasador. Sinais das duas balas foram encontrados numa parede da cozinha, perto do forno, em pessoas bem acima da altura de Hermann Paul. Estes tiros devem ter sido disparados num parar matar, mas sim para assustar e obrigar Hermann Paul a abrir o cofre.

Ainda segundo as deduções dos policiais e peritos que se serviram não sofram alterações ou sejam pouco alteradas pelos depoimentos dos criminosos, se um dia eles forem presos o trucidamento deve ter continuado após o roubo de tudo o que havia no cofre. Depois de abrir o cofre, na cozinha, Hermann Paul porém, pede protestar. Alguma vassoura coisa à saiu para o quintal pela porta que os ladrões haviam usado para entrar, que ainda lera aberta.

Ao transpor a porta, entretanto, Hermann Paul foi atingido, com uma bala 32 nas costas. O projétil saiu-no peito e ainda foi bater num pilar de cimento armado, deixando marcas que os peritos examinaram. Mesmo ferido, O granjeiro continuou correndo, conforme indica o rastro de sangue no chão.

Hermann Paul conseguiu dar a volta na casa. Mesmo agora a um muro de meio metro de altura, diante vinte metros de porta onde o bandidos o alvejaram. No muro a polícia encontrou marcas de balas de calibres diferentes. Os assassinos deviam ter atirado contra Hermann Paul, já caído, pelo conteúdo, alinhando-se na segunda vez.

Arthur Moritz, quase cego e paralítico, morreu deitado na sua cama, com um tiro de 38 no peito. Seu quarto, ficava ao lado do quarto de Hermann Paul. A colônia de peritos que Arthur Moritz foi alvejado na sua cama, pelo que se supõe pelos bandidos, enquanto os irmãos anteriores iniciados ouvindo os tiros pela casa toda, sem poder fazer nada.

Roubo e fuga

Não houve sobreviventes para dizer exatamente quanto o que foi roubado na Chácara Regio. Mas as gavetas de todos os móveis estavam foro do lugar, papéis, documentos cortaram tudo no chão, num com cima das mesas. Papéis, documentos, carteiras de canto, porta-níqueis antigos, tudo estava espalhado com parte janelas fechadas.

As ladrões reviraram à casa toda. Muitos dos escassos móveis velhos e destruídos, junto-se a descoberto que os ladrões faziam, e os cadáveres, tornando espectral o interior da casa grande. O dia de sabado amanheceu mas lá dentro estava escuro, com as portas e janelas fechadas.

"Tive a impressão de estar entrando num museu de terror — disse, mais tarde, o perito, futuro delegado, fiúndindo o ambiente que encontrou.

Nos cinco dos escassos móveis velhos e destruídos, junto-se a descoberto que os ladrões fizeram, e os cadáveres, tornando espectral o interior da casa grande. O dia de sabado amanheceu mas lá dentro estava escuro, com as portas e janelas fechadas.

No sábado, a negra Angelina Maria de Jesus acordou na hora de costume — 6h30 da manhã — e, da janela do barracão, viu que uma das éguas da chácara estava solta, perto da casa grande e chamou o marido para ajudar a prender o animal na rouchela. Isso se deu em direção à égua, quando então, no quintal da chácara, bem ao muro de meio metro, Hermann Paul, caído sobre uma poça de sangue.

O cetas gritou, caiu correndo, pedindo socorro. Logo, chegavam os policiais e o perito Romildo Teixeira Maraldi de Oliveira, um jovem paulista (Diretor da Série Regido de que a Regio fez) trabalho à parte à pescoço de seu sargento, da Geor Putim, as pranchas e as forçam, ao atendem preferivelmente cultivar a juta. A colônia crescia, mas veio a I Grande Guerra (1914-1918) que a Alemanha perdeu, e o povo-obrasileiro confiscou as terras dos alemães em São José dos Campos.

Nessa altura, os Kubitzky já tinham quatro filhos: Hermann Paul Friedrich Wilhelmine Kubitzky, Arthur Moritz Frie-derich Kubitzky, Frida Elsa Friederich Kubitzky e Erma Erica Friederich Kubitzky — os quatro irmãos que foram trucidados na noite de sexta-feira.

São Paulo, ida e volta

Com as terras confiscadas, o lavrador Hermann Kubitzky e sua mulher Maria Friederich Wilhelmine Kubitzky, partem diplomata da Alemanha, veio, com os filhos, para São Paulo. Todos foram trabalhar. O chefe de família passou por varios empregos. Sua mulher abre a casa para pensão doméstica. Os filhos, já moços, ajudavam a sustentar a casa.

Durante II Grande Guerra (1939-1945) a família Kubitzky retorna a São José dos Campos. Comprando-se uma chácara e, por ser a produção de suco, passaram a vender o cultivar Kubitzky era a mais velha, além disso, uma catarata progressiva quase o cegara por completo. Não tirava os óculos de armação antiga o passava dedicado na casa, um à companhia das irmãs... Gustava de dar tiros para si e o fim de afugentar os meninos que furtam ameixas na Chácara Regio.

Frida Elsa, de 68 anos, é mais nova dos Kubitzky, era baixa e gorda e ganhava alguns dinheiro ensinando alemão até ensino aos alunos. Gostava de ler e ultimamente na seu apartamento na casa sem alemão o português ma empolgada, biblioteca de uns 300 volumes da casa grande.

Hermann Kubitzky morreu em 1950 e sua mulher Maria Friederich Wilhelmine Kubitzky

jaziam da chácara, com exceção de Hermann Paul, o sempre à cidade vender os ovos e galinhas.

Eles conseguiam algumas infimezas, nas vizinhanças, por causa dos dispositos que Erma Erica fazia para assustar os pequenos ladrões de frutas, o que, vez ou outra, levaram policiais à Chácara Regio, Mas, as frutas, muitas vezes, apodreciam no pomar.

Muito simples, os Kubitzky compraram bicicletas, enquanto puderam. Pegavam NCr$ 60,00 por mês a negra Angelina Maria de Jesus e NCr$ 15,00 por mês a um outro negro Antonio Scalisse, marido da negra, que tratara do pomar e das flores. Eram esses dois os únicos empregados da chácara.

Dinheiro a juros

Há dois anos, os Kubitzky lotearam uma parte da chácara e venderam uma outra parte à Prefeitura de São José dos Campos para a construção de uma praça de esportes. Receberam NCr$ 30 mil de entrada e prestações de mil cruzeiros novos mensais pelas vendas das terras.

Cerca de 30 pessoas, em São José dos Campos deviam ao irmão Kubitzky Paul, dinheiro que tomaram emprestado a juros altos. Os policiais acharam letras assinadas e correspondentes a esses empréstimos — alguns já vencidos e não pagos-documentos que os assaltantes esqueceram, mas não levaram.

Hermann Paul gostava, também, de comprar dolares norte-americanos. Vivia consultando na casa grande as cotações de moedas estrangeiras. Quando precisava muito sobre isso com aquele "raros amigos que tinha, consultava meio sobre alguns do jornal, conversava muito com seus escasos amigos sobre os melhores bancos onde trocar seus dólares por muitos cruzeiros novos. Existe a hipótese de que Kubitzky morresse com dinheiro guardado na chácara. Existe a hipótese de que os criminosos tenham roubado grande quantidade de moeda estrangeira.

Não há herdeiros

O delegado Antonio Alvaro de Toledo de São José dos Campos, e uma das que estão ouvindo os poucos amigos dos irmãos Kubitzky para saber se não tinham parentes. São José dos Campos. Raramente

A história dos Kubitzky começa com a chegada de Hermann e Maria

A história dos Kubitzky começa por volta de 1890, quando o casal de berlinenses Hermann Kubitzky e Maria Friederich Wilhelmine Kubitzky emigrou da Alemanha para o Brasil. Era um casal jovem, que vinha para ajudar a formar a Colônia Paraíso, em São José dos Campos.

A colônia se dividia em duas partes: uma se instalou à beira do Rio Comprido e outra à margem do Rio Putim. A do Rio Comprido tinha 300 famílias, que receberam, cada uma, de cinco alqueires de terra. A do Rio Putim, um pouco menor, com cerca de 200 famílias e a mesma cinco alqueires de terra para cada uma.

Hermann Paul, de 76 anos, só suava óculos para ler. Era um homem corpulento e alto e, por ser o mais velho, liderava os irmãos. Era o único que controlava a produção da chácara no mercado central de São José dos Campos. No comércio, ia de carro-ça, ou charrete; depois, comprou uma Kombi. Com seu rosto vermelho, acordado, o bigode maltratado, gostava pelas ruas da cidade. Tinha suave de ferro, dizem.

Enquanto alguém Hermann Paul e Arthur Moritz se dedicavam à lavoura e a granja, Erma Erica formou-se professora, lecionando, por algum tempo, em grupos escolares de São José dos Campos. Tinha 72 anos, era uma mulher franzina, e a uma temperamental de todos os irmãos. Gostava de dar tiros para o ar e a fim de afugentar os meninos que furtam ameixas na Chácara Regio.

Os irmãos Kubitzky envelheceram, solteiros, na Chácara Regio. Tinham, pelos menos, quatro sítios, um particulares, o um pomar com banco, os coelhos, os gralinhos, os olhos azuis e todos econômicos no seu modo de viver.

Os quatro irmãos

Este delegado, um homem simples, moreno, bigode fino e estatura regular, com 46 anos, no dia de julho dos filhos menores, não conseguiu, ainda, localizar herdeiros dos Kubitzky e, ao que tudo indica, eles não existem.

Correu um boato de que Erma Erica, há alguns anos, tivera um filho. O delegado interrogou muita gente na cidade sobre isso, mas nada apurou.

Ele diz:

«Se este filho existisse, ele tivera, hoje, cerca de 25 anos. Uns já teria uns 25 anos formada e já deixou ocupado 1/3 seriam de São José dos Campos 22 anos, em de a que o Kubitzky não teria que pagar. Mas eu tive uma quantidade».

E parece que vai ficar tudo para o Estado, porque os Kubitzky trucidaram com exceção da família. Além da Chácara Regio, cujo valor é calculado em NCr$ 800 mil, há as prestações das vendas das terras a Kubitzky continua recebendo por mais dois anos.

Um filho adotivo

Os Kubitzky tinham um filho adotivo — Nelson José Lombardi — que mora em São João Del Rey e é deputado estadual do MDB na Assembléia Legislativa de Minas Gerais. Mas, segundo o delegado Antônio Álvaro de Toledo, pertencentes ao juiz tem direito à herança.

Há um outro homem que foi criado por Kubitzky: Sieg Fried Vogel, de 22 anos, casado, pai de dois filhos e que reside em São José dos Campos. Ele sempre visitava à família na chácara e, por isso, foi convocado pelo delegado para ajudar a fazer o levantamento do que foi roubado.

Já há anos que os ladrões e assassinos levaram uma tropeada 300, um Winchester 22 e umas sacolinhas de couro cheias com balas de vários tipos usar. O delegado Ágar tentou estar encontrando os carros nas tropas bem restos das famílias e pedir ao juiz da cidade para nomear um depositário.

O delegado Antonio Álvaro de Toledo de São José dos Campos, contribuirá para o esclarecimento e Chácara Regio. Este boato, cuja origem fez o Kubitzky guardam dinheiro em bancos da cidade.

Em Holcomb, EUA, também matam a sangue frio

Um latrocínio, há dez anos, em Holcomb, Kansas, EUA, muito parecido com o extermínio dos Kubitzky em São José dos Campos, deu origem a um dos maiores best-sellers de todos os tempos: "In Cold Blood" («A Sangue Frio»), do norte-americano Truman Capote, obra que serviu de roteiro para um filme exibido em varios países.

Em Holcomb foi assim: no dia 14 de novembro de 1959, dois jovens ex-presidiários, Perry Smith e Dick Hi-chock, assaltaram a casa do fazendeiro Herbert Clutter. Eles haviam planejado não deixar ninguém vivo. Efetivamente, mataram a tiros de rifle o sr. Herbert Clutter, sua mulher Bonnie e seus filhos Nancy e Kenyon.

Perry Smith e Dick Hichock, que fugiram por ter sendoviro uns dez mil dólares, ai encontraram um após seis meses, a polícia os prenderam. Confessaram os crimes e foram condenados. Cinco anos depois morrerem enforcados na Penitenciária de Kansas.

Truman Capote, autor de "A Sangue Frio", conversa com o diretor Richard Brooks. Ao fundo a casa dos Clutter.

Todos os móveis da casa foram remexidos em busca de valores. Na sala, as gavetas foram jogadas ao chão.

O caseiro, Antonio Scalisse dormiu no local do crime; a mulher, Angelina, pensou que os tiros fossem bombas.

Uma luva preta ainda é a única pista no trucidamento da família Kubitzky

> Reportagem publicada na *Folha de S.Paulo* em 1 de julho de 1969

DO ENVIADO ESPECIAL **EDSON FLOSI**

A polícia de São José dos Campos só tem uma luva preta para descobrir os matadores da família Kubitzky, exterminada a tiros de revólver, na noite de sexta-feira, naquela cidade. A luva foi usada por um dos ladrões – pelo número de tiros presume-se que tenham sido três ou quatro – que trucidaram os irmãos Kubitzky: Hermann Paul, de 76 anos; Arthur Moritz, de 74; Erma Érica, de 72; e Frida Elsa, de 68.

Os Kubitzky foram mortos na Chácara Régio, a um quilômetro e meio do centro de São José dos Campos, onde moravam há quase 30 anos. Os assassinos reviraram toda a casa para roubar e deixaram marcas de luvas nos móveis empoeirados. Uma dessas luvas, de tamanho médio, foi encontrada pelos policiais a 200 metros do local do crime. Resta saber onde e por quem ela foi comprada.

Os irmãos Kubitzky, solteiros, que levavam vida parcimoniosa, deixaram uma herança calculada em mais de um milhão de cruzeiros novos em terras, rendas e dinheiro depositado em bancos ou emprestado a juros altos. O Estado deverá ficar com tudo porque os Kubitzky não têm parentes.

Suspeitos naturais

Os poucos amigos da família trucidada ajudam o delegado Antonio Álvaro de Toledo a fazer um levantamento dos objetos e dinheiro roubados. Parece que os Kubitzky guardavam muitos dólares norte-americanos num cofre de aço encontrado aberto após o latrocínio.

Os Kubitzky emprestavam dinheiro a juros altos e um grupo de pessoas que lhes devia mais de NCr$ 40 mil foi relacionado como suspeito natural. Também são suspeitos naturais os quase 200 ladrões e assaltantes fichados na delegacia de polícia de São José dos Campos.

Um homem que no ano passado tentou, em vão, comprar a Chácara Régio por NCr$ 800 mil será ouvido sobre o extermínio da família. A polícia encontrou uma carta que ele mandou aos Kubitzky insistindo no negócio da chácara.

Os Kubitzky eram considerados antissociais e tinham reduzido número de amigos, mas, mesmo assim, cerca de 500 pessoas acompanharam o enterro dos quatro irmãos, que saiu sábado do necrotério da cidade para o cemitério municipal.

Cães não atacaram

Quatro cães mestiços policiais não atacaram os ladrões ou foram dominados de alguma forma por eles. Esses cães, que guardam a Chácara Régio há uns seis anos, muitas vezes afugentaram meninos que pulavam a cerca, à noite, para furtar ameixas e goiabas.

Os ladrões entraram e saíram pela porta da área lateral da casa-grande da chácara – deduziram os peritos – e não há sinal de violência na porta, o que leva a crer que ela foi aberta por dentro por um dos Kubitzky. A teoria sobre a porta e o fato de os ladrões não terem sido atacados pelos cachorros levaram a polícia a pensar na possibilidade de os matadores serem amigos ou conhecidos da família, e investiga-se nesse sentido.

Um rapaz que no ano passado trabalhou dois meses na Chácara Régio e depois foi despedido está entre os suspeitos, e os policiais o procuram. Há também o caso de um menino de dez anos que diz ter visto três homens brancos e altos, em atitude suspeita, perto da chácara, na noite de sexta-feira.

PLANEJAMENTO

Uma rua de terra separa o bairro operário do local da tragédia

Jardim Paulista, bairro operário a um quilômetro e meio do centro de São José dos Campos, a quase cem de São Paulo, foi o palco da tragédia que vitimou os Kubitzky. Uma rua de terra batida divide o Jardim Paulista: de um lado, as casinhas populares de quarto e cozinha; de outro, as terras que eram dos Kubitzky.

Vinte mil pessoas moram no Jardim Paulista e metade dessa gente, pelo menos, trabalha nas indústrias, fábricas e oficinas espalhadas por toda São José dos Campos. As ruas do Jardim Paulista são todas de terra, a água vem de poços e a luz elétrica serve apenas uma parte do bairro, que só tinha uma família afortunada: os Kubitzky.

A Chácara Régio, que os irmãos Kubitzky assim denominaram porque o Jardim Paulista, há muitos anos, chamava-se bairro do Régio, tem 30 mil metros quadrados. Há dois anos, era três vezes maior, isso antes de ter uma parte loteada e outra vendida à prefeitura.

Depois daquelas transações, a chácara ficou reduzida à sua melhor parte, cercada de arame farpado nos seus limites, com um grande pomar, muitas flores, alguns animais, a criação de galinhas. E mais: a casa-grande, o barracão do caseiro e a cocheira. Lá embaixo, onde o terreno plano começa a declinar, a pequena plantação de legumes e cereais, que a própria chácara consumia.

A casa-grande

A casa-grande, num canto da chácara, tem duas áreas de entrada, três salas, quatro quartos, um banheiro amplo, duas despensas, copa e cozinha. É velha por dentro e por fora, o telhado enegrecido pelo tempo, as trepadeiras subindo pelas paredes em toda a sua volta. Os Kubitzky nunca se preocuparam em reformá-la.

As portas e janelas, de um azul descorado, com travas de ferro pelo lado de dentro, denotam a preocupação que os velhos irmãos Kubitzky tinham com assaltantes, naquela chácara isolada do resto do bairro.

A escassa mobília antiga e deslustrada, as camas de ferro com os colchões envelhecidos, o assoalho sem brilho, a estante de livros empoeirada, os guarda-

-roupas sem portas, duas seculares poltronas com o assento de couro rasgado, a pia trincada, as panelas sem polimento, o forro de madeira descolorida, a desordem nas duas despensas, onde as caixas de ovos se misturam aos montes de jornais velhos, tudo, naquela casa-grande, demonstra quanto a família Kubitzky era parcimoniosa.

A idade avançada das duas irmãs, certamente, impedia que elas trouxessem em ordem aquela casa de 11 cômodos e sem empregadas. Um dos irmãos, quase cego, velho e paralítico, nada podia fazer. E o outro, que apesar de ser o mais velho tinha bastante saúde, dedicava todo o seu tempo ao pomar e ao comércio dos ovos e galinhas que a chácara produzia.

A sangue-frio

Protegidos pela escuridão, os assaltantes chegaram à casa-grande numa hora qualquer da noite da última sexta-feira, 27 de junho. Hermann Paul e seu irmão Arthur Moritz deviam estar dormindo ou já deitados, porque vestiam camisolões ao serem assassinados a sangue-frio.

As irmãs Frida Elsa e Erma Érica, contudo, usavam vestidos e malhas de lã quando foram mortas. Parece que as mulheres ainda não haviam se recolhido. Isso revela que o assalto deve ter ocorrido antes da meia-noite, pois, segundo costume conhecido, elas não ficavam acordadas além dessa hora.

Quatro cães mestiços policiais, mas não muito ferozes, guardavam a chácara. Ao que tudo indica, os animais não agiram ou foram dominados, de algum modo, pelos assassinos, que entraram na casa-grande pela porta da área lateral e por ali também fugiram.

A porta de entrada dessa área não apresenta quaisquer sinais de violência. Parece que alguém a destrancou pelo lado de dentro, certamente sem saber que aqueles que batiam ou chamavam eram criminosos.

Deduz-se, em princípio, que uma das duas irmãs tenha aberto a porta porque, pela roupa que vestiam, acredita-se que ainda estivessem acordadas. De qualquer forma, o fato é que alguém de dentro abriu a porta – afirmam os peritos.

Muitos tiros

Os bandidos dispararam várias vezes, com armas de calibres diferentes, mas acertaram uma só bala em cada um dos Kubitzky, que morreram na hora ou pouco depois. Policiais e peritos concluíram, depois de examinar o local durante todo o dia de sábado, que o trucidamento ocorreu mais ou menos nestas condições:

Uma das duas mulheres abriu a porta, os ladrões entraram, elas correram em direção ao quarto que ambas usavam para dormir. Os invasores cortaram o fio do telefone, na sala, e perseguiram as duas irmãs até o quarto, onde as mataram. Frida Elsa recebeu uma bala calibre 32 atrás do ouvido esquerdo e caiu à beira da sua cama. Erma Érica levou uma bala do mesmo calibre no rim direito. O projétil transfixou-lhe o corpo e ainda varou-lhe o pulso da mão esquerda. Ela deu alguns passos e caiu de bruços sobre a sua cama.

Hermann Paul então deixou o seu quarto – ou foi obrigado a sair por um ou mais dos criminosos. Na cozinha, nos fundos da casa, abriu um pequeno cofre de aço, que estava num canto, sobre um caixote. Sinais de duas balas foram encontrados numa parede da cozinha, perto do forro, em pontos bem acima da altura de Hermann Paul. Esses tiros devem ter sido disparados não para matar, mas sim para assustar e obrigar Hermann Paul a abrir o cofre.

Todos mortos

Ainda segundo as deduções dos policiais e peritos (que se acredita não sofram alterações ou sejam pouco alteradas pelos depoimentos dos criminosos, se um dia eles forem presos), o trucidamento teve esta sequência:

Depois de abrir o cofre, na cozinha, Hermann Paul correu, sendo perseguido. Atravessou a casa e saiu para o quintal, pela porta que os ladrões haviam usado para entrar, que ainda estava aberta.

Ao transpor a porta, entretanto, Hermann Paul foi atingido por uma bala 32 nas costas. O projétil saiu no peito e ainda foi bater num pilar de cimento armado, deixando marca que os peritos examinaram. Mesmo ferido, o granjeiro continuou correndo, conforme indica o rastro de sangue no chão.

Hermann Paul conseguiu dar a volta na casa. Morreu agarrado a um muro de meio metro de altura, distante 20 metros da porta onde os bandidos o alvejaram. No muro a polícia encontrou marcas de balas de calibres diferentes. Os assassinos devem ter atirado contra Hermann Paul já caído, sem, contudo, atingi-lo uma segunda vez.

Arthur Moritz, quase cego e paralítico, morreu deitado na sua cama, com um tiro de 38 no peito. Seu quarto ficava ao lado do quarto de Hermann Paul. Acham os peritos que Arthur Moritz foi o último a ser baleado e, se isso realmente aconteceu, ele passou por angustiantes momentos, ouvindo os tiros pela casa toda sem poder fazer nada.

Roubo e fuga

Não houve sobrevivente para dizer exatamente quanto e o que foi roubado na Chácara Régio. Mas as gavetas de todos os móveis estavam fora do lugar, abertas, no chão ou em cima das mesas das salas. Papéis, documentos, carteiras de couro, porta-níqueis antigos, tudo foi remexido, até os colchões de capim.

Os ladrões reviraram a casa palmo a palmo, desprezando apenas a empoeirada estante de livros e alguns quadros a óleo, com motivos campestres, sem assinatura, na parede de uma das salas. A poeira num velho espelho e a que cobria o resto da casa teriam contribuído bastante para a perícia colher impressões digitais, mas os criminosos, que não devem ser primários, usaram luvas, para decepção do perito. Eles chegaram, mataram, roubaram e fugiram sem testemunhas.

O caseiro

O barracão de Antonio Scaliuse fica a 30 metros da casa-grande. O caseiro é um homem franzino, baixo, loiro, de nariz grande e boca chupada. Tem 63 anos, mas aparenta pelo menos uns dez a mais. Dormia embriagado na noite do crime e diz que não viu nem ouviu nada.

PLANEJAMENTO

Antonio Scaliuse estava com sua mulher, a preta[3] Angelina Maria de Jesus, um ano mais velha que ele, gorda e baixa, de nariz achatado e grande. É uma mulher lúcida e resistente, os olhinhos pequenos, mas vivos e penetrantes. Diz que acordou com uns estampidos na noite de sexta-feira, mas, não ouvindo gritos, pensou tratar-se de bombas juninas e adormeceu de novo.

Uma luz acesa

No sábado, a negra[4] Angelina Maria de Jesus acordou na hora de costume – 6h30 da manhã – e, da janela do barracão, viu que uma das éguas da chácara estava solta perto da casa-grande e chamou o marido para ajudar a prender o animal na cocheira. Iam os dois em direção à égua quando viram, atrás da casa-grande, junto ao muro de meio metro, Hermann Paul caído sobre uma poça de sangue.

O casal gritou, saiu correndo, pedindo socorro. Logo chegavam os policiais e o perito Romildo Inácio Maraldi de Oliveira, um jovem que estuda Direito para ser delegado. A chácara foi isolada e o perito, o primeiro a entrar na casa-grande.

Encontrou a televisão ligada e uma única luz acesa, que pendia de um fio ensebado no meio da sala. Debaixo da lâmpada, um livro sobre plantas medicinais, que estava aberto, uma folha de caderno com anotações tiradas da obra e a letra de Frida Elsa. Supõe-se que ela escrevia ali quando os ladrões chegaram.

À idade e poeira dos escassos móveis velhos e deslustrados juntaram-se a desordem que os ladrões fizeram e os cadáveres, tornando espectral o interior da casa-grande. O dia de sábado amanhecia, mas lá dentro estava escuro, com as portas e janelas fechadas.

"Tive a impressão de estar entrando num museu de cera" – disse, mais tarde, o perito, futuro delegado, descrevendo o ambiente que encontrou.

---

3 No meu tempo de repórter, era comum nos referirmos à cor da pele para descrever um personagem. Hoje isso é politicamente incorreto.

4 Ver nota anterior.

A história dos Kubitzky começa com a chegada de Hermann e Maria

A história dos Kubitzky começa por volta de 1890, quando o casal de berlinenses Hermann Kubitzky e Maria Friederich Wilhelmine Kubitzky emigrou da Alemanha para o Brasil. Era um casal jovem, que vinha para ajudar a formar a Colônia Paraíso, em São José dos Campos.

A colônia se dividiu em duas partes: uma se instalou à beira do rio Comprido e outra às margens do rio Putim. A do rio Comprido tinha 300 famílias, que receberam, cada uma, cinco alqueires de terra. A do rio Putim, um pouco menor, com 250 famílias e os mesmos cinco alqueires de terra para cada uma.

No rio Comprido, a colônia alemã se dedicou à criação de galinhas e à plantação de árvores frutíferas. Ali viviam os Kubitzky. No rio Putim, às granjas e às frutas os alemães preferiram cultivar a juta. A colônia cresceu, mas veio a Primeira Grande Guerra (1914-1918), que a Alemanha perdeu, e o governo brasileiro confiscou as terras dos alemães em São José dos Campos.

Nessa altura, os Kubitzky já tinham quatro filhos: Hermann Paul, Arthur Moritz, Frida Elsa e Erma Érica Friederich Kubitzky, os quatro irmãos que foram trucidados na noite de sexta-feira.

São Paulo ida e volta

Com as terras confiscadas, o lavrador Hermann Kubitzky e sua mulher, Maria Friederich Wilhelmine Kubitzky, parteira diplomada na Alemanha, vieram com os filhos para São Paulo. Todos foram trabalhar. O chefe da família passou por vários empregos. Sua mulher exerceu a profissão em hospitais. Os filhos, já moços, ajudavam a sustentar a casa.

Durante a Segunda Grande Guerra (1939-1945), a família Kubitzky retornou a São José dos Campos. Comprando terras, umas ligadas às outras, os Kubitzky conseguiram formar a Chácara Régio, que chegou a ter quase cem mil metros quadrados. O costume e a experiência adquiridos na velha colônia alemã permaneceram: na Chácara Régio, a família dedicou-se à criação de galinhas e plantou um grande pomar.

PLANEJAMENTO

Hermann Kubitzky morreu em 1950 e sua mulher, Maria Friederich Wilhelmine, alguns anos depois. Tinham então mais de 70 anos. Ficaram os filhos Hermann Paul, Arthur Moritz, Frida Elsa e Erma Érica, que nunca se casaram. O passado de lutas e trabalho da família talvez tenha contribuído para que os quatro irmãos levassem sempre uma vida parcimoniosa.

Os quatro irmãos

Os irmãos Kubitzky envelheceram, solteiros, na Chácara Régio. Tinham pelo menos quatro coisas em comum: eram loiros, os cabelos grisalhos, os olhos azuis e todos econômicos ao extremo.

Hermann Paul, de 76 anos, só usava óculos para ler. Era um homem corpulento e alto e, por ser o mais velho, liderava os irmãos. Era ele quem comerciava a produção da chácara no mercado central de São José dos Campos. No começo, ia de carroça ou charrete; depois, comprou uma Kombi. Com seu rosto vermelho, corado, o bigode maltratado, passava pelas ruas da cidade. Tinha uma saúde de ferro, diziam.

Arthur Moritz, de 74 anos, ficara paralítico, não se sabe bem por quê, há dez anos. Além disso, uma catarata progressiva quase o cegara por completo. Não tirava os óculos de armação antiga e passava deitado na cama a maior parte do tempo. Tirante a saúde, era semelhante ao irmão; pareciam gêmeos.

Enquanto Hermann Paul e Arthur Moritz se dedicavam à lavoura e à granja, Erma Érica formou-se professora, lecionando, por algum tempo, em grupos escolares de São José dos Campos. Tinha 72 anos, era uma mulher franzina e a mais temperamental de todos os irmãos. Gostava de dar tiros para o ar a fim de afugentar os meninos que iam furtar ameixas e goiabas na Chácara Régio.

Frida Elsa, de 68 anos, a mais nova dos Kubitzky, era baixa e gorda e ganhava algum dinheiro ensinando alemão até cinco anos atrás. Gostava de ler e algumas vezes foi surpreendida consultando obras em alemão e português na empoeirada biblioteca de uns 300 volumes da casa-grande.

Os poucos amigos

Os Kubitzky tinham poucos amigos e nem sequer contribuíam para as sociedades filantrópicas de São José dos Campos. Raramente saíam da chácara, com exceção de Hermann Paul, que ia sempre à cidade vender os ovos e as galinhas.

Eles conseguiram inimizades na vizinhança por causa dos disparos que Erma Érica fazia para assustar os pequenos ladrões de frutas, o que, vez ou outra, levou policiais à Chácara Régio. Mas as frutas muitas vezes apodreciam no pomar.

Muito simples, os Kubitzky não iam a festas, nem públicas nem particulares, mesmo quando convidados. Pagavam NCr$ 60[5] por mês à negra[6] Angelina Maria de Jesus, que cozinhava para a família e cuidava da criação, e NCr$ 10 por semana ao caseiro Antonio Scaliuse, marido da negra[7], que tratava do pomar e das flores. Eram esses dois os únicos empregados da chácara.

Dinheiro a juros

Há dois anos, os Kubitzky lotearam uma parte da chácara e venderam outra área à Prefeitura de São José dos Campos, para a construção de uma praça de esportes. Receberam NCr$ 50 mil de entrada e prestações de mil cruzeiros novos mensais pela venda das terras.

Cerca de 30 pessoas em São José dos Campos deviam NCr$ 40 mil a Hermann Paul, dinheiro que tomaram emprestado a juros altos. Os policiais acharam letras assinadas e correspondentes a esses empréstimos, alguns já vencidos e não resgatados, em meio aos papéis e documentos que os assassinos remexeram, mas não levaram.

Hermann Paul gostava, também, de comprar dólares norte-americanos. Vivia consultando as taxas de câmbio nos jornais, conversava muito sobre isso com os raros amigos que tinha, mas nenhum dólar foi encontrado pela polícia na chácara. Existe a hipótese de que os criminosos tenham roubado grande quantidade da moeda estrangeira.

---

5 A moeda corrente brasileira mudou de nome e valor várias vezes: cruzeiro (Cr$), cruzeiro novo (NCr$), cruzado (Cz$) e real (R$).

6 Ver nota 3, p. 41.

7 Idem.

PLANEJAMENTO

Não há herdeiros

O delegado Antonio Álvaro de Toledo, de São José dos Campos, é uma das peças mais importantes nas investigações, porque sempre viveu naquela cidade e conhece toda a história e os costumes dos irmãos Kubitzky.

Esse delegado, um homem simples, moreno, bigode fino e estatura regular, com 46 anos, casado e pai de cinco filhos menores, não conseguiu ainda localizar herdeiros dos Kubitzky e, ao que tudo indica, eles não existem.

Correu um boato de que Erma Érica, há alguns anos, tivera um filho. O delegado interrogou muita gente na cidade sobre isso, mas nada apurou. Ele diz:

"Se esse filho existisse, ele ficaria, segundo a lei, com dois terços da fortuna que a família deixou, enquanto um terço seria reservado para o Estado".

E parece que vai ficar tudo para o Estado, porque os Kubitzky trucidados eram os únicos da família. Além da Chácara Régio, cujo valor é calculado em NCr$ 800 mil, há as prestações das vendas de terras que os Kubitzky iam receber ainda por mais dois anos.

Um filho adotivo

Os Kubitzky tinham um filho adotivo, Nelson José Lombardi, que mora em São João del Rei e é deputado estadual do MDB na Assembleia Legislativa de Minas Gerais. Mas, segundo o delegado Antonio Álvaro de Toledo, o parlamentar não tem direito à herança.

Há um outro homem que foi criado pelos Kubitzky: Siegfried Wogt, de 32 anos, casado, pai de dois filhos, que reside em São José dos Campos. Ele sempre visitava a família na chácara e, por isso, foi convocado pelo delegado para ajudar a fazer o levantamento do que foi roubado.

Já se sabe que os ladrões e assassinos levaram uma garrucha 380, uma Winchester 22 e uma espingarda calibre 32, armas que os Kubitzky não tiveram tempo para usar. O delegado fará, também, um levantamento dos bens da família e pedirá ao juiz da cidade para nomear um depositário.

O delegado Antonio Álvaro de Toledo acha que um boato que começou a correr há uns dois meses em São José dos Campos contribuiu para atrair os criminosos à Chácara Régio. Esse boato, cuja origem não foi apurada, informava que os Kubitzky guardavam NCr$ 70 mil em casa, quando, na verdade, era costume da família depositar a maior parte das rendas em bancos da cidade.

EM HOLCOMB, EUA, TAMBÉM MATAM A SANGUE-FRIO

Um latrocínio, há dez anos, em Holcomb, Kansas, EUA, muito parecido com o extermínio dos Kubitzky em São José dos Campos, deu origem a um dos maiores *best-sellers* de todos os tempos: *In cold blood* (*A sangue-frio*), do norte-americano Truman Capote, obra que serviu de roteiro para um filme exibido em vários países.

Em Holcomb foi assim: no dia 14 de novembro de 1959, dois jovens ex-presidiários, Perry Smith e Dick Hickock, assaltaram a casa do fazendeiro Herbert Clutter. Eles haviam planejado não deixar ninguém vivo. Efetivamente, mataram a tiros a família inteira: Herbert, sua mulher, Bonnie, e seus filhos, Nancy e Kenyon.

Perry Smith e Dick Hickock, que julgavam ter o fazendeiro uns dez mil dólares, só encontraram 43 dólares na casa, que invadiram à noite. Fugiram para o México e, quando o dinheiro acabou, foram para Las Vegas, onde policiais os prenderam. Confessaram os crimes e foram condenados. Cinco anos depois morreram enforcados na Penitenciária de Kansas.

Apurando os fatos

DUAS HORAS DA TARDE do dia 11 de julho de 1969, uma sexta-feira. O escrivão Roberto Barretti, da delegacia de polícia de São José dos Campos, telefonou encontrando-me na Redação do jornal *Folha de S.Paulo*. Os assassinos da família Kubitzky estavam presos e o crime totalmente esclarecido. Saí correndo, arranjei um fotógrafo às pressas; às cinco horas da tarde eu já estava naquela cidade entrevistando os criminosos e lendo os depoimentos que prestaram no inquérito policial.

Eu havia escrito reportagem de página inteira sobre o crime, publicada dez dias antes, e me lembrava de tudo, mas mesmo assim levei comigo uma cópia da matéria. No caminho, anotei algumas dúvidas que pretendia esclarecer ao conversar com os assassinos. Isso faz parte da preparação de um trabalho jornalístico. Não se pode confiar apenas na memória.

Nesses dez dias, escrevi outras reportagens, mas não descuidei em nenhum momento da chacina dos irmãos Kubitzky. Ligava sempre para São José dos Campos e falava com o escrivão Roberto Barretti, que de vez em quando também me ligava, colocando-me a par das investigações. O repórter não deve fixar-se por muito tempo em um único trabalho. Jornalismo é profissão dinâmica.

As pessoas gostam de ajudar os jornalistas e passar-lhes informações. Dessa forma, participam da reportagem e se sentem bem com isso. Depois se realizam quando leem o que informaram publicado em jornal ou revista ou divulgado pelo rádio ou pela televisão. A imprensa exerce fascínio sobre o ser humano porque, na verdade, todo ser humano é um repórter. Quando alguém conta um caso, está exercendo naturalmente a profissão de jornalista. É por isso que as pessoas gostam de ajudar os repórteres. Foi por isso que o escrivão Roberto Barretti me telefonou.

Em São José dos Campos, li os depoimentos, entrevistei os assassinos e conversei com os policiais que investigaram o crime, agora completamente esclarecido. Preocupava-me em saber se a primeira reportagem, aquela de página inteira, havia saído corretamente, e descobri que sim, estava quase perfeita. Pequenas falhas, inevitáveis e insignificantes, nenhuma comprometedora.

Essas falhas decorreram das dificuldades do momento e só poderiam ser esclarecidas com a prisão dos criminosos. Falei em três ou quatro assassinos e, realmente, eram quatro os matadores dos irmãos Kubitzky. A fuga e a perseguição a Hermann Paul, que morreu fora de casa, estavam corretas e a chacina aconteceu exatamente como fora descrita: a sangue-frio.

Disse que quatro cães policiais mestiços guardavam a chácara, mas não eram muito ferozes, o que se confirmou com a prisão dos assassinos. Os cães investiram contra o grupo de criminosos, mas logo um dos bandidos, que ficou do lado de fora da casa, atraiu para si dois deles, conseguindo acalmá-los, enquanto os outros dois fugiram aos primeiros tiros disparados dentro da casa.

A família toda foi trucidada e não se sabia exatamente o que tinha sido roubado. Falava-se no desaparecimento de várias armas. Não havia dúvida de que se tratava de roubo, porque a casa estava toda revirada e pensava-se que os irmãos Kubitzky guardavam muito dinheiro consigo. A prisão dos criminosos, entretanto, revelou que eles roubaram apenas 700 cruzeiros novos, uma garrucha 380 e joias de pouco valor.

Os bandidos entraram pela porta lateral da casa. Os Kubitzky guardavam aqueles 700 cruzeiros novos em cima de um guarda-roupa em um quarto. Sabia-se que o crime acontecera na noite de 27 de junho de 1969, mas o momento exato só foi possível estabelecer com a prisão dos assassinos: dez horas da noite.

Um dos bandidos havia perdido uma luva preta na fuga e esta era realmente a única pista para os policiais descobrirem os matadores dos Kubitzky. Mas foi uma mulher que os denunciou e um deles foi preso por acaso. A luva preta acabou não servindo para nada nas investigações. As histórias policiais, na vida real, são bem diferentes dos filmes de cinema ou seriados da televisão.

Comparando as duas reportagens, a da família Kubitzky trucidada e a da prisão dos assassinos, pode-se observar que a primeira, apesar do mistério que envolvia o crime, atingiu alto grau de exatidão nas informações e nas previsões que se confirmaram depois. Isso foi possível graças a um cuidadoso trabalho na apuração dos fatos e a um exaustivo levantamento do local do crime.

Um dos matadores havia sido preso por acaso, em São Sebastião, na quarta-feira, e os outros três, no dia seguinte, em São José dos Campos. O escrivão Roberto Barretti só me deu essa notícia na sexta-feira, pois primeiro tomou os depoimentos dos assassinos e, depois, ainda esperou o fim das diligências policiais, que resultaram na apreensão das armas do crime e de parte do que foi roubado da família Kubitzky. Ele me ligou às duas horas da tarde daquela sexta-feira e, como já disse, três horas depois eu estava entrevistando os criminosos e lendo os seus depoimentos.

O tempo foi passando. Eu sabia que o meu jornal fechava às nove horas da noite. Não dava tempo de voltar para São Paulo e escrever a matéria na Redação. Eu poderia escrever a reportagem na própria delegacia de polícia de São José dos Campos e transmiti-la por telefone ou até mesmo fazer isso de improviso, como já havia feito muitas vezes antes.

Percebi, porém, que de novo eu estava sozinho na história. O *Estado de S. Paulo*, principal concorrente do meu jornal, não tinha mandado nenhum repórter para cobrir a prisão dos assassinos. Liguei, então, para a Redação da *Folha de S.Paulo* e adiei a matéria para o jornal de domingo, quando havia mais espaço e a tiragem era bem maior do que nos outros dias da semana.

À noite, voltei de São José dos Campos. Fui para casa, jantei e, antes de dormir, revi minhas anotações e esbocei a matéria, para escrevê-la no dia seguinte, na Redação. A reportagem foi publicada na edição de domingo e, comparada com a primeira, publicada dez dias antes, quando mataram os irmãos Kubitzky, revela poucas e inexpressivas falhas.

Eu havia escrito que os quatro irmãos morreram com um tiro cada um, o que se confirmou depois, exceção de Erma Érica, que levou dois tiros e depois um terceiro, de misericórdia. Essa falha se deveu a informação errada do médico-legista ou a erro meu na anotação. Muitas vezes, falha desse tipo pode ser evitada se o repórter anotar tudo com atenção e concentrado, além de escrever com letra legível, o que lhe facilitará o trabalho na hora de escrever a matéria.

Quando o repórter exerce trabalho de campo, ao ar livre, o ideal é que escreva sobre pequeno bloco de caderno, o que lhe permite equilíbrio e firmeza para produzir letra legível. Sendo pequeno, o bloco cabe no bolso, tornando livres os movimentos do jornalista. Eu sempre usei esse tipo de caderno, mas mesmo assim, por causa da pressa, muitas vezes não entendi uma ou outra informação anotada.

Quanto a Arthur Moritz, ele não foi o último a morrer, como se pensava. Os assassinos esclareceram que Frida Elsa morreu por último. E a porta da casa estava destrancada – não foi aberta pelos Kubitzky aos criminosos. Com relação ao cofre, na cozinha, ninguém o abriu, como se pensava: já estava aberto e vazio quando os bandidos invadiram a casa.

Falou-se na primeira reportagem do desaparecimento de uma Winchester 22 e de uma espingarda 32, o que não se confirmou, da mesma forma que se acreditava que os Kubitzky guardavam muito dinheiro em casa quando, na verdade, só tinham os 700 cruzeiros novos que foram roubados.

Dos quatro bandidos, apenas um, LBM, usava luvas, mas o perito chegou a pensar que todos usavam. LBM perdeu uma das luvas na fuga e isso realmente foi confirmado com a sua prisão, da mesma forma que se confirmou o calibre das balas que acertaram os Kubitzky. Essas balas saíram de dois Taurus 38 e um Taurus 32 apreendidos com os assassinos.

A informação sobre o fio do telefone cortado estava correta. Os criminosos confessaram ter cortado o fio do telefone logo que invadiram a casa-grande da Chácara Régio. Também estava correto o gráfico que ilustrou a primeira reportagem, feito pela seção de Arte do jornal com base em desenho que elaborei.

O trabalho de reportagem divide-se em duas partes: metade é apurar bem os fatos e metade é escrever um bom texto. Mais difícil do que ensinar alguém a escrever é ensinar alguém a apurar. Tudo, é claro, depende da prática, do esforço, da experiência. Para escrever um bom texto é preciso ser um bom leitor. A leitura aprimora o estilo. Para apurar bem os fatos, os requisitos são outros, como espírito observador, raciocínio lógico, percepção aguçada e até uma considerável dose de desconfiança e esperteza.

No entanto, por mais empenho que se tenha na apuração dos fatos, sempre se erra em alguma informação ou alguma coisa escapa, até porque nem todas as hipóteses se confirmam quando o crime é esclarecido.

Ao escrever a reportagem sobre a prisão dos assassinos dos irmãos Kubitzky, inovei a forma de apresentar trechos dos depoimentos dos quatro criminosos. Pincei desses depoimentos uma frase mais forte de cada um e as reproduzi separadamente em quatro parágrafos, que construí desta maneira: a frase entre aspas e, depois, entre parênteses, o nome do autor e um complemento explicativo.

Assassinos dos Kubitzky confessaram tudo friamente

Edson Flosi

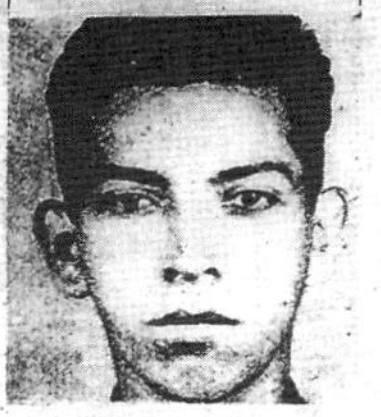

Luís Carlos de Faria e três menores são os assassinos dos quatro irmãos Kubitzky — O escrivão Roberto Borretti tomou em 6 horas "os frios depoimentos dos assassinos"

Já estão presos os quatro homens que no dia 27 do mês passado assassinaram, a sangue-frio, os irmãos Kubitzky, em São José dos Campos.

Os Kubitzky foram trucidados a tiros de revolver na Chacara Regio, no Jardim Paulistano, onde viviam há mais de 30 anos. A chacara fica a um quilometro e meio do centro de São José dos Campos.

Dos quatro assassinos, três são menores. Eles mataram para roubar NCr$ 700,00 e algumas coisas de pouco valor. Os Kubitzky assassinados: Hermann Paul, de 76 anos; Frida Arthur Moritz, de 74; Erma Erica, de 72; e Frida Elsa, de 68.

Os irmãos Kubitzky, donos de mais de NCr$ 1 milhão em terras e dinheiro, não deixaram herdeiros. Eles levavam vida pareimoniosa. Eram filhos de imigrantes alemães.

Os assaltantes, que pensavam encontrar mais valores na casa grande da Chacara Regio, foram presos depois de denunciados por uma mulher que sabia de tudo.

A prisão dos assassinos encerra mais um capítulo de um dos maiores crimes da história policial de São Paulo. O trucidamento dos irmãos Kubitzky é considerado o maior crime do Vale do Paraíba nos últimos anos.

— "Eles confessaram tudo friamente" — disse o escrivão Roberto Barretti, que interrogou os quatro assassinos, durante seis horas, na madrugada de anteontem, em São José dos Campos.

A prisão dos assassinos foi o capítulo de um dos maiores crimes da história policial de São Paulo. O trucidamento dos irmãos Kubitzky é considerado o maior crime do Vale do Paraíba nos últimos anos.

UM VELHO PLANO

Há três meses, na trilha de uma metagal, a menos de um quilometro da Chacara Regio, o plano para roubar e matar os irmãos Kubitzky foi elaborado por Luís Carlos de Faria e os três menores (todos brancos).

Os quatro queriam mais gente para o assalto e convidaram oito marginais, todos da cidade, mas não conseguiram aliciar nenhum e, por isso, decidiram atacar em quatro mesmo.

As 10 horas da noite de 27 de junho — uma sexta-feira — os quatro estavam nos fundos da Chacara Regio, todos armados, com exceção de AB. Eles invadiram a chacara, atravessaram o pomar, foram até a casa grande, onde os Kubitzky moravam. Dois cães mestiços policiais,

mas não muito ferozes, investiram contra o grupo. AB, que estava desarmado, atraiu os cães para si, enquanto os outros entravam na casa grande, por uma porta lateral, que estava apenas encostada.

AB ficou no quintal vigiando. Na casa grande, tendo entrado pela porta lateral, Luís Carlos de Faria, LBA e LBM já estavam na sala, onde haviam surpreendido as duas irmãs Frida Elsa e Erma Erica.

Hermann Paul, o irmão mais velho, unia-se às duas irmãs, vindo da cozinha, e os três investiram, sem êxito, contra os assaltantes que, movimentando-se com rapidez, mas atabalhoadamente, já haviam cortado o fio do telefone e aumentado ao máximo o volume da televisão que encontraram ligada.

Um barulho, num dos quartos da casa grande, atraiu Luís Carlos de Faria. Era Arthur Moritz, quase cego, meio paralítico, que se esforçava, em vão para, se atingindo Erma Erica no peito, matando-a de uma vez, a sangue-frio.

A QUE VIVEU MAIS

Para matar Hermann Paul, Arthur Moritz e Erma Erica, os bandidos levaram um cinco minutos, tempo que eles mesmo calcularam ao depor na Delegacia de Polícia de São José dos Campos.

Frida Elsa foi quem viveu mais. Seus irmãos já estavam mortos e ela suplicava a Luís Carlos de Faria que, pelo menos, a sua vida fosse poupada. Disse ao bandido que lhe daria todo o dinheiro que tinha em troca da vida.

Os bandidos começaram a procurar valores pela casa toda. Reviraram os onze cômodos, abriram gavetas, armários, portas. Frida Elsa se seguia dizendo que poderiam levar tudo o que quisessem e pediam para não morrer.

Ela ficou quase uma hora nas mãos dos assaltantes. Não gritava, provavelmente porque sabia que isso lhe custaria a vida e não adiantaria nada, pois seus gritos, na chacara isolada, dificilmente seriam ouvidos por alguem.

Finalmente, os bandidos propuseram poupar a vida de Frida Elsa em troca do dinheiro que ela tinha em casa.

Ela chegou a agradecer aos assaltantes. Foi para o seu quarto, com as mãos no rosto, chorando de emoção, e deu aos criminosos os NCr$ 700,00. Não seu quarto — o mesmo onde Erma Erica jazia morta numa cama (as duas dormiam no mesmo quarto) — Frida Elsa pegou um pacote com NCr$ 700,00 de cima de um guarda-roupa e entregou-o aos ladrões. Estes pediram mais e ela explicou que era muito o que tinha em casa.

OS ULTIMOS GESTOS

Já com o dinheiro nas mãos, os bandidos decidiram matar Frida Elsa, que estava quase caindo de quarto, esperando entre uma poucas e o guarda-roupa. Os bandidos afirmaram que iam matá-la para que ela não os reconhecesse depois.

Frida Elsa envolveu-se naquele canto de parede, num gesto de pavor e de defesa, com os convidos colados ao corpo e as mãos cobrindo a cabeça. Pediu pelo amor de

Deus para não morrer, pedia baixinho, chorando, quase sem forças, segundo declarações de um dos criminosos.

Nenhum dos bandidos pensou ou interferiu para poupar a vida de Frida Elsa. Todos concordaram quando LBM procurou o corpo da mulher, com o cano do revolver, para disparar. A bala entrou atrás da orelha e Frida Elsa morreu em poucos instantes.

Os bandidos fugiram levando o produto do roubo NCr$ 700,00, um relogio de Hermann Paul, o Ross 22 de Erma Erica, "uma especial" marca de ouro com um medalhão que arrancaram do pescoço de Frida Elsa, uma garrucha 22, e outras coisas de pouco valor.

No quintal, os três já juntaram-se a AB, que vigiava. Todos fugiram por onde haviam chegado: na trilha da manacara. LBM, o único que usava luvas, deixou-as, na fuga; a Polícia encontrou esta peça no dia seguinte.

Briga de mulheres solucionou o caso

Esta luva prêta era a única pista para se esclarecer o trucidamento dos Kubitzky. Casas comerciais e lojas do Vale do Paraíba foram vistadas pelos investigadores que, entretanto, nada apuraram.

Mas, as buscas continuaram, a Polícia diligenciava dia a noite em busca de novos pistas ou de alguma informação que conduzisse ao esclarecimento do crime. E foi feita uma denúncia, afinal, que levou as autoridades aos criminosos.

Quando aqueles oito marginais foram convidados para trucidar os Kubitzky, eles não aceitaram e convite, mas falaram sobre ele a outras pessoas, entre elas Neide Regina dos Santos, de 18 anos, e NBO, de 15 anos, ambas amantes de Luís Carlos de Faria.

No dia seguinte ao trucidamento dos Kubitzky, Luís Carlos de Faria desapareceu da cidade, fugindo para São Sebastião, no litoral. Neide Regina dos Santos e NBO conversaram sobre o que o plano fôra executado com êxito. Mas, houve um desentendimento entre as duas e Neide, por represalia, não estranharia a Policia.

DENUNCIOU NA HORA

Neide Regina dos Santos — uma mulata miudinha — irritou-se com o convite feito a sua rival e saiu da casa, onde brigara com NBO, falando à denunciar o amante à Polícia. Por acaso, naquela hora, passava uma viatura da Delegacia de Polícia, com os investigadores procurando pistas ou informação para esclarecer o crime.

Neide Regina dos Santos gritou a viatura parou. Em dois minutos ela contou todo o denunciou Luís Carlos de Faria e os três menores autores do latrocinio. Naquela mesma noite da quinta-feira — uma semana depois do trucidamento dos Kubitzky — a Polícia prendeu os criminosos.

Faria havia ido dormir em São Sebastião e a Polícia de lá alcançou-o que não tinha aparente.

A Polícia de São José dos Campos ficou até surpresa quando telefonou para São Sebastião e descobriu que o criminoso já estava preso. Ele foi removido na hora para a primeira cidade. Durante o processo de interrogatório dos bandidos se o procura delegado titular.

Com os bandidos a Polícia apreendeu a garrucha 22 roubada da casa grande, a correntinha de ouro de Frida Elsa e as armas usadas no trucidamento dos Kubitzky.

AS PROVAS DO CRIME

As armas apreendidas são reconstruidas com as balas que mataram os Kubitzky (exame de balística que será feito na Polícia Técnica) e, certamente, se constituirão nas grandes provas do crime, junto com as outras coisas roubadas e reconhecidas pelos visinhos.

Amanhã, os criminosos voltarão à Chacara Regio para reconstituírem o crime, na presença de autoridades. Os quatro bandidos partindo a família humilde de São José dos Campos. Eles moravam todos a menos de um quilometro da Chacara Regio e conheciam os irmãos Kubitzky de vista.

Um dos filhos de um pastor protestante (Outro, filho de pai e mãe, foi criado e vivia com uma avó. Os outros dois vivem com as mães. Todas eles registram passagens pela Policia no Vale do Paraíba.

AB, de 16 anos, o mais novo do grupo, matou um marginal, em São José dos Campos, há um ano. Ele brigara com o marginal, um dos mais ativos da cidade, na entrada de um cabaré. Quando estava caindo ao chão, AB matou o rival, à faca.

A Polícia de São José dos Campos vai pedir à prisão preventiva de Luís Carlos de Faria e o internamento no Juizado de Menores dos outros três.

FIM DE SEMANA EM CARAGUATATUBA

Com visita à São Sebastião e Ilha Bela. Hospedagem no NAUTICO HOTEL (Praia das Palmeiras) em apto. duplo com banheiro privativo, incluso refeições.

Saída às 6.ªs-feiras às 19 horas, em Kombi do hotel, chegada aos domingos às 21 horas.

Informações e reservas em São Paulo, telefone 71-5072.

Que frio nada... use o aquecedor de ambientes **YANES**

e fique a vontade.
À VENDA
NAS BOAS CASAS DO RAMO

METALÚRGICA "YANES" LTDA.
Al. dos Arapanés, 725 - Fone: 267-4011 (PBX)
Caixa Postal 30.915 - Indianópolis - São Paulo

MÁQUINAS PARA MALHARIAS CONFECÇÕES E TODAS AS INDÚSTRIAS QUE PRECISAM DE FITAS

Máquinas para enrolar e cortar fitas de todos os tipos, e plásticos, em fitas e vies, tecidos com 1 a 2 metros de largura

G. ROSNER & CIA. LTDA.
TELS. 275-2466 E 275-0644
R. POSTAL K.n 12.914 - ZP-8
S. PAULO

BREVE
FRANK SINATRA
CANAL 9

DEPARTAMENTO DA CASA PRÓPRIA PARA O SERVIDOR PÚBLICO-SASP
EDITAL

Comunicamos aos Srs. Associados em geral e especialmente aos interessados na aquisição de Casa Própria — desde que pelo Plano Nacional da Habitação — que já se acham abertas as inscrições neste Departamento para obtenção destas Srs. Associados do financiamento da Entrada inicial obrigatória de 20% (vinte por cento), necessários àquela aquisição. Os 80% (oitenta por cento) restantes, serão atendidos pelo sistema financeiro em vigor no país e relativo aquele Plano.

A fim de facilitar aos Srs. Associados a referida inscrição, foi autorizado em São Paulo, o DELEGADO ASSISTENCIAL — DA SASP para por ventura já existam nas Repartições da Capital, ou nas cidades do interior, o fornecimento do formulário para essa inscrição, bem como todas as informações que o respeito forem solicitadas pelos Srs. Associados.

Deverão a primeira distribuição do financiamento realizar-se aproximadamente dentro de 90 dias, já havendo a SASP firmado convênio com um dos maiores Agentes Financeiros do Sistema Imobiliário do País, PAES DE BARROS S/A - IMÓVEIS ADMINISTRAÇÃO E COMÉRCIO para que as aquisições da Casa Própria façam-se com inteira facilidade a favor dos Srs. Associados, está fixado o seguinte esquema para as inscrições, em razão da Renda Familiar de cada um:

CATEGORIA	VALOR DO IMÓVEL	FINANCIAMENTO-SASP
1	NCr$ 12.000,00	NCr$ 2.400,00
2	NCr$ 18.000,00	NCr$ 3.600,00
3	NCr$ 24.000,00	NCr$ 4.800,00
4	NCr$ 30.000,00	NCr$ 6.000,00
5	NCr$ 36.000,00	NCr$ 7.200,00
6	NCr$ 42.000,00	NCr$ 8.400,00
7	NCr$ 48.000,00	NCr$ 9.600,00

São Paulo, 12 de junho de 1969
SASP - Sociedade Assistencial dos Servidores Públicos no Estado de São Paulo
A Diretoria
Rua Quirino de Andrade, 227 - 10.º andar — São Paulo

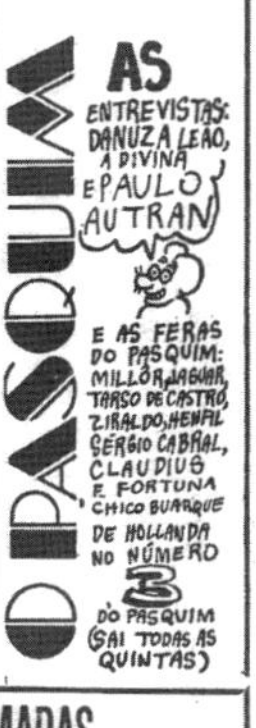

HOMENAGEM DO COMERCIO ÀS FORÇAS ARMADAS

Pela atuação que têm desenvolvido nos momentos mais decisivos e históricos da Nação, as Forças Armadas serão alvo de homenagem especial no decorrer da reunião-Jantar que a Associação Comercial de São Paulo promoverá a 16 do corrente, de 21 horas, nos Salões do Rotary Clube, à Av. Higienopolis, 996, como parte da tradicional comemoração do DIA DO COMERCIANTE.

Adesões na Secretaria Geral da A.C.S.P., à Rua Boa Vista, 51, telefone 239-1333; à ou através das sedes Distritais, pelos telefones: 63-2746 (Ipiranga), 260-1195 (Lapa), 93-7329 (Mooca), 295-3681 (Penha), 80-4932 (Pinheiros), 61-4563 (Santo Amaro), 298-3708 (Santana), e 70-9521 (Sudoeste).

AS ENTREVISTAS DE DANUZA LEÃO, A DIVINA E PAULO AUTRAN

E AS PEÇAS DO PASQUIM: MILLOR MAGALHÃES, TARSO DE CASTRO, ZIRALDO, JAGUAR, SERGIO CABRAL, CLAUDIUS, E. FORTUNA, CHICO BUARQUE DE HOLANDA NO NÚMERO 5 DO PASQUIM (SAI TODAS AS QUINTAS)

CHEGAREMOS PRIMEIRO À LUA!

Tendo, com modestia, há algum tempo, dominado, o já imensa terrestre com nossas sempre atualizadas coleções, agora, já pensamos firmemente em galgar o espaço lunar, quando lá, como esperamos, a vastidão feminina admirar sua presença, bem, que enquanto aguardamos este já esperado momento, satisfazemo-nos em aqui, poder dar completo atendimento aos srs. proprietario dos jóias boutiques e distribuidores, com nossas espetaculares e variadissimas coleções de: brincos, broches, anéis e bijouterias em geral, pela soma processo-atendimento do assunto há vinte longos anos... Façam-nos uma visita, pois estamos certos, encontrarão sempre em nossas lojas, um sugestão para o gosto, que mais exigente.

RENATO BIJOUTERIAS
Ladeira Porto Geral, 123 - 3.o andar — São Paulo.

SURDEZ

DOIS NOVOS APARELHOS COM DIODOS STEREOS

Criados em Viena (patenteados). Aumentam o som 10,000 vezes. Até os surdos 95% voltam a ouvir normalmente. Sem nenhum ruido. Um milagre VIENNATONE. Parabens a conseguidos. Procure por VIENNATONE também à venda:

DAWITONE

SÃO PAULO: Rua Cons. Crispiniano, 129, 10.o and. tel. 36-0753.
EM SOROCABA: Somente nos dias 14, 15 e 16 de julho. Técnico DAWITONE, atendendo nas novas instalações da Otica Casa das Ostras, à rua Dr. Braguinha, 316, telefone 2-3480.

Companhia Hidro Eletrica da Boa Esperança
COHEBE
AQUISIÇÃO DE EQUIPAMENTOS PARA OFICINAS MECÂNICAS

A Companhia Hidro Eletrica da Boa Esperança — COHEBE, através do Edital de Tomada de Preços n. 01/69, de 11 do corrente mês, comunica que receberá às 15 horas do proximo dia 15 de agosto, em sua sede, localizada à rua do Passando, 56 — Recife — Pernambuco, propostas de fornecimento de equipamentos para as Oficinas Mecanicas da Usina "Presidente Castelo Branco" em Boa Esperança e Subestações de São Luís e Teresina, conforme condições expressas naquele Edital.

Melhores esclarecimentos poderão ser obtidos nos seguintes endereços:
No Recife (sede da Companhia):
Rua do Paissandu, 58 - Boa Vista.

No Rio de Janeiro (GB):
Escritorio de Representação da COHEBE, Av. Rio Branco, 185, 17.o andar, sala 1713
Recife, 11 de julho de 1969
A DIRETORIA

Assassinos dos Kubitzky confessaram tudo friamente

Reportagem publicada na *Folha de S.Paulo* em 13 de julho de 1969

EDSON FLOSI

Já estão presos os quatro homens que no dia 27 do mês passado assassinaram a sangue-frio os irmãos Kubitzky, em São José dos Campos.

Os Kubitzky foram trucidados a tiros de revólver na Chácara Régio, no Jardim Paulistano, onde viviam há mais de 30 anos. A chácara fica a um quilômetro e meio do centro de São José dos Campos.

Dos quatro assassinos, três são menores. Eles mataram para roubar NCr$ 700 e algumas coisas de pouco valor. Os Kubitzky assassinados: Hermann Paul, de 76 anos; Arthur Moritz, de 74; Erma Érica, de 72; e Frida Elsa, de 68.

Os irmãos Kubitzky, donos de mais de NCr$ 1 milhão em terras e dinheiro, não deixaram herdeiros. Eles levaram vida parcimoniosa. Eram filhos de imigrantes alemães.

Os assaltantes, que pensavam encontrar mais valores na casa-grande da Chácara Régio, foram presos depois de denunciados por uma mulher que sabia de tudo.

A prisão dos assassinos encerra mais um capítulo de um dos maiores crimes da história policial de São Paulo. O trucidamento dos irmãos Kubitzky é considerado o maior crime do vale do Paraíba nos últimos anos.

"Eles confessaram tudo friamente" – disse o escrivão Roberto Barretti, que interrogou os quatro assassinos, durante seis horas, na madrugada de anteontem, em São José dos Campos.

Os criminosos foram unânimes nos seus depoimentos. Eles contaram com riqueza de detalhes como planejaram e executaram o trucidamento dos irmãos Kubitzky.

"Ela pedia pelo amor de Deus para não morrer, mas eu a matei, com um tiro no ouvido." (LBM, de 17 anos, contando como assassinou Frida Elsa, de 68 anos.)

"Acertei dois tiros, ela caiu, mas demorou um pouco para morrer." (LBA, de 17 anos, explicando como matou Erma Érica, de 72 anos.)

"Ele puxou a coberta para se defender, mas eu o descobri e o matei, com um tiro no peito." (Luís Carlos de Faria, de 23 anos, confessando como executou Arthur Moritz, de 74 anos.)

"Eu vigiei a casa, do lado de fora, enquanto eles matavam lá dentro." (AB, de 16 anos, confessando sua participação no trucidamento dos irmãos Kubitzky.)

Um velho plano

Há três meses, na trilha de um matagal, a menos de um quilômetro da Chácara Régio, o plano para roubar e matar os irmãos Kubitzky foi elaborado por Luís Carlos de Faria e os três menores (todos brancos)[8].

Os quatro queriam mais gente para o assalto e convidaram oito marginais, todos ex-detentos ou com passagens pela delegacia de polícia da cidade, mas não conseguiram aliciar nenhum e, por isso, decidiram atacar com quatro mesmo.

Às dez horas da noite de 27 de junho, uma sexta-feira, os quatro estavam nos fundos da Chácara Régio, todos armados, com exceção de AB. Eles invadiram a chácara, atravessaram o pomar, foram até a casa-grande, onde os Kubitzky moravam.

Dois cães mestiços policiais, mas não muito ferozes, investiram contra o grupo. AB, que estava desarmado, atraiu os cães para si, enquanto os outros bandidos entravam na casa-grande por uma porta lateral, que estava apenas encostada.

AB ficou no quintal vigiando. Na casa-grande, tendo entrado pela porta lateral, Luís Carlos de Faria, LBA e LBM já estavam na sala, onde haviam surpreendido as duas irmãs, Frida Elsa e Erma Érica.

Hermann Paul, o irmão mais velho, uniu-se às suas irmãs, vindo da cozinha, e os três investiram, sem êxito, contra os assaltantes, que, movimentando-se com

---

8 Ver nota 3, p. 41.

rapidez mas atabalhoadamente, já haviam cortado o fio do telefone e aumentado o volume da televisão, que encontraram ligada.

Um barulho num dos quartos da casa-grande atraiu Luís Carlos de Faria. Era Arthur Moritz, quase cego, meio paralítico, que se esforçava em vão para se levantar. O bandido entrou no quarto e o doente puxou a coberta até cobrir a cabeça.

Luís Carlos de Faria descobriu Arthur Moritz e deu um tiro no seu peito, com o revólver que empunhava, um Taurus 38. O doente morreu logo. Enquanto isso, na sala, Erma Érica corria para o seu quarto para pegar um Rossi 22 da gaveta de uma cômoda.

LBA, que perseguira Erma Érica de perto, desarmou-a com facilidade. Depois, com o seu revólver, um Taurus 38, LBA deu dois tiros em Erma Érica, ferindo-a no pulso e na coxa. A mulher caiu sobre uma cama.

Hermann Paul tentou fugir pela porta que os bandidos usaram para entrar e que ainda estava aberta. Quando ele fugia para o quintal, LBM fez um disparo que, entretanto, acertou a porta. Depois, LBM perseguiu Hermann Paul e acertou--lhe as costas com um segundo tiro de um Taurus 32.

Ferido pelo tiro, que lhe entrou nas costas e saiu no peito, Hermann Paul ainda deu uns passos até morrer, agarrado a um muro, no quintal. LBM fez mais dois disparos contra ele, sem, contudo, atingi-lo uma segunda vez.

Erma Érica, ferida no pulso e na coxa, gemia caída na cama do seu quarto. LBA, que pensara ter matado a mulher, ouviu os seus gemidos e voltou da sala para o quarto. Deu um terceiro tiro, atingindo-a no peito, matando-a de uma vez, a sangue-frio.

A que viveu mais

Para matar Hermann Paul, Arthur Moritz e Erma Érica, os bandidos levaram uns cinco minutos, tempo que eles calcularam ao depor na delegacia de polícia de São José dos Campos.

Frida Elsa foi quem viveu mais. Seus irmãos já estavam mortos e ela suplicava a Luís Carlos de Faria que pelo menos a sua vida fosse poupada. Disse ao bandido que lhe daria todo o dinheiro que tinha em troca da vida.

Os bandidos começaram a procurar valores pela casa toda. Reviraram os 11 cômodos, abriram gavetas, armários, portas. Frida Elza os seguia dizendo que podiam levar tudo o que quisessem e pedindo para não morrer.

Ela ficou quase uma hora nas mãos dos assaltantes. Não gritava, provavelmente porque sabia que isso lhe custaria a vida e não adiantaria nada, pois seus gritos, na chácara isolada, dificilmente seriam ouvidos por alguém.

Finalmente, os bandidos propuseram poupar a vida de Frida Elsa em troca do dinheiro que ela tinha em casa. Ela chegou a agradecer aos assaltantes. Foi para o seu quarto, com as mãos no rosto, certamente para não ver os irmãos mortos.

No seu quarto – o mesmo onde Erma Érica jazia morta numa cama (as duas dormiam no mesmo quarto) – Frida Elsa pegou um pacote com NCr$ 700 de cima de um guarda-roupa e entregou-o aos ladrões. Estes pediram mais e ela explicou que só tinha aquele dinheiro em casa.

Os últimos gestos

Já com o dinheiro nas mãos, os bandidos decidiram matar Frida Elsa, que estava num canto do quarto, espremida entre uma parede e o guarda-roupa. Os bandidos afirmaram que iam matá-la para que ela não os reconhecesse depois.

Frida Elsa encolheu-se naquele canto de parede, num gesto de pavor e de defesa, com os cotovelos colados ao corpo e as mãos cobrindo a cabeça. Pedia pelo amor de Deus para não morrer, pedia baixinho, chorando, quase sem forças, segundo declarações de um dos criminosos.

Nenhum dos bandidos pensou ou interferiu para poupar a vida de Frida Elsa. Todos concordaram quando LBM procurou o ouvido da mulher, com o cano do revólver, para disparar. A bala entrou atrás da orelha e Frida Elsa morreu em poucos instantes.

Os bandidos fugiram levando o produto do roubo: NCr$ 700, um relógio de Hermann Paul, o Rossi 22 de Erma Érica, uma correntinha de ouro com um crucifixo e uma medalha que arrancaram do pescoço de Frida Elsa, um relógio de mulher, uma garrucha 22 e outras coisas de pouco valor.

No quintal, os três se juntaram a AB, que vigiava. Todos fugiram por onde haviam chegado: os fundos da chácara. LBM, o único que usava luvas, deixou cair uma das suas luvas pretas na fuga; a polícia encontrou essa peça no dia seguinte.

Briga de mulheres solucionou o caso

Essa luva preta era a única pista para esclarecer o trucidamento dos Kubitzky. Casas comerciais e lojas do vale do Paraíba foram visitadas pelos investigadores, que, entretanto, nada descobriram.

Mas as buscas continuaram; a polícia diligenciava dia e noite em busca de nova pista ou de alguma informação que conduzisse ao esclarecimento do crime. E foi uma denúncia, afinal, que levou as autoridades aos assassinos.

Quando aqueles oito marginais foram convidados para trucidar os Kubitzky, eles não aceitaram o convite, mas falaram sobre ele a outras pessoas, entre elas Neide Regina dos Santos, de 19 anos, e NSO, de 15 anos, ambas amantes de Luís Carlos de Faria.

No dia seguinte ao do trucidamento dos Kubitzky, Luís Carlos de Faria desapareceu da cidade, fugindo para São Sebastião, no litoral. Neide Regina dos Santos e NSO convenceram-se de que o plano fora executado pelo amante, mas, temendo represália, não avisaram a polícia.

Na noite de quinta-feira última – 13 dias depois do crime – Neide Regina dos Santos e NSO brigaram porque uma delas fora convidada, através de recado de um terceiro, para morar definitivamente com Luís Carlos de Faria.

Denunciou na hora

Neide Regina dos Santos, uma mulata[9] miudinha, irritou-se com o convite feito à sua rival e saiu da casa onde brigava com NSO, disposta a denunciar o amante à polícia. Por acaso, naquela hora, passava uma viatura da delegacia de polícia, com os investigadores procurando pista ou informação para esclarecer o crime.

Neide Regina dos Santos gritou e a viatura parou. Em dois minutos ela contou tudo e denunciou Luís Carlos de Faria e os três menores autores do latrocínio. Naquela mesma noite de quinta-feira última a polícia prendeu os três menores. Luís Carlos de Faria havia sido preso um dia antes em São Sebastião, porque a polícia de lá achou que ele tinha aparência de marginal.

---

9 Ver nota 3, p. 41.

A polícia de São José dos Campos ficou até surpresa quando telefonou para São Sebastião e descobriu que o criminoso já estava preso. Ele foi removido na hora para a primeira cidade. Durante a madrugada de sexta-feira tomaram-se depoimentos dos bandidos sob a presidência do delegado titular.

Com os bandidos a polícia apreendeu a garrucha 22 roubada da casa-grande, a correntinha de ouro de Frida Elsa e as armas usadas no trucidamento dos Kubitzky.

As provas do crime

As armas apreendidas serão examinadas com as balas que mataram os Kubitzky (exame de balística que será feito na polícia técnica) e, certamente, constituirão as grandes provas do crime, junto com as outras coisas roubadas e encontradas com os ladrões.

Amanhã, os criminosos voltarão à Chácara Régio para reconstituir o crime, na presença de autoridades. Os quatro bandidos pertencem a famílias humildes de São José dos Campos. Eles moravam todos a menos de um quilômetro da Chácara Régio e conheciam os irmãos Kubitzky de vista.

Um deles é filho de um pastor protestante. Outro, órfão de pai e mãe, foi criado e vivia com uma avó. Os outros dois viviam com os pais. Todos eles registram passagens pela polícia do vale do Paraíba.

AB, de 16 anos, o mais novo do grupo, matou um marginal em São José dos Campos, há um ano. Ele brigara com o marginal, um ano mais velho que ele, na cadeia. Quando saíram da cadeia, AB matou o rival, com um tiro no peito.

A polícia de São José dos Campos vai pedir a prisão preventiva de Luís Carlos de Faria e o internamento no Juizado de Menores dos outros três.

A informação

As FONTES DE INFORMAÇÃO de um repórter dividem-se em dois grupos: 1 – o noticiário dos próprios jornais, revistas, rádio, televisão e internet; 2 – informantes em geral, como amigos, familiares, funcionários públicos, políticos, militares, religiosos, profissionais liberais e, sobretudo, pessoas que trabalham tanto na iniciativa privada como no governo.

Muitas vezes, nas entrelinhas de uma matéria publicada em jornal ou revista, o repórter encontra o ponto de partida para escrever um grande trabalho. Outras vezes, ouvindo conversas em corredores de repartições públicas, ele obtém a pista para excelente reportagem.

O fator sorte também pesa na vida do jornalista. Ele perderá horas conversando com um secretário de Estado ou um delegado de Polícia e não conseguirá nenhuma informação importante. Mas, jantando ou se divertindo, poderá obter valiosa informação de um garçom, em um restaurante, ou de um manobrista, na porta de uma casa noturna.

É por isso que o repórter tem de estar sempre preparado, física e mentalmente, prestando atenção, vendo e ouvindo tudo, pronto para iniciar uma reportagem, não importa a hora e o lugar em que esteja. Ele sairá no meio de uma festa para checar uma informação ou acordará no meio da noite para atender o telefonema de um informante.

O repórter deve ler pelo menos um jornal por dia e uma revista por semana, além de bons livros. Não terá muito tempo para fazer isso, mas mesmo uma leitura rápida lhe trará informações e o manterá atualizado. Deve ouvir rádio e assistir ao noticiário da televisão e, quando lhe faltar tempo, alguém terá de fazer isso por ele.

É claro que cada profissional preocupa-se mais com sua área específica de atividade: política, economia, polícia, esporte, meio ambiente, internacional, música, teatro, cinema, literatura ou qualquer outro setor do jornalismo.

Durante toda a minha carreira, sempre liguei muito para casa, falando por telefone com minha mulher, que acabou se transformando em competente radioescuta. Foi ligando um dia para casa que ela disse ter ouvido uma notícia que ao mesmo tempo a comovera e revoltara. Tivemos um diálogo mais ou menos assim:

– A rádio Bandeirantes acabou de dizer que dois meninos mataram dois homens. Os meninos foram presos, mas são crianças. O que acontecerá com eles? Ficarão presos, serão soltos? Você acha que vão maltratá-los lá na polícia? Por que você não vai fazer uma reportagem sobre esses meninos? Deve dar uma boa história, daquelas que você gosta de escrever, mas eu estou mais preocupada é com eles. Afinal de contas, como as crianças arranjaram os revólveres para matar esses dois homens? Por que você não descobre como tudo isso aconteceu?

– Vou fazer essa reportagem, mas o mais importante você não disse ainda: onde estão presos esses meninos?

– Não sei. Quando liguei o rádio, já estavam falando, acho que falaram do lugar da prisão no começo do noticiário. Mas quem é o repórter, eu ou você? Descubra onde essas crianças estão presas. Acho que vai dar uma boa reportagem.

Eu trabalhava no *Jornal da Tarde* e estava na Redação quando recebi a informação. Liguei para a rádio Bandeirantes e descobri que os meninos estavam detidos no 35.º Distrito Policial, na Vila Guarani, zona Sul da cidade.

Em contato com o 35.º Distrito Policial, apurei que o investigador Henrivaldo Mello, o Coelho, era o autor da prisão dos dois meninos. Coelho veio ao telefone e disse tratar-se de dois meninos franzinos, subnutridos, que tinham 16 anos, mas pareciam ser bem mais novos. Ele explicou:

– São duas crianças, mas são assassinos, mataram dois homens, um deles abriu um berreiro quando o prendi. Eles vão para o Juizado de Menores ainda hoje.

– Coelho – cortei –, segura esses meninos aí por mais algum tempo. Eu já estou saindo do jornal e quero entrevistá-los. Arranje para que sejam removidos só depois que eu falar com eles.

Eu era repórter policial e conhecia o investigador Henrivaldo Mello desde os tempos em que ele trabalhava na Delegacia de Vadiagem, correndo atrás de batedores de carteira, pelas ruas centrais da cidade. Magro, ágil, veloz, ganhou o apelido de Coelho.

A INFORMAÇÃO

O repórter policial tem de ser combativo, corajoso e, sobretudo, honesto, denunciando corrupção, tortura, abuso de poder e outras arbitrariedades que cheguem ao seu conhecimento. Mas, ao mesmo tempo, tem de manter bom relacionamento com os integrantes da carreira policial – delegados, investigadores, escrivães, carcereiros –, pois do contrário não conseguirá fazer as reportagens.

Entrevistei os meninos e, ao anoitecer, quando voltei para a Redação do *Jornal da Tarde*, eu tinha a história arquitetada na cabeça. Imaginei um texto humano, social, crítico. Paradoxalmente, eu estava mais preocupado com os dois menores do que com os crimes que haviam praticado.

A imprensa tem duas missões principais: informar e denunciar. O jornalista deve cumprir essas duas missões, aproveitando toda oportunidade que surgir para comentar e denunciar as injustiças sociais. Foi pensando assim que escrevi a história de Didi e Nenê, os meninos assassinos.

A reportagem foi mal aproveitada, não por culpa do editor e sim pelo espaço do jornal, que naquele dia estava reduzido. Cada uma das editorias do jornal recebe maior ou menor espaço de acordo com a conveniência e a linha adotada pelo jornal e, também, para atender às necessidades do momento: se estoura uma guerra, a editoria de notícias internacionais recebe maior espaço; durante os jogos olímpicos, espaço maior é destinado a esportes.

No dia em que escrevi a reportagem sobre os meninos assassinos, por causa da falta de espaço na editoria Local (notícias gerais), a matéria saiu blocada, em corpo menor que o habitual, sendo suprimidos da publicação os intertítulos, agora resgatados. Mas, como era um assunto do dia, não se podia adiar a reportagem à espera de mais espaço. O trabalho, então, foi publicado sem maior destaque e sacrificado na apresentação gráfica.

Didi e Nenê foram identificados na matéria apenas com os apelidos em obediência à lei que proíbe a divulgação de nomes de menores de idade quando acusados de um crime. Também por motivos legais foram fotografados de costas.

Publicada a reportagem, perdi de vista Didi e Nenê, nunca mais soube deles. Talvez tenham se recuperado, talvez tenham tombado mortos em um desses tiroteios entre policiais e bandidos; talvez estejam recolhidos hoje em um presídio qualquer.

O investigador Henrivaldo Mello, o Coelho, citado na reportagem, morreu alguns anos depois com um tiro na cabeça, na porta de um barraco, em

60

uma favela da zona Sul da cidade. Ele forçava a porta para prender um assaltante que se escondia no barraco. O bandido acabou atingindo-o com um tiro de revólver. O delegado Celso Antunes Rosa, que também aparece na matéria, aposentou-se do serviço público. Eu deixei o *Jornal da Tarde* e segui novos caminhos na vida.

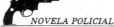

NOVELA POLICIAL

Didi e Nenê: menores de idade, franzinos. Já mataram.

Conversando com os meninos assassinos

Reportagem de Edson Flosi

Os dois são iguais. Nasceram pobres e viveram miseravelmente. Um tem a idade do outro, dezesseis anos. Cada um matou um homem. Os dois cresceram sem pai, sem escola, sem nada. Eles não são irmãos. São apenas iguais até nisto: Didi? Aparece, rapaz. Tem um repórter aqui. Quer falar com você".

O corpo do carcereiro é quase do tamanho da porta de ferro. Ele está no meio do caminho, mas, mesmo assim, dá para ver um pouco lá dentro um xadrez pequeno, muito escuro, o chão de cimento, uns oito ou nove presos.

Didi aparece. É negro. Pouco mais de um metro e meio de altura. A calça rancheira, a camisa de malha, o sapato sujo de barro. Perto do carcereiro, que é segura pelo braço, Didi parece menor ainda. O carcereiro grita de novo. "Você também, Nenê, sala daí, o repórter quer falar com os dois".

Nenê é igual a Didi. O mesmo corpo, a calça rancheira, a camisa de malha, o sapato sujo de barro, a cabeça baixa. Só uma diferença. Nenê é mais claro. Ele não é negro, nem branco, nem amarelo. Ele é marrom. Tem gente que tem essa cor.

Os dois já mataram, a tiros de revólver, a sangue-frio. Nasceram e vivem até hoje na parte mais pobre da Vila Constança, um bairro operário, no fim da Zona Sul, perto de Diadema.

Há duas semanas, Didi matou, na Cidade Ademar. Ele havia vendido maconha a Onofre da Silva, de vinte e quatro anos, viciado em tóxico. Cinquenta cruzeiros, o preço da droga e o motivo do crime. Onofre da Silva não pagou. Didi deu três tiros nele, um na cabeça, dois no peito. O revólver de marca Taurus e cano longo, calibre 38, ele havia roubado de um soldado da Polícia Militar, de madrugada, na porta de um baile. Estavam em cinco, tinham armas, cercaram o soldado. Didi pegou o Taurus de cano longo, ficou na Vila Constança. O revólver era muito grande para ele. Destrava.

Quando Didi tinha oito anos, seu pai, que era bêbedo e bebia muito, deu uma surra na sua mãe. Ele lembra bem como isso aconteceu: "Minha mãe correu para o quintal, meu pai atrás dela, com um pedaço de pau na mão. Era um pedaço de pau, ou era uma tábua. Ele bateu muito na minha mãe, saiu sangue da cabeça, do braço".

Depois disso, o pedreiro que bebia muito foi embora. Didi nunca mais viu o pai. Ele foi crescendo, junto com a mãe, numa casa de quarto e cozinha, na Vila Constança. Seus quatro irmãos – dois homens e duas mulheres – também foram crescendo. Depois, a família se espalhou: cada um foi para um lado, um dos irmãos de Didi cumpre longa pena na Penitenciária do Estado por crime de roubo. Didi, que nunca estudou, fala muita, gíria. Nunca trabalhou. Assaltou muitas casas, roubou muitas jóias. Já teve uma quase cinco revólveres diferentes. Todos roubados. Uma vez ele escutou o cano do revólver na barriga de um homem muito forte e não-desacerto.

"Ele era mais forte que ele" – Didi aponta para o carcereiro – "mas eu estava muito sem dinheiro, não tinha outro jeito, precisava arriscar. Não dava nem para olhar o rosto do homem. A minha cabeça batia na barriga dele. Levei um boletim. A arma vooa longe – eu acho. Eu sentei o homem tem ligou. Foi embora como se nada tivesse acontecido".

Henryvelo Melo, o investigador de catorze anos. Foi ele quem prendeu Didi. No início da carreira, trabalhava na Delegacia de Vadiagem, sua missão era prender falsadores de carteira. Corria muito até alcançá-los, pelas ruas do centro da cidade.

Era magro e rápido como é até hoje, e porque corria muito os colegas o apelidaram de Coelho. Carrega o apelido nas costas e quase ninguém o conhece pelo nome verdadeiro. "Este tipo de apelido, que se confunde com nome próprio, é o pior de todos" – diz o policial. Agora, ele conta como prendeu Didi.

"Fui num bar, lá na Vila Constança, sábado à noite. Ele bebia uma cerveja. O revólver era maior que o dono. Ele não reagiu. Parecia uma criança assustada. Entregou a arma e começou a chorar".

A história de Nenê é muito parecida com a de Didi. Ele também era criança, tinha seis anos, talvez um pouco mais, quando o seu pai deu uma surra na sua mãe. Não houve sangue, dessa vez, mas a mãe de Nenê desmaiou, quase morreu.

O pai de Nenê, que era faixineiro e também bebia muito, abandonou a família depois dessa surra. Sua mãe lavou muita roupa para fora e conseguiu criar os filhos. Nenê é seus três irmãos. Hoje, todos trabalham, em empregos humildes.

Todos, menos Nenê, que, depois de praticar meia dúzia de assaltos a mão armada matou o estudante Cláudio da Silva, de quinze anos, na porta de um colégio, na Vila Maria, no mês passado. Ele conta porque matou:

"Eu tinha bebido, sabe, muita cachaça, tinha fumado um pouco de maconha também. Ia passando, na porta da escola, o estudante ficou me olhando. Não gostei. Discuti-mos. Dei dois tiros nele, acertei um, no meio da testa".

Didi e Nenê se conheceram desde crianças, sempre moraram perto um do outro, na Vila Constança. A casa de Nenê também é de quarto e cozinha. Mora com a sua mãe até hoje e foi dali que ele saiu, levando um revólver Taurus de cano curto, calibre 32, arma que disparou contra o estudante.

Didi contou isso ao investigador Henryvelo Mello, aqueles que todos conhecem por Coelho, e por isso Nenê também foi preso, sábado à noite. Na Delegacia de Polícia da Vila Guarani ele confessou o seu crime.

Uma vez Nenê e Didi estiveram internados, juntos, no Recolhimento Provisório de Menores, no Tatuapé. Nenê foi solto. Saiu de lá há oito meses. Didi não foi solto. Fugiu.

Agora os dois vão voltar para o Recolhimento Provisório de Menores. O delegado Celso Antunes Rosa vai manda-los para lá, hoje, junto com uma sindicância sobre aqueles dois assassinatos.

"Eu acho que eles ficarão internados até esfriarem, depois serão" – diz o delegado –, "quando o Juiz de Menores decidir e eles podem ou não ser reintegrados na sociedade. Tudo vai depender de Didi e Nenê. Se eles se recuperarem, durante o período de internamento, estão podendo ser reintegrados à sociedade, quando fizerem dezoito anos".

Em São Paulo há duzentos mil menores abandonados. Iguais a Didi e Nenê. Em São Paulo há mais de quatrocentos mil menores carenciados. Quase iguais a Didi e Nenê.

E mais

A polícia de São Paulo obteve ontem mais detalhes sobre as características físicas do homem que na manhã da última sexta-feira assassinou, com um tiro de pistola, a secretária Márcia Guarido, de 21 anos no prédio 1071 da avenida Ipiranga, onde ela trabalhava. Isso foi possível através do demorado interrogatório a que foi submetida a vendedora de livros Aparecida Gonçalves, que viu o assassino sair do escritório onde Márcia trabalhava, depois de tê-la matado.

O assassino é moreno escuro e não mulato, conforme havia sido noticiado; tem cerca de 1m58 de altura, cabelos curtos e enrolados, veste um paletó marrom, sua a veste é muito apertada.

Os peritos identificaram ontem, através das impressões digitais, Angela de Souza da Silva, de trinta e quatro anos, que foi assassinada na noite do bairro de Campos Elíseos. O assassino, Francisco da Costa Rocha, fugiu logo depois do crime, e ainda não foi preso.

pernas tortas, corpo encurvado e musculoso. No dia do crime, vestia uma calça vinho e uma camisa bege. – revelou Aparecida.

Presume-se que ele tenha fugido para o Estado do Rio.

Francisco da Costa Rocha já matou duas vezes e de mesmo jeito. Em agosto de 1966, ele estrangulou a bela Margareth Sulda, também nos Campos Elíseos. Margareth Sulda, de trinta anos, foi estrangulada dentro de seu apartamento, na rua Aurora, 12. O assassino mutilou seu corpo, e depois, escondeu-com uma mala.

Sábado, Francisco da Costa Rocha atraiu Ângela de Souza da Silva para a sua própria apartamento, na avenida Rio Branco, 753. Estrangulou a mulher e também desta vez, usou uma mala para esconder o corpo mutilado. Mas desta vez, o assassino fugiu logo do depois do crime, abandonando no local a mala e a faca.

Você vai amar CentreVille. É natural.

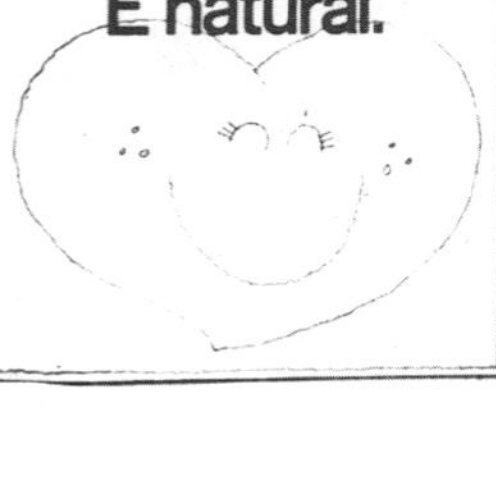

AGRADECIMENTO

Os familiares de MARIA DOS SANTOS SCARAMBINI, natural de CATARINA agradecem aos médicos, enfermeiros, atendentes (3ª e 13ª andares, porteiros e, em todos do Hospital do Servidor Público que a serviram. Em particular à Dna. Aparecida (Chefe do 13º andar).

TEACHER'S SCOTCH

Rádio Eldorado 700 Khz

Missas e protestos pela morte do padre Burnier

Várias missas foram celebradas ontem em todo país pelo sétimo dia da morte do padre João Bosco Burnier, assassinado segunda-feira da semana passada por um soldado da PM, em Mato Grosso. No convento dos Dominicanos do Rio o frei Pierry Secondi celebrou a missa encomendada pela família do padre. No sermão, declarou:

– Estão enganados os que querem fazer calar a voz da Igreja junto aos pobres com a violência. Os religiosos encontram forças superiores às naturais para se aproximar de seus irmãos mais abandonados. Não estamos aqui para fazer demagogia, mas para chamar a atenção do governo para que não deixe esta violência, reflexo de tantos distúrbios, se espalhar como vem acontecendo até agora. Desta vez a violência atingiu um jesuíta que optou por se dedicar aos pobres e indígenas, no entanto defendendo duas melhores mal tratadas.

As mulheres a que frei Secondi se referia são Santana Rodrigues dos Santos e Margarida Barbosa da Silva, que vinham sendo espancadas e torturadas na delegacia de Ribeirão Bonito, para que revelassem o paradeiro de Jovino Barbosa da Silva, que dias antes havia assassinado o soldado Félix de Oliveira. O padre João Bosco foi à delegacia, junto com o bispo de São Félix do Araguaia, dom Pedro Casaldáliga, interceder em favor das mulheres. E lá foi assassinado pelo soldado Ezy Feitosa Ramalho.

A comissão Nacional de Pastoral da CNBB divulgou ontem uma nota de protesto contra os recentes atos de violência praticados contra a Igreja, dizendo que a consciência brasileira não pode mais ser angustiada com estas afirmações de que esses atos são lamentáveis, mas isolados. "Lamentáveis, sim" – continua o documento – "mas não isolados, pois iluminam um subterrâneo de iniqüidades no qual se perseguem, espancam, ultrajam e matam vítimas indefesas."

Diante das últimas violências sofridas por sacerdotes e bispos, que culminaram com os assassinatos dos padres Rodolfo Lubenkein e João Bosco e no sequestro do bispo dom Adriano Hypólito, formaram-se duas correntes dentro da CNBB: uma moderada e outra radical, que exige uma atitude mais clara e direta por parte da Igreja.

O bispo do Acre e Purus, dom Moacyr Grechi, representante dessa segunda corrente, declarou ontem que os acontecimentos de Mato Grosso demonstraram que não é mais possível manter a aparência de paz, quando na realidade existem sérias divergências entre o governo e a Igreja. "A máscara começa a cair e a Igreja deve enfrentar a situação com clareza, discordando publicamente e assumindo sem ambiguidades, embora não deva excluir a possibilidade de acordos", disse.

O ministro Armando Falcão, porém, insistiu na tese de que esses fatos são lamentáveis mas isolados e declarou, também ontem, não acreditar que o assassinato do padre João Bosco Burnier "possa prejudicar o relacionamento Igreja-Governo". O ministro, que aguarda a conclusão do inquérito que se realiza em Mato Grosso, disse que a morte do padre foi um "desses acontecimentos desagradáveis que escapam ao controle da autoridade, mas o governo matogrossense não pode deixar de querer que reine a paz, a ordem e a tranquilidade no Estado".

Só ontem o diretório regional do MDB de Mato Grosso divulgou uma nota sobre o assassinato do padre. A nota assinada pelo presidente do diretório municipal de Cuiabá, José Anibal de Souza, o MDB diz: "Não basta que sejam expulsos alguns elementos da Polícia Militar e se digam que tudo será esclarecido brevemente. Na verdade, esses fatos vêm se ser analisados de uma forma mais ampla pois é inegável que no momento em que as vozes das instituições democráticas deste país se fazem ouvir é que a consciência democrática do povo é perseguida com atentados a bombas e assassinatos. Assim, não há que se interpretar este crime isoladamente mas em decorrência de uma estrutura social injusta".

As comunidades dos jesuítas de Belo Horizonte lançaram durante a missa celebrada em memória do padre João Bosco um manifesto condenando o assassinato e denunciando "a onda de perseguição à Igreja e de manifestações de opressão numa sociedade injusta, baseada no lucro, no egoísmo e na lei do mais forte". O documento diz que a União porque se opõe à expulsão de 180 famílias de colonos do padre João Bosco morreu defendendo os pobres e oprimidos, os direitos humanos e a libertação do homem.

E acrescenta: "Defender os direitos dos pobres sempre é arriscado mas há momentos, como o que vivemos atualmente, em que este perigo se torna maior. O assassinato do padre João Bosco Burnier não é um caso isolado. No dia 11 de julho o padre Rodolfo Lubenkein e o índio Simão Boro foram assassinados na circunstâncias semelhantes. O padre Isidoro Schneider, jesuíta, está sendo repetidamente ameaçado de morte pelos jagunços da Fazenda União porque se opõe à expulsão de 180 famílias de colonos. O padre João Kaulink, jesuíta, foi expulso quando ia do próprio nome internacional deste país, traduz parcela dos imensos esforços e dedicação da grande Companhia pelo Brasil e pelo seu sofrido povo", acrescentou Octacílio Queiróz.

Na missa que celebrou ontem na Catedral Metropolitana de Vitória, o arcebispo dom Batista da Mota Albuquerque declarou que "não estava lembrando apenas a morte do padre João mas a de todos que morreram pela opressão, uma bandeira que foi deflagrada nessa pátria". Disse ainda: "Não fazemos uma missa de defuntos, mas a dos homens que resistem à violência. O crime é social e todos têm culpa, inclusive o presidente da República".

Os elogios à reportagem sobre o livro do procurador Hélio Bicudo

"Quando, amanhã, se escrever a história da reconquista da liberdade do estado de direito e da democracia neste país, o neste fase da sua evolução política, esse grande jornal que é O Estado de S. Paulo ocupará um destaque dos mais brilhantes e justos". Esta afirmação foi feita ontem, na Câmara Federal, pelo deputado Octacílio Queiróz (MDB-PB), ao ler para que constasse nos anais da casa, a reportagem publicada na edição do jornal de domingo passado, sobre o livro do procurador Hélio Bicudo, a respeito da proteção política ao Esquadrão da Morte em São Paulo.

Em discurso que pronunciou durante o pequeno expediente, o deputado paraibano destacou ainda a atitude do jornal que "mantendo uma tradição liberal e democrática, sem quebra de seus nobres princípios, de sua inflexível direita e de sua singular importância entre os órgãos de imprensa de todo o continente, e, nessa difícil hora por que atravessa o Brasil – uma fortaleza de inabalável retidão na defesa dos direitos humanos, mesmo que previamente vozes discordantes e contestatórias de sua admirável e corajosa atuação".

"decidida luta que enfrentou contra os ominosos crimes do monstruoso e assassino Esquadrão da Morte, por sua cruzada pela restauração da dignidade da defesa e do próprio nome internacional deste país, traduz parcela dos imensos esforços e dedicação da grande Companhia pelo Brasil e pelo seu sofrido povo", acrescentou Octacílio Queiróz.

A estrela das olimpíadas tem 14 anos. Quantos anos tem seu filho?

Há menos de três meses nasceu uma lenda no esporte mundial. Nadia Comaneci, uma romena que brinca com bonecas enterneceu e comoveu milhões de pessoas com uma atuação tão perfeita que algumas máquinas que computavam suas notas sofreram uma pane. Nadia Comaneci tem 14 anos. Treina intensamente desde os 6.

O Brasil, apesar de sua população basicamente jovem, não tem tradição no esporte amador. Carecemos de atletas.

Várias gerações de atletas passaram pelo Palácio dos Esportes, que, nesses 16 anos, vem cumprindo sua parte do trabalho.

ajude-nos a incentivar as crianças e amor pelo esporte. O Brasil precisa de jovens atletas.

A Rádio Bandeirantes, o Sesi e a Alcantara Machado Empreendimentos montaram o Palácio dos Esportes no Salão da Criança. Um ginásio completo, com quadra, arquibancadas, serviço de som etc. Nele é disputado o Campeonato Infantil de Futebol de Salão e agora o II Campeonato Infantil de Handebol Feminino.

Boletim diário, às 21 horas, sobre o andamento do campeonato. Transmissão pela Equipe de Scratch do Rádio, do jogo decisivo, dia 24 de Outubro.

patrocínio exclusivo:
Caderneta de Poupança da NOSSA CAIXA

Palácio dos Esportes
16.º Salão da Criança

Promoção:
SESI
RADIO BANDEIRANTES

CAIXA

Conversando com os meninos assassinos

> Reportagem publicada no *Jornal da Tarde* em 19 de outubro de 1976

REPORTAGEM DE **EDSON FLOSI**

Os dois são iguais. Nasceram pobres e viveram miseravelmente. Um tem a idade do outro: 16 anos. Cada um matou um homem. Os dois cresceram sem pai, sem escola, sem nada. Eles não são irmãos. São apenas iguais.

O carcereiro da delegacia de polícia da Vila Guarani é um homem alto e gordo. Ele abre a porta de ferro do xadrez, aperta os olhos para ver no escuro e grita: "Onde é que você está, Didi? Apareça, rapaz. Tem um repórter aqui. Quer falar com você".

O corpo do carcereiro é quase do tamanho da porta de ferro. Ele está no meio do caminho, mas, mesmo assim, dá para ver um pouco lá dentro: um xadrez pequeno, muito escuro, o chão de cimento, uns oito ou nove presos.

Didi aparece. É negro[10]. Pouco mais de um metro e meio de altura. A calça rancheira, a camisa de malha, o sapato sujo de barro. Perto do carcereiro, que o segura pelo braço, Didi parece menor ainda. O carcereiro grita de novo: "Você também, Nenê, saia daí, o repórter quer falar com os dois".

---

10 Ver nota 3, p. 41.

Os dois iguais

Nenê é igual a Didi. O mesmo corpo, a calça rancheira, a camisa de malha, o sapato sujo de barro, a cabeça baixa. Só uma diferença: Nenê é mais claro. Ele não é negro, nem branco, nem amarelo. Ele é marrom. Tem gente que tem essa cor[11].

Os dois já mataram, a tiros de revólver, a sangue-frio. Nasceram e vivem até hoje na parte mais pobre de Vila Constança, um bairro operário, lá no fim da zona Sul, perto de Diadema.

Há duas semanas, Didi matou, na Cidade Ademar. Ele havia vendido maconha a Onofre da Silva, de 24 anos, viciado em tóxico. Cinquenta cruzeiros, o preço da droga e o motivo do crime. Onofre da Silva não pagou. Didi deu três tiros nele, um na cabeça, dois no peito.

O revólver, de marca Taurus e cano longo, calibre 38, ele havia roubado de um soldado da Polícia Militar, de madrugada, na porta de um baile. Eram cinco, tinham armas, cercaram o soldado, Didi pegou o Taurus de cano longo, enfiou na cinta. O revólver era muito grande para ele. Destoava.

Quando Didi tinha oito anos, seu pai, que era pedreiro e bebia muito, deu uma surra na sua mãe. Ele lembra bem como isso aconteceu: "Minha mãe correu para o quintal, meu pai atrás dela, com um pedaço de pau na mão. Era um pedaço de pau ou era uma tábua. Ele bateu muito na minha mãe, saiu sangue da cabeça, do braço".

Depois disso, o pedreiro que bebia muito foi embora. Didi nunca mais viu o pai. Ele foi crescendo, junto com a mãe, numa casa de quarto e cozinha, na Vila Constança. Seus quatro irmãos – dois homens e duas mulheres – também foram crescendo. Depois, a família se espalhou, cada um foi para um lado, um dos irmãos de Didi cumpre longa pena na Penitenciária do Estado por crime de roubo.

Criança assustada

Didi, que nunca estudou, fala muita gíria. Nunca trabalhou. Assaltou muitas casas, roubou muitas joias, já teve uns quatro ou cinco revólveres diferentes, todos rou-

---

11 Ver nota 3, p. 41.

bados. Uma vez ele encostou o cano do revólver na barriga de um homem muito forte e não deu certo.

"Ele era mais forte do que ele"– Didi aponta para o carcereiro – "mas eu estava muito sem dinheiro, não tinha outro jeito, precisava arriscar. Não dava nem para olhar o rosto do homem, a minha cabeça batia na barriga dele, levei um bofetão, a arma voou longe, eu caí sentado. O homem nem ligou. Foi embora como se nada tivesse acontecido."

Henrivaldo Mello é investigador há 14 anos. Foi ele quem prendeu Didi. No início da carreira, trabalhava na Delegacia de Vadiagem; sua missão era prender batedores de carteira. Corria muito, até alcançá-los, pelas ruas do centro da cidade.

Era magro e rápido, como é até hoje, e porque corria muito os colegas o apelidaram de Coelho. Carrega o apelido nas costas e quase ninguém o conhece pelo nome verdadeiro. "Este tipo de apelido, que se confunde com nome próprio, é o pior de todos" – diz o policial. Agora, ele conta como prendeu Didi:

"Foi num bar, lá na Vila Constança, sábado à noite. Ele bebia uma cerveja. O revólver era maior que o dono. Ele não reagiu. Parecia uma criança assustada. Entregou a arma e começou a chorar."

Pai bebia muito

A história de Nenê é muito parecida com a de Didi. Ele também era criança, tinha seis anos, talvez um pouco mais, quando seu pai deu uma surra na sua mãe. Não houve sangue, desta vez, mas a mãe de Nenê desmaiou, quase morreu.

O pai de Nenê, que era faxineiro e também bebia muito, abandonou a família depois dessa surra. Sua mãe lavou muita roupa para fora e conseguiu criar os filhos: Nenê e seus três irmãos. Hoje, todos trabalham, em empregos humildes.

Todos, menos Nenê, que depois de praticar meia dúzia de assaltos à mão armada matou o estudante Cláudio da Silva, de 15 anos, na porta de um colégio, na Vila Maria, no mês passado. Ele conta porque matou:

"Eu tinha bebido, sabe, muita cachaça, tinha fumado um pouco de maconha também. Ia passando, na porta da escola, o estudante ficou me olhando. Não gostei. Discutimos. Dei dois tiros nele, acertei um, no meio da testa."

Didi e Nenê se conheceram ainda crianças, sempre moraram perto um do outro, na Vila Constança. A casa de Nenê também é de quarto e cozinha. Mora com a sua mãe até hoje e foi de Didi que ele ganhou um revólver Taurus de cano curto, calibre 32, arma que disparou contra o estudante.

Didi contou isso ao investigador Henrivaldo Mello, aquele que todos conhecem por Coelho, e por isso Nenê também foi preso, sábado à noite. Na delegacia de polícia da Vila Guarani cada um confessou o seu crime.

Menores abandonados

Uma vez Nenê e Didi estiveram internados juntos, no Recolhimento Provisório de Menores, no Tatuapé. Nenê foi solto. Saiu de lá há três meses. Didi não foi solto. Fugiu.

Agora os dois voltaram para o Recolhimento Provisório de Menores. O delegado Celso Antunes Rosa vai mandá-los para lá, hoje, junto com uma sindicância sobre os dois assassinatos.

"Eu acho que eles ficarão internados até completarem 18 anos" – diz o delegado – "quando o juiz de menores decidirá se eles poderão ou não ser reintegrados à sociedade. Tudo vai depender de Didi e de Nenê. Se eles se recuperarem, durante o período de internamento, então poderão ser reintegrados à sociedade, quando fizerem 18 anos."

O carcereiro está levando Didi e Nenê de volta para aquele xadrez escuro e frio. De costas, eles parecem dois meninos, duas crianças. Estão fracos, andam arcados, a cabeça baixa. Didi tem bronquite. Nenê já passou três meses no Hospital das Clínicas com pneumonia.

Como Didi, Nenê nunca foi à escola. Um como o outro, os dois fumam maconha, assaltaram muitas vezes, mataram uma vez cada um. Os dois já foram menores abandonados. Agora são menores assassinos.

Em São Paulo há 200 mil menores abandonados. Iguais a Didi e a Nenê. Em São Paulo há mais de 400 mil menores carenciados[12]. Quase iguais a Didi e a Nenê.

---

12 Erro na publicação. O correto é carentes.

Entrevista

TRABALHEI COMO jornalista durante 30 anos, de l960 a 1990, e em toda a minha carreira fui essencialmente repórter policial. Exerci outros cargos na profissão, como pauteiro, editor, chefe da Reportagem e secretário da Redação, mas por períodos curtos e sempre para atender às necessidades do jornal, nunca por vontade própria; logo que podia, voltava à reportagem policial, pois preferia a rua e os locais de crime.

De vez em quando, era convocado para escrever reportagens diferentes, fora da minha área, o que acontecia por vários motivos, principalmente a experiência profissional. Mas isso ocorreu poucas vezes. Calculo que 90% de todas as reportagens que escrevi foram da área policial; gostava mesmo era de escrever sobre crimes.

Sexta-feira de tarde. Eu estava na minha mesa, na Redação do *Jornal da Tarde*, quando Laerte Fernandes mandou me chamar. Fui até a mesa dele, pensando: "Será que eu fiz algo errado?"

Laerte Fernandes era secretário da Redação, cargo que dividia com mais dois jornalistas, Ivan Ângelo e Miguel Jorge, os três subordinados ao diretor da Redação, Murilo Felisberto.

Quando cheguei à mesa do Laerte, materializei a pergunta que havia mentalizado no caminho:

– Fiz algo errado?

– Nada – ele respondeu –, você não fez nada, mas vai fazer. Quero que vá entrevistar um padre em Jundiaí.

– Um padre? – perguntei assustado. – O que ele fez? Matou alguém?

– Não – explicou o Laerte –, o padre não matou ninguém, não fez nada errado. Ele é cardeal e, mais do que isso, é um dos 12 prefeitos do papa [na época, Paulo VI]. Mora em Roma, no Vaticano, vai passar duas semanas de férias em Jundiaí, onde tem família. É o único brasileiro que chegou a prefeito do papa, cargo que, em outros países, equivale ao de ministro de Estado.

– Tudo bem – considerei –, mas por que eu, que entendo mais de crimes? O padre não fez nada errado. Qual o motivo da entrevista? Aconteceu alguma coisa, pelo menos?

– Nada – disse o Laerte –, não aconteceu nada. Apenas um padre, que é brasileiro e prefeito do papa, o chefe da Igreja Católica no mundo inteiro. Você acha pouco? Ele vem de Roma para passar as férias em Jundiaí. Você vai lá, entrevista o homem, traça um perfil dele, escreve a reportagem com o seu melhor texto, pois, preste bem a atenção, tem mais uma coisa: a matéria é recomendada pela direção do jornal e por ela vai ser lida antes de publicada.

– E quem é esse homem? – perguntei, já sentindo o peso da responsabilidade nessa inusitada tarefa para um repórter policial, acostumado a sangue, mistério e violência, de se abalançar de São Paulo a Jundiaí para entrevistar um cardeal de alguma forma relacionado com a direção do jornal, e um clérigo que além do mais era cardeal e um dos 12 prefeitos do papa.

– É d. Agnelo Rossi – respondeu Laerte Fernandes. E, passando-me um endereço anotado em um pedaço de papel, prosseguiu:

– A entrevista está marcada para depois de amanhã, ao meio-dia, em Jundiaí. Leve fotógrafo e faça um bom trabalho. Não se atrase, pois seria uma grande indelicadeza. O prefeito do papa é um homem muito importante.

– Mas depois de amanhã é domingo – questionei. – Você tem certeza de que a entrevista está mesmo marcada para esse dia?

– Tenho – respondeu ele. – O cardeal chega amanhã cedo de Roma e vai aproveitar o sábado para descansar lá em Jundiaí. Receberá você domingo, ao meio-dia. Foi ele quem marcou o dia e a hora.

O Laerte era assim: educado, polido, didático e competente. Havíamos trabalhado juntos, por uns cinco anos mais ou menos, na *Folha de S.Paulo*, ambos repórteres policiais, na editoria Local (hoje Cotidiano). Um dia, ele foi para o *Jornal da Tarde*. Depois, eu também fui, voltamos a trabalhar juntos. Ele virou secretário da Redação. Eu continuei repórter policial.

De d. Agnelo Rossi eu sabia muito pouco. Lembrava apenas que ele havia sido cardeal de São Paulo. Assumira esse cargo em 1964, no mesmo ano em que se instalou a odiosa ditadura militar no país, e permaneceu nele seis anos, até 1970. Conservador, conviveu de longe e passivamente com as prisões arbitrárias

ENTREVISTA

e as torturas de presos políticos, dedicando-se exclusivamente à religião e à sua arquidiocese, ao contrário do seu sucessor, d. Paulo Evaristo Arns.

Domingo de manhã. Enquanto o carro do jornal rodava pela via Anhanguera, sentido Jundiaí, com o fotógrafo acomodado no banco traseiro, eu ia, ao lado do motorista, arquitetando a entrevista que logo faria com um sacerdote tão famoso.

Esquematizei mentalmente a reportagem na seguinte direção: 1 – O homem, sua formação, sua obra e seu trabalho. 2 – O que o levou à vida eclesiástica e não outra coisa na vida. 3 – Quem é ele, o que pensa, como age, de onde veio, o que já fez, o que pretende fazer ainda.

Foi com esse esquema na cabeça que eu toquei a campainha daquela casa simples em Jundiaí. Uma casa térrea, de três ou quatro quartos, uma sala e um pequeno quintal, em um bairro que me pareceu de gente pobre. Atendeu-me o próprio d. Agnelo, que identifiquei, imediatamente, pela batina.

Entramos e conversamos um pouco na sala. Medindo as palavras, calmo e dócil, um ar de humildade autêntica, atencioso e paciente, era padre e tinha o jeito de um padre. Disse que aquela casa era do seu irmão e que passaria ali duas semanas de férias, descansando; só interromperia esse descanso duas vezes: uma para participar de homenagem que lhe fariam em São Paulo pelos seus 40 anos de sacerdócio e outra para abrir a Conferência dos Bispos Africanos no Rio de Janeiro. Seriam duas viagens de curta duração: um dia, no máximo, para cada uma.

Essas duas interrupções no descanso do cardeal eram dados secundários para a minha entrevista. Anotei-as e logo decidi que elas ficariam lá pelo meio ou fim do texto. Eu estava mais interessado em saber quem era o cardeal. Com essa intenção, acabei invadindo sua vida pessoal, mas me continha sempre que percebia estar ameaçando demasiadamente a intimidade dele. Levantei-me da poltrona, parando a entrevista:

– Padre, vamos dar uma volta de carro? Vamos até Joaquim Egídio. Preciso ver o lugar onde o senhor nasceu e passou a infância.

– Mas é preciso mesmo fazer isso? – perguntou o cardeal, aparentando certa surpresa com a linha que a entrevista estava tomando. – Não seria melhor conversarmos aqui mesmo?

Convenci d. Agnelo a me acompanhar até Joaquim Egídio. Não era longe de Jundiaí: meia hora de carro na ida e um tempo igual na volta. Percebi que ele se emocionou quando me mostrou a casa onde havia nascido. Andamos juntos por algumas ruas de Joaquim Egídio, um lugar pobre, a batina do padre chamando a atenção. Conversamos bastante e voltamos para Jundiaí, onde a entrevista continuou.

Perguntei tudo a d. Agnelo Rossi e, paciente, a tudo ele respondeu. Eu queria saber se ele jogara futebol na juventude, a razão que o levara a ser padre, quais suas funções como prefeito do papa. Aos poucos, fui ganhando a confiança do sacerdote e dissequei sua vida. Em alguns momentos, ele se mostrava confiante, mas em outros preocupado com as minhas perguntas. Foram oito horas seguidas junto com d. Agnelo.

Avancei o quanto pude; às vezes desviava a entrevista para a política, mas ele mudava de assunto, eu respeitava e desistia. Alguma coisa, entretanto, eu consegui. Anotei tudo: as perguntas, as respostas, as observações. Só não perguntei se d. Agnelo tivera alguma namorada na vida ou se havia pecado alguma vez. A sensibilidade do repórter diz quando ele pode avançar e ou deve recuar.

Domingo de noite. Via Anhanguera de novo, agora no sentido de São Paulo, o carro do jornal rodava e o fotógrafo ia no banco traseiro. Eu viajava ao lado do motorista, rememorando a entrevista. Pensava no bandolim que d. Agnelo ganhou de um padre, quando tinha 13 anos de idade, instrumento que nunca aprendeu a tocar. O bandolim seria o lide da matéria.

Em casa, jantei, descansei um pouco e ainda dediquei duas horas para organizar as anotações e esquematizar a matéria que eu escreveria no dia seguinte no jornal. Ia ter bastante tempo para escrever. Foi o que aconteceu. Cheguei cedo à Redação do *Jornal da Tarde*, na segunda-feira, escrevi a reportagem e a entreguei ao Laerte Fernandes. O trabalho saiu publicado no dia seguinte, 19 de abril de 1977.

Dois dias depois, fui chamado por um dos diretores do jornal, José Maria Homem de Montes, e fiquei sabendo que dele partira a ordem para que se entrevistasse d. Agnelo Rossi, de quem era amigo. A diretoria do jornal era isolada da Redação e eu não conhecia esse diretor. Apresentei-me e dele ouvi mais ou menos isto:

— O trabalho ficou bom, mas preocupou a todos, até que eu li o texto e a preocupação acabou. D. Agnelo Rossi era o mais preocupado. Estranhou a duração da entrevista, o jeito de você trabalhar, as perguntas que invadiram a sua privacidade e o fizeram recordar de coisas que ele já havia esquecido. Chegou a perguntar se eu havia mandado um repórter ou um psicanalista para entrevistá-lo.

ENTREVISTA

Preocupava-se com a sua posição em Roma, com a repercussão da entrevista, e só se tranquilizou quando leu a reportagem no jornal.

O repórter precisa ter sensibilidade para saber como deve se comportar em cada trabalho que executa. Dependendo da situação, pode ser agressivo, ousado, polêmico, naturalmente respeitando os limites que a lei, a ética e a educação lhe impõem, mas também pode ser amável, tolerante e compreensivo.

No caso de d. Agnelo Rossi, eu me comportei exatamente como deveria. Tratava-se de uma entrevista sem motivo oficial ou específico que a justificasse. O sacerdote era importante figura na hierarquia mundial da Igreja Católica e só estava passando férias em seu país. Então conduzi a entrevista harmonicamente, preocupado apenas com o homem, sua vida e o seu trabalho. Foi assim que eu teci o perfil do cardeal Agnelo Rossi.

Vivíamos naquele momento sob o tacão da ditadura militar, que d. Paulo Evaristo Arns, sucessor de d. Agnelo Rossi como cardeal de São Paulo, enfrentava com rara coragem, com isso transformando-se em um dos homens mais corajosos que eu conheci, um leão na luta contra a ditadura militar e as injustiças sociais. Não toquei nesse assunto porque logo percebi que o meu entrevistado não queria falar sobre a ditadura militar. Respeitei a posição do sacerdote.

Eu soube depois que José Maria Homem de Montes era um católico fervoroso, do que se originou a amizade que ele tinha com d. Agnelo Rossi. O tempo passou e, decorridos tantos anos desde aquela entrevista, muita coisa aconteceu. A ditadura militar acabou. D. Agnelo morreu, em 1995. José Maria Homem de Montes também morreu, três anos depois do cardeal.

A VISITA E OS PROBLEMAS DO BRASILEIRO PREFEITO DO PAPA

DOM AGNELLO ROSSI

Problemas: a China, o Vietnã, o Cambodge, o Laos...

Entrevista a Edson Flosi, foto de Sérgio Akira Tomisaki.

Quando o menino tinha dez anos ganhou um bandolim de um padre que era seu amigo. Junto com o bandolim, veio um conselho: "Você devia ser padre". Do bandolim ele se esqueceu, do conselho, nunca. Cresceu, tornou-se padre. Hoje Dom Agnello Rossi é um dos doze prefeitos do Papa Paulo VI.

Filho de um casal de imigrantes italianos, Agnello Rossi nasceu em Joaquim Egídio, um lugar muito pobre na zona rural de Campinas. A casa rústica e pequena, onde ele viveu a infância, ainda está lá. O lugar não mudou quase nada: só uma avenida asfaltada, que foi construída há pouco tempo, sobre uma linha de trem abandonada.

"Era aqui que eu brincava" — diz Dom Agnello Rossi. Ele, que mora em Roma e despacha com o Papa Paulo VI uma vez por mês, veio passar duas semanas no Brasil. Chegou sábado e no dia seguinte foi matar saudades em Joaquim Egídio.

A batina negra, o rosto claro, os óculos de aros finos, Dom Agnello Rossi aponta uma casa, atrás da casa onde nasceu aqui era uma lagoa A lagoa era pequena, mas eu também era pequeno, uma vez caí nela e quase morri afogado Foi meu pai quem me tirou da água".

Vicente Rossi, o pai, trabalhava em casa, nos fundos do quintal, e por isso teve tempo de salvar o filho que se afogava. Antes de imigrar, Vicente Rossi era lavrador em Lago Negro, uma região montanhosa no Sul da Itália. Foi lá que se casou, com da. Victoria Colombo Rossi, e logo nasceu o primeiro filho: Miguel Rossi.

O filho ainda de colo, o casal imigrou para o Brasil, indo morar em Joaquim Egídio, a 15 quilômetros do centro de Campinas, a cem quilômetros de São Paulo. Os imigrantes vinham para o Sul do Brasil. Vicente Rossi trouxe a família para o Sul, mas ninguém sabe, até hoje, porque escolheu Joaquim Egídio

Um bandolim e um conselho: "Você devia ser padre".

Talvez porque tivesse um amigo lá, um italiano, que havia imigrado dois anos antes. Este italiano era funileiro, consertava tachos e panelas, conchas e canecas. Foi ele quem ensinou o ofício a Vicente Rossi e até lhe comprou as primeiras ferramentas: o ferro de soldar, o martelo de bico, o alicate e a talhadeira.

E o lavrador já havia virado funileiro quando lhe nasceu o segundo e último filho, Agnello, que, dois anos mais novo do que o seu irmão, viveu a infância em Joaquim Egídio, bebendo água de poço, dormindo e acordando muito cedo, com a lamparina, na sala, iluminando, a noite toda, uma imagem de santa.

Era a imagem de Nossa Senhora, de barro e pequena, único símbolo de fé que esta família fervorosamente religiosa possuía. Agnello Rossi aprendeu a rezar com os pais. Rezava todas as noites e cedo começou a frequentar a igreja do lugar.

"Não era bem uma igreja" — diz Dom Agnello. E explica: "Era uma capela, muito pequena, o padre só vinha uma vez por semana. Ele vinha aos domingos, a cavalo, de Campinas O lugar era pequeno, não tinha mais do que 500 habitantes, quase todos iam à missa semanal. Não havia outra igreja e a população era quase toda católica".

Seminarista, padre, bispo, arcebispo, cardeal, prefeito do Papa Paulo VI, Dom Agnello Rossi viu o tempo passar, um pouco na Itália, um pouco no Brasil. Hoje ele tem sessenta e quatro anos. Seus pais já morreram e o seu único irmão, Miguel Rossi, operário aposentado, pai de cinco filhos, mora em Jundiaí, perto de Campinas e de Joaquim Egídio.

Quando chegou ao Brasil, sábado, Dom Agnello foi para a casa do irmão. Vai ficar lá até voltar para a Itália. Um homem simples, o único brasileiro a subir tão alto na hierarquia da Igreja Católica, ele continua a lembrar dos tempos de criança:

"O padre só vinha aos domingos, era um padre italiano, o padre Mário Montefeltro"

A memória de Dom Agnello é impressionante. Ele se lembra de todos, dos professores e dos amigos de infância. Vai citando, um por um, no nome e sobrenome. Aprendeu a ler e a escrever aos seis anos de idade com a professora Albertina Serra do Amaral. Ela lhe deu aulas de religião também e foi com ela que aprendeu o catecismo e os mandamentos da Igreja Católica. Mas, um dia o funileiro Vicente Rossi levou a família embora, para Valinhos, que não ficava muito longe de Joaquim Egídio, mas que estava progredindo mais depressa.

Em Valinhos, Agnello Rossi cursou o grupo escolar, e seu pai tinha mais regadores e panelas para consertar. E a vida daquela família humilde melhorou um pouco. Hoje Dom Agnello Rossi se lembra de como ele contribuiu para isso:

"Eu conheci um padre, era um padre negro, o padre Gonçalo Guedes Filho. Ele era o professor da escola onde eu estudava e me ensinou a cultivar uma horta doméstica. Eu aprendi isso e, durante alguns anos, a minha família comia da minha horta: cenouras, tomates, verduras e até uva."

Depois, Agnello Rossi conheceu outro padre, em Valinhos, o padre Antônio Maria Vieira. Era um padre português e Agnello ficou amigo dele. Foi este padre que deu aquele bandolim ao menino e, junto com o bandolim, o conselho: "Você devia ser padre."

"E o que eu preciso fazer?" — perguntou o menino, treze anos, àquele padre português, que lhe havia ensinado um pouco de latim, de história e de evangelização. E ficou sabendo o que precisava fazer para ser padre: uma penitência.

Sentado numa confortável poltrona, na casa do seu irmão, em Jundiaí, Dom Agnello Rossi lembra aquela penitência: "Durou um ano. Foi uma prova. Eu fui morar com o padre, lá na igreja, e, como ele só sabia cozinhar um prato, eu só comia bacalhau, batata e couve. Essa foi a parte mais dura daquele ano. Da penitência até que eu gostei: era só rezar e meditar, várias vezes por dia, e ler os livros que o padre me indicava"

Um péssimo quarto zagueiro, impressionado com as catacumbas.

Quando a penitência acabou, Agnello Rossi já havia esquecido do bandolim. Ele estava mesmo decidido a ser padre e foi para o Seminário Santa Maria, dentro do Bosque dos Jequitibás, em Campinas. O pai se conformou "Seja o que Deus quiser". A mãe advertiu: "Se quiser, pode ser padre, mas terá que ser um bom padre".

E Agnello Rossi foi embora, desta vez sozinho, seus pais e o irmão mais velho ficaram em Valinhos. Foi embora, mas, até hoje, se lembra de todos: do padre negro, que o levava junto, quando ia benzer casas nos sítios e nas fazendas; do padre português, que lhe ensinou latim, história, e lhe deu o bandolim e o conselho; da professora Noêmia Tibiniçá, que fez a primeira roupa de coroinha, para o menino; de Américo Reinomine, o diretor da escola, que o apresentou ao padre português.

No Seminário Santa Maria, Agnello Rossi ficou seis anos, fez o curso ginasial e estudou filosofia e teologia. Tentou jogar futebol, mas se revelou um péssimo quarto-zagueiro: o atacante passava sempre por ele e, muitas vezes, marcava. Agnello Rossi não se deu bem nem neste e nem em qualquer outro esporte.

Então, ele passou para a música, com êxito: aprendeu a tocar pistão, flauta, saxofone e órgão. Tinha vinte anos quando foi terminar os estudos em Roma, onde recebeu a matrícula nº 1 do Colégio Pio Latino Americano, fundado pelo Papa Pio XI.

"A minha turma — diz — foi a primeira a frequentar esse colégio e eu fui a matrícula nº 1 porque se obedeceu à ordem alfabética e, por causa do meu nome, fiquei em primeiro lugar na lista de matrícula"

Quatro anos depois, seria ordenado padre. Nestes quatro anos que passou em Roma aproveitou o tempo para conhecer a parte cultural da cidade histórica e, de tudo o que viu, o que mais o impressionou foram as catacumbas romanas.

"Eu passeava horas e horas seguidas por estes cemitérios subterrâneos — conta Dom Agnello Rossi — e revivia, mentalmente, as reuniões que os cristãos perseguidos faziam ali séculos atrás. Proibidos de se reunirem, eles procuravam estes cemitérios por dois motivos: eram subterrâneos e ficavam longe da cidade".

Agnello Rossi viveu em Roma nos tempos de Benito Mussolini. Mas, ele não gosta de falar de política, nem da atual e nem da daqueles tempos. Reluta, se esquiva, acaba falando de política, mas só dos tempos de Mussolini:

"Vi homens falando baixo, ou não falando, com medo da ditadura".

"Eu vi um lado positivo: a recuperação dos Agros Pontinos, uma região pantanosa e insalubre, que se transformou no maior centro produtor de trigo da Itália, capaz de suprir o País todo desse cereal. Eu vi um lado negativo: os homens com medo, falando baixo, ou não falando, com medo de prisão, com medo da ditadura".

Ordenado padre, voltou para o Brasil, para trabalhar em Campinas. Depois, veio para São Paulo, lecionar filosofia e teologia no Seminário Central do Ipiranga. Ficou três anos em São Paulo e retornou a Campinas onde ficou treze anos, desta vez lecionando aqu[...] duas matérias numa faculdade cat[...]ca.

Em 1956, quando tinha quarenta e [...] anos, o padre Agnello Rossi foi nome[...] bispo de Barra do Piraí, no Estado do [...] dirigindo uma diocese com 50 paróqu[...] Ficou lá seis anos e foi nomeado a[...] bispo de Ribeirão Preto, em São Pa[...] onde ficou apenas dois anos.

Em 1964, Agnello Rossi era o Card[...] de São Paulo, cargo que exerceu dura[...] seis anos, até 1970, quando foi chama[...] para ser um dos doze prefeitos do P[...] Paulo VI.

Mora e trabalha em Roma [...] sete anos, período em que visitou o Br[...] três vezes, em viagens curtas, a última [...] 1974. Sábado chegou para passar d[...] semanas.

Em Roma, Dom Agnello dirige a P[...]feitura Para a Evangelização dos Pov[...] que ampara, economicamente, oito [...] igrejas no mundo inteiro: África, Euro[...] América do Sul, Oceania, Canadá, Ás[...] Alaska. São igrejas que ainda não con[...]guem sobreviver com recursos p[...]prios.

No Vaticano onde trabalha, tem [...] fichário de vinte e cinco mil missionári[...] entre padres e leigos, que o ajudam [...] manter estas oito mil igrejas, agrupad[...] em oitocentas dioceses. Dom Agn[...] Rossi queixa-se dos países comunista[...]

"Na China eu não consigo instalar [...]nhuma igreja. Na África tenho enc[...]trado dificuldades em alguns países, q[...] já são comunistas ou caminham para [...]se regime e, nesta região do mundo, [...] muitos casos já registrados de sequest[...] dos bens da Igreja Católica. No Viet[...] tem até um bispo desaparecido — V[...] Tuan — que não sabemos nem se ain[...] está vivo".

Dom Agnello fala mais uma vez sobr[...] Vietnã:

"É lá que a Igreja Católica ve[...] encontrando maior hostilidade. No Ca[...]bodge, também. E no Laos a situação es[...]piorando cada vez mais. Na Rússia [...] para enfrentar a situação. Mas na China [...] que é impossível. A China é muito pi[...] que a Rússia para o meu trabalho".

"É assim mesmo — diz — a Igreja Cat[...]lica será sempre incompreendida, muit[...] vezes perseguida, mas nunca morrerá[...] Depois ele fala sobre o Oriente Médi[...] "Alguns países muçulmanos têm imp[...]dido um trabalho mais eficiente. Até [...] Líbia eu já enfrento alguma dificu[...]dade".

Onde Dom Agnello Rossi não encont[...] resistência nenhuma para o seu trabal[...] de evangelização dos povos: Ocean[...] Antilhas, América do Sul, América [...] Norte e Europa, excetuando-se os país[...] socialistas. Na Ásia, apenas o Japão, [...] Índia e alguns outros países, apesar [...] terem culturas religiosas diferentes, n[...] impedem a ação da Igreja Católica.

Países socialistas que permitiram [...] instalação de igrejas católicas nos ú[...]timos anos foram só dois: Albânia e Iu[...]goslávia. Mas, a maior preocupação [...] Dom Agnello Rossi, atualmente, é [...] África. Ele veio passar duas semanas n[...] Brasil, principalmente para fazer du[...] coisas participar das homenagens qu[...] lhe prepararam pelos seus quarenta an[...] de sacerdócio e abrir a Conferência d[...] Bispos Africanos que será realizada n[...] Estado do Rio.

Com as suas oito mil igrejas espalhadas pel[...] mundo inteiro, Dom Agnello Rossi gasta quas[...] um bilhão de cruzeiros por ano. E explica qu[...] isso é só uma parte: "É a quinta parte mais o[...] menos. Estas oito mil igrejas recebem, tam[...]bém, dinheiro de outras fontes, como a arreca[...]dação do Dia Mundial da Missões."

"Essa parte não é comigo" - diz Dom Agne[...]lo Rossi quando lhe fazem perguntas de cará[...]ter político. E explica: "Minha única preocup[...]ção é evangelizar os povos. Estou muito pre[...]cupado com a África e acho que os brasileir[...] devem ajudar bastante a cristianizar os pov[...] africanos. Levando o cristianismo à África [...] Brasil estará se redimindo do pecado históric[...] da escravidão."

Para Dom Agnello Rossi, o homem dev[...] viver seguindo estas quatro linhas: produzi[...] poupar, progredir e perseverar. Ele explica me[...]lhor o seu pensamento: "Produzir para ajuda[...] a todos, poupar para poder ajudar os que prec[...]sam, progredir nos estudos e na vida espiritu[...] e perseverar nas vocações e no ideal do sace[...]dócio."

Entre os direitos humanos e os devere[...] humanos, Dom Agnello Rossi acha que este[...] últimos são mais importantes. Ele não vê ne[...]nhuma possibilidade de a Igreja Católica so[...]breviver junto com o comunismo e fala sobre [...] guerra entre estas duas filosofias: "Enquant[...] eu encontro dificuldades para evangelizar o[...] povos da África, em alguns países, há um inter[...]câmbio cultural entre a África e Cuba e quas[...] três mil africanos estão estudando em Cuba[...] Eles serão, mais tarde, os missionários do co[...]munismo, da mesma forma que a Igreja Cató[...]lica tem os seus missionários do cristianismo."

Dom Agnello Rossi[13]

> Reportagem publicada no *Jornal da Tarde* em 19 de abril de 1977

Quando o menino tinha dez anos[14] ganhou um bandolim de um padre que era seu amigo. Junto com o bandolim veio um conselho: "Você devia ser padre". Do bandolim ele se esqueceu; do conselho, nunca. Cresceu, tornou-se padre. Hoje dom Agnello Rossi é um dos 12 prefeitos do papa Paulo VI.

Filho de um casal de imigrantes italianos, Agnello Rossi nasceu em Joaquim Egídio, um lugar muito pobre na zona rural de Campinas. A casa rústica e pequena, onde ele viveu a infância, ainda está lá. O lugar não mudou quase nada: só uma avenida asfaltada, que foi construída há pouco tempo, sobre uma linha de trem abandonada.

"Era aqui que eu brincava" – diz dom Agnello Rossi. Ele, que mora em Roma e despacha com o papa Paulo VI uma vez por mês, veio passar duas semanas de férias no Brasil. Chegou sábado e no dia seguinte foi matar saudades em Joaquim Egídio.

A batina negra, o rosto claro, os óculos de aros finos, dom Agnello Rossi aponta uma casa, atrás da casa onde nasceu: "Aqui era uma lagoa. A lagoa era pequena, mas eu também era pequeno, uma vez caí nela e quase morri afogado. Foi meu pai quem me tirou da água".

Vicente Rossi, o pai, trabalhava em casa, nos fundos do quintal, e por isso teve tempo de salvar o filho que se afogava. Antes de emigrar, Vicente Rossi era lavrador em Lago Negro, uma região montanhosa no Sul da Itália. Foi lá que se casou, com d. Victoria Colombo Rossi, e logo nasceu o primeiro filho: Miguel Rossi.

---

13 O *Jornal da Tarde* grafava incorretamente o nome de d. Agnelo, usando dois eles. A grafia oficial de seu nome, com um ele, consta no site do Vaticano (www.vaticano.va).

14 Erro na publicação. O correto é 13 anos.

O filho ainda de colo, o casal emigrou para o Brasil, indo morar em Joaquim Egídio, a 15 quilômetros do centro de Campinas, a cem quilômetros de São Paulo. Os imigrantes vinham para o Sul do Brasil. Vicente Rossi trouxe a família para o Sul, mas ninguém sabe, até hoje, por que escolheu Joaquim Egídio.

Um bandolim e um conselho: "Você devia ser padre".

Talvez porque tivesse um amigo lá, um italiano, que havia imigrado dois anos antes. Esse italiano era funileiro, consertava tachos e panelas, conchas e canecas. Foi ele quem ensinou o ofício a Vicente Rossi e até lhe comprou as primeiras ferramentas: o ferro de soldar, o martelo de bico, o alicate e a talhadeira.

E o lavrador já havia virado funileiro quando lhe nasceu o segundo e último filho, Agnello, que, dois anos mais novo do que o seu irmão, viveu a infância em Joaquim Egídio, bebendo água de poço, dormindo e acordando muito cedo, com a lamparina, na sala, iluminando a noite toda uma imagem de santa.

Era a imagem de Nossa Senhora, de barro e pequena, único símbolo de fé que essa família fervorosamente religiosa possuía. Agnello Rossi aprendeu a rezar com os pais. Rezava todas as noites e cedo começou a frequentar a igreja do lugar.

"Não era bem uma igreja" — diz dom Agnello. Explica: "Era uma capela, muito pequena, o padre só vinha uma vez por semana. Ele vinha aos domingos, a cavalo, de Campinas. O lugar era pequeno, não tinha mais do que 500 habitantes, quase todos iam à missa semanal. Não havia outra igreja e a população era quase toda católica."

Seminarista, padre, bispo, arcebispo, cardeal, prefeito do papa Paulo VI, dom Agnello Rossi viu o tempo passar, um pouco na Itália, um pouco no Brasil. Hoje ele tem 64 anos. Seus pais já morreram e o seu único irmão, Miguel Rossi, operário aposentado, pai de cinco filhos, mora em Jundiaí, perto de Campinas e de Joaquim Egídio.

Quando chegou ao Brasil, sábado, dom Agnello foi para a casa do irmão. Vai ficar lá até voltar para a Itália. Um homem simples, o único brasileiro a subir tão alto na hierarquia da Igreja Católica, ele continua a lembrar dos tempos de criança:

ENTREVISTA

"O padre só vinha aos domingos, era um padre italiano, o padre Mário Montefeltro".

A memória de dom Agnello é impressionante. Ele se lembra de todos, dos professores, dos amigos de infância. Vai citando, um por um, o nome e sobrenome. Aprendeu a ler e a escrever aos seis anos de idade com a professora Albertina Serra do Amaral. Ela lhe deu aulas de religião também e foi com ela que aprendeu o catecismo e os mandamentos da Igreja Católica. Mas um dia o funileiro Vicente Rossi levou a família embora, para Valinhos, que não ficava muito longe de Joaquim Egídio, mas que estava progredindo mais depressa.

Em Valinhos, o menino Agnello Rossi cursou o grupo escolar, e seu pai tinha mais regadores e panelas para consertar. E a vida daquela família humilde melhorou um pouco. Hoje dom Agnello se lembra de como ele contribuiu para isso:

"Eu conheci um padre, era um padre negro[15], o padre Gonçalo Guedes Filho. Ele era o professor da escola onde eu estudava e me ensinou a cultivar uma horta doméstica. Eu aprendi isso e, durante alguns anos, a minha família comia da minha horta: cenouras, tomates, verduras, e até uva."

Depois, Agnello Rossi conheceu outro padre, em Valinhos, o padre Antônio Maria Vieira. Era um padre português e Agnello ficou amigo dele. Foi esse padre que deu aquele bandolim ao menino e, junto com o bandolim, o conselho: "Você devia ser padre".

"E o que eu preciso fazer?" – perguntou o menino, 13 anos, àquele padre português, que lhe havia ensinado um pouco de latim, de história e de evangelização. E ficou sabendo o que precisava fazer para ser padre: uma penitência.

Sentado numa confortável poltrona, na casa do seu irmão, em Jundiaí, dom Agnello Rossi lembra aquela penitência: "Durou um ano. Foi uma prova. Eu fui morar com o padre, lá na igreja, e, como ele só sabia cozinhar um prato, eu só comia bacalhau, batata e couve. Essa foi a parte mais dura daquele ano. Da penitência até que eu gostei: era só rezar e meditar, várias vezes por dia, e ler os livros que o padre me indicava".

---

15 Ver nota 3, p. 41.

Um péssimo quarto-zagueiro, impressionado com as catacumbas.

Quando a penitência acabou, Agnello Rossi já havia esquecido do bandolim. Ele estava mesmo decidido a ser padre e foi para o Seminário Santa Maria, dentro do bosque dos Jequitibás, em Campinas. O pai se conformou: "Seja o que Deus quiser". A mãe advertiu: "Se quiser, pode ser padre, mas terá que ser um bom padre".

E Agnello Rossi foi embora, desta vez sozinho; seus pais e o irmão mais velho ficaram em Valinhos. Foi embora, mas até hoje se lembra de todos: do padre negro[16], que o levava junto quando ia benzer casas nos sítios e nas fazendas; do padre português, que lhe ensinou latim e história e lhe deu o bandolim e o conselho; da professora Noêmia Tibiriçá, que fez a primeira roupa de coroinha para o menino; de Américo Belnomine, o diretor da escola, que o apresentou ao padre português.

No Seminário Santa Maria, Agnello Rossi ficou seis anos, fez o curso ginasial e estudou filosofia e teologia. Tentou jogar futebol, mas se revelou um péssimo quarto-zagueiro: o atacante passava sempre por ele e, muitas vezes, marcava. Agnello Rossi não se deu bem nem nesse nem em qualquer outro esporte.

Então, ele passou para a música, com êxito: aprendeu a tocar pistão, flauta, saxofone e órgão. Tinha 20 anos quando foi terminar os estudos em Roma, onde recebeu a matrícula nº 1 do Colégio Pio Latino-Americano, fundado pelo papa Pio XI.

"A minha turma" – diz dom Agnello – "foi a primeira a frequentar esse colégio e eu fui a matrícula nº l porque se obedeceu à ordem alfabética e, por causa do meu nome, fiquei em primeiro lugar na lista de matrícula."

Quatro anos depois seria ordenado padre. Nesses quatro anos que passou em Roma aproveitou o tempo para conhecer a parte cultural da cidade histórica e, de tudo o que viu, o que mais o impressionou foram as catacumbas romanas.

"Eu passeava horas e horas seguidas por esses cemitérios subterrâneos" – conta dom Agnello Rossi – "e revivia, mentalmente, as reuniões que os cristãos perseguidos faziam ali séculos atrás. Proibidos de se reunir, eles procuravam esses cemitérios por dois motivos: eram subterrâneos e ficavam longe da cidade."

---

16 Ver nota 3, p. 41.

ENTREVISTA

"Vi homens falando baixo, ou não falando, com medo da ditadura."

Agnello Rossi viveu em Roma nos tempos de Benito Mussolini. Mas ele não gosta de falar de política, nem da atual nem da daqueles tempos. Reluta, se esquiva, acaba falando de política, mas só dos tempos de Mussolini:

"Eu vi um lado positivo: a recuperação do Agro Pontino, uma região pantanosa e insalubre, que se transformou no maior centro produtor de trigo da Itália, capaz de suprir o país todo desse cereal. Eu vi um lado negativo: os homens com medo, falando baixo, ou não falando, com medo de prisão, com medo da ditadura".

Ordenado padre, voltou para o Brasil, para trabalhar em Campinas. Depois, veio para São Paulo, lecionar filosofia e teologia no Seminário Central do Ipiranga. Ficou três anos em São Paulo e retornou a Campinas, onde ficou 13 anos, desta vez lecionando aquelas duas matérias numa faculdade católica.

Em 1956, quando tinha 43 anos, o padre Agnello Rossi foi nomeado bispo de Barra do Piraí, no Estado do Rio, dirigindo uma diocese com 50 paróquias. Ficou lá seis anos e foi nomeado arcebispo de Ribeirão Preto, em São Paulo, onde ficou apenas dois anos.

Em 1964, Agnello Rossi era o cardeal de São Paulo, cargo que exerceu durante seis anos, até 1970, quando foi chamado para ser um dos 12 prefeitos do papa Paulo VI.

Mora e trabalha em Roma há sete anos, período em que visitou o Brasil três vezes, em viagens curtas, a última em 1974. Sábado chegou para passar duas semanas.

Em Roma, dom Agnello dirige a Prefeitura para a Evangelização dos Povos, que ampara, economicamente, oito mil igrejas no mundo inteiro: África, Europa, América do Sul, Oceania, Canadá, Ásia e Alasca. São igrejas que ainda não conseguem sobreviver com recursos próprios.

No Vaticano, onde trabalha, tem um fichário de 25 mil missionários, entre padres e leigos, que o ajudam a manter essas oito mil igrejas, agrupadas em 800 dioceses. Dom Agnello Rossi queixa-se dos países comunistas:

"Na China eu não consigo instalar nenhuma igreja. Na África tenho encontrado dificuldades em alguns países, que já são comunistas ou caminham para esse regime, e nessa região do mundo há muitos casos já registrados de sequestro dos bens da Igreja Católica. No Vietnã tem até um bispo desaparecido, Van Tuan, que não sabemos nem se ainda está vivo."

Dom Agnello fala mais uma vez sobre o Vietnã:

"É lá que a Igreja Católica vem encontrando maior hostilidade. No Camboja também. E no Laos a situação está piorando cada vez mais. Na Rússia dá para enfrentar a situação. Mas na China é que é impossível. A China é muito pior que a Rússia para o meu trabalho".

"É assim mesmo" – diz – "a Igreja Católica será sempre incompreendida, muitas vezes perseguida, mas nunca morrerá." Depois ele fala sobre o Oriente Médio: "Alguns países muçulmanos têm impedido um trabalho mais eficiente. Até na Líbia eu já enfrento alguma dificuldade".

Onde dom Agnello Rossi não encontra resistência nenhuma para o seu trabalho de evangelização dos povos: Oceania, Antilhas, América do Sul, América do Norte e Europa, excetuando os países socialistas. Na Ásia, apenas o Japão, a Índia e alguns outros países, apesar de terem culturas religiosas diferentes, não impedem a ação da Igreja Católica.

Países socialistas que permitiram a instalação de igrejas católicas nos últimos anos foram só dois: Albânia e Iugoslávia. Mas a maior preocupação de dom Agnello, atualmente, é a África. Ele veio passar duas semanas no Brasil, principalmente para fazer duas coisas: participar das homenagens que lhe prepararam pelos seus 40 anos de sacerdócio e abrir a Conferência dos Bispos Africanos, que será realizada no Rio de Janeiro.

Com as suas oito mil igrejas espalhadas pelo mundo inteiro, dom Agnello Rossi gasta quase um bilhão de cruzeiros por ano. E explica que isso é só uma parte: "É a quinta parte mais ou menos. Essas oito mil igrejas recebem, também, dinheiro de outras fontes, como a arrecadação do Dia Mundial das Missões".

"Essa parte não é comigo" – diz dom Agnello Rossi quando lhe fazem perguntas de caráter político. E explica: "Minha única preocupação é evangelizar os povos. Estou muito preocupado com a África e acho que os brasileiros devem ajudar bastante a cristianizar os povos africanos. Levando o cristianismo à África o Brasil estará se redimindo do pecado histórico da escravidão".

ENTREVISTA

Para dom Agnello Rossi, o homem deve viver seguindo estas quatro linhas: produzir, poupar, progredir e perseverar. Ele explica melhor o seu pensamento: "Produzir para ajudar a todos, poupar para ajudar os que precisam, progredir nos estudos e na vida espiritual e perseverar nas vocações e no ideal do sacerdócio".

Entre os direitos humanos e os deveres humanos, dom Agnello Rossi acha que estes últimos são mais importantes. Ele não vê nenhuma possibilidade de a Igreja Católica sobreviver junto com o comunismo e fala sobre a guerra entre essas duas filosofias: "Enquanto eu encontro dificuldades para evangelizar os povos da África, em alguns países, há um intercâmbio cultural entre a África e Cuba e quase três mil africanos estão estudando em Cuba. Eles serão, mais tarde, os missionários do comunismo, da mesma forma que a Igreja Católica tem os seus missionários do cristianismo".

Inspiração

DOMINGO DE MANHÃ. Eu estava de plantão na Redação do *Jornal da Tarde*, com mais um repórter e o Elói Gertel, que era o chefe da Reportagem. Eu, repórter, sentado à minha mesa, fumando um cigarro, esperando o tempo passar, não havia nada para fazer. Manhã de sol, caiu uma chuva, passou. O sol voltou, e eu ali, cumprindo o plantão, que havia começado às oito horas e deveria terminar às duas da tarde, quando nova equipe substituiria a nossa para ficar no jornal até as oito horas da noite.

O Elói, sentado à sua mesa, atendia o telefone e ligava para fora, enquanto lia os jornais do dia. Tinha mais ou menos a minha idade na época (36 anos), óculos de grau, cabelo bem cortado, sempre sério e compenetrado, mesmo em uma manhã tranquila como aquela.

Aos sábados e domingos, a Redação do *Jornal da Tarde* funcionava assim, em regime de plantão; as equipes escaladas se revezavam. A gente trabalhava um fim de semana e folgava dois. As equipes não eram fixas; mudavam os repórteres e os chefes.

Eu e o Elói Gertel já havíamos trabalhado juntos, no jornal *Folha de S.Paulo*, durante mais ou menos cinco anos, ele na editoria de Esporte, eu na Local, hoje chamada Cotidiano. Um dia, o Elói foi para o *Jornal da Tarde*. Depois, eu também fui e voltamos a trabalhar juntos, só que desta vez na mesma editoria da cidade.

Eu o conhecia bem e sabia que ele era disciplinado e responsável. Sorria, de vez em quando, mas sempre com aquele ar de chefe. Eu era diferente e naquela manhã só estava preocupado com uma coisa: a macarronada que me aguardava em casa. Meia hora depois do término do plantão, eu estaria em casa, degustando um talharim à bolonhesa.

Meio-dia. O Elói saiu da sua mesa e veio na minha direção, com um papel anotado na mão. Olhei rapidamente para o relógio da Redação, baixei os olhos,

INSPIRAÇÃO

pensei: "Não é possível que ele vai me dar um serviço a esta hora, quase no fim do plantão".

Mas errei – com o Elói tudo era possível. Travamos, então, mais ou menos o seguinte diálogo:

Ele: "Virou um barco na represa Billings. Dá para você pegar um fotógrafo e ir fazer essa reportagem?"

Eu: "Morreu gente?"

Ele: "Não. A família que estava no barco se salvou. Agora está em casa, foi de lá que telefonaram, aqui está o endereço". E passou-me aquele papel anotado.

Eu: "Espera aí, Elói. Vira um barco na represa Billings, não morre ninguém, meu plantão está quase acabando, e você quer que eu saia da Redação para fazer a reportagem. Não é melhor eu ligar para a família e resolver isso por telefone?"

Ele: "Poderia ser assim, mas não aconteceu nada até agora, estamos sem matéria para o jornal de amanhã, precisamos de fotografias e, por isso, prefiro que você pegue um fotógrafo, vá até a família, entreviste as pessoas e, assim, além da reportagem, teremos as fotografias".

Carro e fotógrafo providenciados, lá fui eu para o Ipiranga, bairro em que aquela família morava em um apartamento de dois quartos, sala e cozinha. Ia pensando no caminho: "Anoto o nome de todo mundo, faço umas perguntas, o fotógrafo executa o seu trabalho, volto para a Redação, escrevo a matéria, vou embora para casa, ainda terei tempo de comer a macarronada. O barco virou na represa Billings, ninguém morreu, o caso não merece mais do que 20 linhas. Escrevo essa matéria em dez minutos".

Quando conheci os náufragos, porém, as coisas mudaram. Marido e mulher, ambos funcionários públicos, e uma criança. A história foi ficando interessante e, enquanto o casal contava a aventura, eu imaginava o desespero daquele homem e daquela mulher, no meio da represa, dentro de um barco que ameaçava virar jogando os dois na água junto com o filho de 3 anos de idade.

Eles contavam a história, eu insistia nas perguntas, queria e obtive detalhes de como tudo aconteceu. O homem falava, a mulher falava e, de vez em quando, falava a mãe da mulher – sogra do homem, avó da criança –, que também estava lá na Billings, mas não naquele barco, que, à deriva, foi arrastado por uma tempestade.

INSPIRAÇÃO

Eu anotava tudo, e a história ia ficando cada vez mais interessante à medida que eu me inspirava e imaginava aqueles marinheiros improvisados naufragando na frágil embarcação, no meio da chuva, com uma criança berrando, o que tornava a situação mais dramática e desesperadora.

Livros de náufragos, de água e de mar, de tormentas e tempestades, que eu havia lido ao longo da minha vida, povoavam agora o meu cérebro. Com certeza eu não estava comparando aquele homem a Vasco Moscoso de Aragão, de Jorge Amado, nem aquela mulher a um grumete do Capitão Ahab, de Herman Melville, e nenhum dos dois ao velho Santiago, de Ernest Hemingway.

Mas *Os velhos marinheiros, Moby Dick, O velho e o mar* e outras obras afloravam na minha mente enquanto eu ouvia a história dos náufragos da represa Billings e já imaginava como ia escrever a reportagem: um texto leve e humano, com o perfil dos personagens e, naturalmente, a aventura por elas vivida; um texto criativo, em linguagem figurada, que conferisse uma ou outra nota cômica ao desastre, mas sobretudo cuidadoso para não se tornar irônico ou descambar na zombaria.

Voltei para a Redação e escrevi a matéria exatamente como a havia imaginado. Uma história que, a princípio sem nenhum valor, acabou se transformando em boa reportagem, que escrevi evitando intertítulos, porque queria um texto corrido, sem interrupções.

Demorei para escrever, agora não tinha mais pressa, o talharim à bolonhesa já havia esfriado lá em casa. O Elói Gertel tinha ido embora, era outra a equipe de plantão, anoitecia quando entreguei a matéria pronta, que saiu publicada no jornal do dia seguinte, 25 de outubro de 1976.

Essa reportagem oferece, pelo menos, dois ensinamentos: 1 – Lendo os livros de grandes escritores, o repórter aprende a trabalhar com as palavras, a dominar as formas de escrever. A leitura traz, no momento certo, a inspiração e o estilo. 2 – Somente indo ao local, fazendo entrevistas pessoalmente, analisando física e psicologicamente os personagens, sentindo de perto a história narrada, é que o repórter pode escrever um bom texto. O telefone só serve para marcar encontros.

O domingo em que Francisco, funcionário público, virou lobo do mar. E quase morreu afogado.

Francisco levou a família a Billings, para fugir da poluição. Aí começou a chover forte.

Quando aquela chuva caiu de repente, ontem de manhã, acompanhada de ventania forte, Francisco Santos perdeu um remo de madeira, no meio de um braço da Represa Billings, o Estoril. Ele agarrou o resto da minúscula embarcação e soltou um sonoro palavrão, enquanto a mulher gritava para o céu, pedindo a Deus que se segurasse o barco.

Sentado na popa, o homem batia na água, desesperadamente, de um lado e de outro, com o único remo que lhe restava. A criança, ele prendia entre as pernas, numa tesoura que se fechava na ponta dos pés. Esmagava-a pequeno, que não entendia, e berrava.

Agarrada a um barco, no meio da frágil embarcação, a mulher chorava e não via nada. A água da chuva escorria em seu rosto, misturando-se com as lágrimas. E Francisco Santos estava contente. "Vai fazer um dia do pescador de partida.

Francisco Santos, funcionário público, e sua mulher Denise Maria, funcionária pública

Não saíram tão cedo. Essas coisas nunca aconteciam, como a gente quer. Saíram às nove horas. O sol batia no vidro da frente do Volkswagen e Francisco Santos estava contente. "Vai fazer um dia de pescador de verdade".

Trinta quilômetros transito livre, meia hora. Chegaram. O Estoril, em São Bernardo do Campo. A esquerda de quem vai para Santos, no km 30 da Via Anchieta.

Francisco Santos pagou o reboque, dez cruzeiros, e o sol, quietamente, deu jeito. Começam. Descansaram. Comeram de novo. Às onze horas, um passeio de barco, na represa.

"Não sei eu não ando" — disse da Marta Ramos, olhando o barco, frágil, pequeno de madeira, meio velho, os dela remos, um de cada lado. Preço vinte cruzeiros a hora Francisco Santos pagou o subito. Olhou a represa, apertou os dois remos, confiante.

Denise Maria também sabia, meio sem jeito, torceu o pé, não foi nada. Apertou a Marta Paulo no colo. Francisco Santos remou até o meio da represa. Dez minutos. Foi quando caiu aquela chuva de vento e ele e a mulher tiveram que virar marinheiros para o barco não virar.

A chuva caía, o vento soprava, o barco à deriva. Quando ele perdia de um dos remos, Denise Maria batia pensou do outro, as mãos abertas, uma em cada borda, equilibrando o barco Francisco Santos, um remo só, o outro a água levou.

Passou um barco salva vidas, um homem vestido de preto, macaço de borracha, parecia um homem-rã. Francisco Santos gritou, e quando gritou deu um balanço de corpo, quase virou a frágil embarcação, que já se enchia de água.

O homem-rã também gritou, mas chovia muito, um não entendia o que o outro gritava. O homem-rã foi embora e não voltou Mas tarde, já no seu apartamento, no Ipiranga, Francisco Santos contou a história e viajou a mãe do homem-rã.

Denise Maria parou de chorar. Agora era marinheiro. As mãos, em concha, esvaziando o barco. O menino chorava. Francisco Santos para ordens. Era o comandante. O vento levava o barco e uma vez o vento até perto da margem. Foi quando Francisco Santos soltou o braço

Revele na BRUNO BLOIS o talentoso cineasta e o fotógrafo criativo que estão em você.

NOVA LOJA
RUA JOSÉ DE BARROS, 163

FACULDADES SÃO MARCOS

VESTIBULAR
DIAS 20, 21, 22 e 23 DE JANEIRO/77

PSICOLOGIA
(LICENCIATURA, BACHARELADO E FORMAÇÃO DO PSICÓLOGO)

PEDAGOGIA

ESTUDOS SOCIAIS
(LICENCIATURA CURTA)

LETRAS

CIÊNCIAS SOCIAIS

ADMINISTRAÇÃO
(O QUE SER PÚBLICA)

INSCRIÇÕES ABERTAS
AV. NAZARÉ 900 - IPIRANGA - SP
FONE 274-5711

---

perdido o sapato quando atracou, na ilha ... lá do outro lado. Passou um francês a motor, ele gritou, bem alto, pedia balançar o corpo quanto queria, agora pisava em terra firme. O homem do barco a motor não ouviu e foi embora.

Nada ouviu. Francisco Santos gritou de novo; agitou a camisa molhada, parecia um náufrago. Era um náufrago. Desta vez, o homem parou, todos voltaram de barco a motor, mais seguro. A chuva havia passado, não ventava mais, Marcos Paulo havia parado de chorar.

Do volta da sua perigosa aventura, Francisco Santos procurou o misterioso homem-rã e não o achou. Queria lhe dizer umas verdades. Mas achou os bombeiros. Disse as verdades para os bombeiros, quase foi preso. Procurou a sede da administração da Represa no Estoril. Repetiu as verdades a um diretor. Este pediu desculpas, meio sem jeito, explicou:

— Isto aqui foi um inferno, hoje, na hora da chuva. Os bombeiros saíram três vezes para socorrer barcos virados. Aquele homem-rã salvou duas vidas. Acho que ele nada, ia ndo salvar estas vidas quando passou pelo seu.

Acabou o piquenique. Denise Maria topou este dentro do Volkswagen. Voltaram para o apartamento, no Ipiranga, um conhaque para o marido, um chá quente para o filho. Fim de um fim de semana, planejado, imprevisível.

E conseguiram. Francisco Santos já tinha

PREPARATÓRIO AO CEAG/FGV — ADMINISTRAÇÃO EM NÍVEL DE PÓS-GRADUAÇÃO DA FUNDAÇÃO GETULIO VARGAS
Curso: Intensivo visando teste seletivo (Dezembro '76) - início 3/11/76
Informações e inscrições: Consolação, 1045, tel. 257-6812 – vagas limitadas (40)

FUNDAÇÃO GETULIO VARGAS
ESCOLA DE ADMINISTRAÇÃO DE EMPRESAS DE SÃO PAULO

VESTIBULAR — 1° SEMESTRE/77
Administração de Empresas e Pública

Inscrições de acordo com a inicial do prenome
de **A a E** dias 25, 26 e 27 de outubro
de **F a J** dias 28 e 29 de outubro e dia 3 de novembro
de **K a O** dias 4, 5 e 8 de novembro
de **P a Z** dias 9, 10 e 11 de novembro
Obs: Inscrições fora do esquema acima serão aceitas nos dias 12 e 16 de novembro, mediante requerimento do vestibulando, justificando o atraso.
Horário e Local para inscrições: das 9,00 às 12,00; das 14,00 às 17,00 e das 19,00 às 21,00 horas, à Av. 9 de Julho, 2.029 — 3. andar.
Documentos para inscrição:
— Ficha fornecida pela Secretaria Escolar, devidamente preenchida
— 2 fotos 3x4, datas a partir de outubro de 1.976.
— Carteira de Identidade.

A CCE OFERECE AS ALEGRIAS DA MÚSICA POR PREÇOS IRRESISTÍVEIS.

Conjunto Bach — **Conjunto Beethoven**

Conjunto Bach	Conjunto Beethoven	Conjunto Vivaldi	Conjunto Mozart
Cr$ 6.290,00	**Cr$ 10.640,00**	**Cr$ 11.640,00**	**Cr$ 13.650,00**
Amplificador CCE AC 902M. com 45 watts de potência. Toca-discos BSR C 123, automático e manual, 4 polos. Caixas acústicas Collaro C 8A Sistema de suspensão acústica.	Amplituner Kenwood KR 1400 com AM-FM e FM estéreo, 40 watts de potência. Toca-discos BSR C 142, automático e manual, 4 polos. Caixas acústicas Collaro C 8N Sistema de suspensão acústica.	Amplituner CCE SR-3120, com AM-FM e FM estéreo, 96 watts de potência. Toca-discos BSR C 123, automático e manual, 4 polos. Caixas acústicas Collaro C 10N Sistema de radiador passivo.	Amplituner Kenwood KR-3400 com AM-FM e FM estéreo, 82 watts de potência. Toca-discos BSR P-128, semi profissional. Caixas acústicas Collaro C 10N Sistema de radiador passivo.

Somente as lojas abaixo relacionadas poderão oferecer estes conjuntos a preços irresistíveis. — Na compra de qualquer um destes conjuntos você ganha grátis um fone de ouvido e a instalação.

CAPITAL

AUDIO
Rua Estados Unidos, 609
Av. Faria Lima, 1812
Shopping Center Ibirapuera - loja 48

BRENNO ROSSI
Rua Joaquim Nabuco, 203
Rua 24 de maio, 253
Av. Brig Faria Lima, 1665
Shopping Center Ibirapuera - loja 8

CASA MANON
Rua 24 de maio, 242

CINERAL
Rua Antonio de Barros, 341 - Tatuapé

DUCAL
Rua Direita, 240
Av. São João, 493
Shopping Center Ibirapuera - loja 40

FOTOPTICA
Rua Conselheiro Crispiniano, 49/57
Shopping Center Iguatemi
Shopping Center Ibirapuera - loja 40

GUEDES CINE-FOTO-SOM
Av. Brig Luiz Antonio, 2344
Av. Brig Faria Lima, 1576
Av. Vereador José Diniz, 3340

MAPPIN
Cidade Jardim
Av. São João, 1086
Rua São Bento, 230
Pça Ramos de Azevedo, 131

RAUL DUARTE
Rua 7 de abril, 296

REFLEX FOTO SOM
Rua João Cachoeira, 110

INTERIOR

DARIO
Rua Quatro, 1229
Rio Claro - SP.

ELETRÔNICA ITALO
Av. Francisco Junqueira, 461
Ribeirão Preto - SP.

LIVROETON
Rua Dr. Deodato Wertheimer, 401 292
Mogi das Cruzes - SP.

SUPERMERCADOS PEG-PAG
Rua Dr. Nelson D'Ávila, 1941
São José dos Campos - SP.

O domingo em que Francisco, funcionário público, virou lobo do mar. E quase morreu afogado.

Reportagem publicada no *Jornal da Tarde* em 25 de outubro de 1976

EDSON FLOSI

Quando aquela chuva caiu de repente, ontem de manhã, acompanhada de um vento forte, Francisco Santos perdeu um remo de madeira, no meio de um braço da represa Billings, o Estoril. Ele agarrou o filho pequeno e soltou um sonoro palavrão, enquanto a mulher gritava para o céu, pedindo a Deus que segurasse o barco.

Sentado na popa, o homem batia na água, desesperadamente, de um lado e de outro, com o único remo que lhe restava. A criança, ele prendia entre as pernas, numa tesoura que se fechava na ponta dos pés. Esmagava o pequeno, que não entendia, e berrava.

Agarrada a um barco, no meio da frágil embarcação, a mulher chorava e não via nada. A água da chuva encharcava o rosto da míope, que procurava os óculos, perdidos no primeiro solavanco. A proa subia e descia sobre as ondas cada vez mais fortes.

Funcionário público, que sempre viveu fechado num gabinete, acostumado à caneta e ao telefone, Francisco Santos estava transformado num velho lobo do mar. Aos 31 anos de idade.

Ele, que nunca fora homem de mar, nem de rio, nem de regato, tinha um barco à deriva na mão, a mulher e o filho em perigo. Denise Maria achou os óculos e com eles passou a ver menos ainda debaixo daquela chuva de vento.

INSPIRAÇÃO

O menino Marcos Paulo, de três anos, debatia-se entre as pernas do pai, que de vez em quando dava um apertão na tesoura. Francisco Santos percebeu que o barco fazia água e deu a primeira ordem: "Tira a água do barco, com as mãos, de qualquer jeito".

Foi assim que a desenhista Denise Maria, que só entende de réguas e compassos, se transformou em valente marinheiro da represa Billings. Aos 22 anos de idade.

Todos os dias, a semana toda, Francisco Santos e Denise Maria saem juntos para o trabalho. Moram no Ipiranga, num apartamento de dois quartos, sala e cozinha. Marcos Paulo fica com a avó, que faz a comida, toma conta do neto.

Marido e mulher trabalham na Secretaria dos Transportes, ele faz planejamentos, ela desenhos técnicos, os dois juntos ganham nove mil cruzeiros por mês. Onde moram, há dez fábricas. Marcos Paulo engole a poluição de dia e tosse de noite.

Por isso, toda sexta-feira essa família de classe média se reúne, para fugir da cidade. A última reunião acabou naquele perigoso passeio de barco. Foi ideia de d. Marta Ramos, mãe de Denise Maria, avó do menino: fazer um piquenique na represa, no Estoril, domingo, se fizer sol.

No sábado, Denise Maria assou um bom pedaço de carne, d. Marta Ramos ajudou. Francisco Santos passou o dia brincando com Marcos Paulo: "Amanhã, meu filho, você vai ver, a gente sai bem cedo e vai para o campo tomar ar puro".

Não saíram tão cedo. Essas coisas nunca acontecem como a gente quer. Saíram às nove horas. O sol batia no vidro da frente do Volkswagen e Francisco Santos estava contente: "Vai fazer um dia lindo".

Trinta quilômetros, trânsito livre, meia hora. Chegaram. O Estoril, em São Bernardo do Campo, à esquerda de quem vai para Santos, no km 30 da via Anchieta.

Francisco Santos pagou e entrou. Bola, peteca, sem camisa, o sol queimando, deu fome. Comeram. Descansaram. Comeram de novo. Às onze horas, um passeio de barco, na represa.

"Nisso aí eu não ando" – disse d. Marta Ramos, olhando o barco, frágil, pequeno, de madeira, meio velho, os dois remos, um de cada lado. Preço: 20 cruzeiros a hora. Francisco Santos pagou e subiu. Olhou a represa, apertou os dois remos, confiante.

Denise Maria também subiu no barco, meio sem jeito, torceu o pé, não foi nada. Segurava Marcos Paulo no colo. Francisco Santos remou até o meio da represa. Dez minutos. Foi quando caiu aquela chuva de vento e ele e a mulher tiveram que virar marinheiros para o barco não virar.

A chuva caía, o vento soprava, o barco à deriva. Quando ele pendia de um lado, Denise Maria fazia peso do outro, as mãos abertas, uma em cada borda, equilibrando o barco. Francisco Santos, um remo só, o outro a água levou.

Passou um barco salva-vidas, um homem vestido de preto, macacão de borracha, parecia um homem-rã. Francisco Santos gritou, e quando gritou deu um balanço de corpo, quase virou a frágil embarcação, que já se enchia de água.

O homem-rã também gritou, mas chovia muito, um não entendia o que o outro gritava. O homem-rã foi embora e não voltou. Mais tarde, já no seu apartamento, no Ipiranga, Francisco Santos contou a história e xingou a mãe do homem-rã.

Denise Maria parou de chorar. Agora era marinheiro. As mãos, em concha, esvaziando o barco. O menino chorava. Francisco Santos dava ordens. Era o comandante. O vento levava o barco e uma vez o levou até perto da margem. Foi quando Francisco Santos esticou o braço para pegar um galho e a tragédia quase se consuma. Depois o vento levou o barco para longe da margem. Era do outro lado, lá no fim da represa, mais de um quilômetro do ponto de partida.

A chuva, o vento, estava meio escuro, d. Marta Ramos preocupada. Perto dela, um carro do Corpo de Bombeiros, ela pediu ajuda.

"Onde é que o barco virou?" – perguntou um bombeiro.

"Eu não sei se virou" – explicou d. Marta Ramos.

"Então espera um pouco" – pediu o bombeiro.

Ela esperou e não aconteceu nada. Ninguém ajudou, ninguém fez nada, nem o homem-rã nem o bombeiro. Enquanto isso, marido e mulher lutavam para levar o barco até a margem do outro lado. E conseguiram.

Francisco Santos já tinha perdido os sapatos quando atracou em uma ilha. Passou um barco a motor, ele gritou, bem alto, podia balançar o corpo quanto queria, agora pisava em terra firme. O homem do barco a motor não ouviu e foi embora.

Passou outro, Francisco Santos gritou de novo, agitou a camisa molhada, parecia um náufrago. Era um náufrago. Desta vez, o homem parou, todos voltaram de barco a motor, mais seguro. A chuva havia passado, não ventava mais, Marcos Paulo havia parado de chorar.

De volta da sua perigosa aventura, Francisco Santos procurou o misterioso homem-rã e não o achou. Queria lhe dizer umas verdades. Mas achou os bombeiros, disse as verdades para os bombeiros, quase foi preso. Procurou a sede da administração da represa no Estoril. Repetiu as verdades a um diretor. Este pediu desculpas, meio sem jeito, explicou:

"Isto aqui foi um inferno, hoje, na hora da chuva. Os bombeiros saíram três vezes para socorrer barcos virados. Aquele homem-rã salvou duas vidas. Acho que ele ia indo salvar essas vidas quando passou pelo seu barco."

Acabou o piquenique. Denise Maria jogou tudo dentro do Volkswagen. Voltaram para o apartamento, no Ipiranga, um conhaque para o marido, um chá quente para o filho. Fim de um fim de semana, planejado, imprevisível.

Luta armada

ACORDADO POR TELEFONE, saltei da cama e entrei no banho, enquanto minha mulher preparava o café. Eu me vestia, quando ela trouxe o café, perguntando:

– O que houve?

– A Quadrilha da Metralhadora atacou outra vez – respondi.

O carro do jornal me pegou em casa. O fotógrafo veio com ele. Fomos para a avenida Dr. Felipe Pinel (antiga estrada do Jaraguá), em Pirituba, na zona Oeste da cidade. Paramos no local cercado por policiais. Ali já estavam o Valdir Sanches e o Waldemar Sanchez, que trabalhavam comigo no jornal *Folha de S.Paulo*; éramos repórteres policiais.

Da beira da avenida, um barranco de terra descia até a linha do trem da Estrada de Ferro Santos-Jundiaí (EFSJ), ferrovia criada pelos ingleses em meados do século XIX. Lá embaixo, um solitário vagão também cercado por policiais.

Dia 10 de agosto de 1968, sábado, a Quadrilha da Metralhadora havia atacado de novo, e pela primeira vez um trem, desde que começara a agir no início daquele ano. Bancos e carros-fortes de transporte de dinheiro eram geralmente os alvos, mas dessa vez havia sido o trem pagador que levava o salário dos ferroviários de São Paulo para Jundiaí. O dinheiro roubado (110 mil cruzeiros novos) era transportado em três malas no vagão bagageiro – localizado entre a locomotiva e oito vagões, sete deles de passageiros –, guardado por quatro ferroviários, um deles armado de revólver.

Arma pesada que intimida e impõe respeito, a metralhadora apareceu pela primeira vez em assaltos em São Paulo no dia 15 de abril de 1968, quando um carro-forte foi atacado na porta de um banco em Santo Amaro, na zona Sul da cidade, rendendo esse roubo 35 mil cruzeiros novos.

Depois, a Quadrilha da Metralhadora, como passou a ser chamada pela imprensa e a polícia, atacou mais sete vezes, a oitava contra o trem pagador da EFSJ.

Os assaltantes, que não eram sempre os mesmos, falavam pouco e agiam com firmeza. Evitavam matar ou ferir, eram organizados e eficientes, cometendo poucos erros ou nenhum.

Repórteres, fotógrafos e cinegrafistas misturavam-se aos policiais em volta do vagão assaltado. O resto do trem – a máquina e os outros vagões – já havia sido removido do local. Os peritos isolaram o vagão assaltado e nele trabalhavam em busca de alguma pista, principalmente impressões digitais, embora se soubesse que os assaltantes haviam usado luvas.

Como já vinham fazendo nos assaltos da Quadrilha da Metralhadora, os órgãos de segurança foram para o local do roubo ao trem pagador. O Dops (Departamento de Ordem Política e Social) mandou o delegado Sérgio Fleury. A Delegacia de Roubos mandou o delegado Benedito José Pacheco. O Serviço Secreto do II Exército pediu a presença do delegado Renato D'Andrea[17]. A Polícia Federal também mandou um delegado.

A presença dos órgãos de segurança devia-se ao fato de que o II Exército e o Dops acreditavam que grupos revolucionários fossem os responsáveis pelos assaltos da Quadrilha da Metralhadora, com o fim de obter fundos para lutar contra a ditadura militar que se instalara no país em 1964 e duraria 20 anos, até 1984. A Delegacia de Roubos, porém, e a Polícia Federal acreditavam que assaltantes comuns integravam essa quadrilha.

Nenhum dos dois lados tinha provas para sustentar a tese que defendia. Os que apontavam para agrupamentos revolucionários partiam de fatos como estes: os assaltantes não falavam errado ou em gíria, evitavam matar ou ferir, pareciam extremamente organizados, corajosos e firmes em suas ações. Os que pensavam em assaltantes comuns acreditavam tratar-se de quadrilhas cariocas agindo em São Paulo ou até mesmo de ladrões internacionais originários de outros países da América do Sul.

No dia do assalto ao trem pagador, eu, o Valdir Sanches e o Waldemar Sanchez deixamos o local, em Pirituba, ao meio-dia. A polícia levou as vítimas do assalto e a imprensa também foi embora. Não havia mais nada para fazer ali. Eu,

---

17 D'Andrea, que era do Serviço Secreto do Dops, trabalhava também para o Serviço Secreto do II Exército, fazendo a ponte entre esses dois setores da repressão e trocando informações entre eles.

o Valdir e o Waldemar nos dividimos: cada um foi para um lado, porque eram vários os setores policiais envolvidos nas investigações. Durante todo o dia, não tivemos acesso às vítimas do roubo, interrogadas em sigilo pelos policiais. À noite, preparamos a matéria, reunindo o que cada um tinha apurado.

Por não termos tido acesso às vítimas, escrevemos a reportagem e descrevemos o assalto baseados em informações dos policiais que haviam interrogado os quatro ferroviários que guardavam o dinheiro roubado do trem pagador.

Em três ou quatro linhas do texto arriscamos dizer que o assalto ao trem pagador aumentava as suspeitas das autoridades de que os ladrões eram "terroristas empenhados em conseguir dinheiro para promover o terror". Apenas três ou quatro linhas perdidas no meio do texto.

Havia fortes indícios e informações de que se tratava de ação revolucionária, mas nem a polícia e muito menos a imprensa tinham certeza disso, e ninguém se encorajava a escrever ou falar sobre guerrilheiros e luta armada.

Mesmo assim, arriscamos aquelas três ou quatro linhas na reportagem, que o jornal *Folha de S.Paulo* publicou no dia seguinte ao do assalto, na edição de 11 de agosto de 1968, domingo. No pé da reportagem, publicamos a lista dos assaltos da Quadrilha da Metralhadora, desde o primeiro, no dia 15 de abril de 1968, até o assalto ao trem pagador. A reportagem foi manchete do jornal.

Eu queria escrever o que sentia e achava que era a verdade, usando terminologia como *guerrilheiros, luta armada, revolucionários, expropriação de fundos para derrubar a ditadura*. Acho que o Valdir Sanches e o Waldemar Sanchez também pensavam assim, mas não podíamos fazer isso porque havia recomendação dos órgãos de segurança para usarmos a terminologia que eles impunham, como *terrorismo, bandidos, terror, ladrões, assaltantes*. E o jornal acatava essa recomendação; não havia como negar-se a isso; eram tempos de ditadura.

Essa recomendação dos órgãos de segurança vinha se impondo desde o início da ditadura, em 1964, mas intensificou-se durante o ano de 1968. Equivalia à censura, mas a censura de verdade só veio quatro meses depois do assalto ao trem pagador, em 13 de dezembro de 1968, com a edição do AI-5 (Ato Institucional nº 5).

Com o AI-5 começaram os "anos de chumbo", cujo período mais amargo coube ao governo do general Emílio Garrastazu Médici (1969-1974), marcado pelo assassinato, desaparecimento e tortura de presos políticos, incluindo-se nesse período a guerrilha do Araguaia, com o massacre de 60 guerrilheiros, a maioria executada a sangue-frio, cujos arquivos os militares escondem até hoje.

No dia seguinte ao assalto do trem pagador, eu e o Valdir Sanches voltamos ao assunto com nova matéria, que foi publicada em 12 de agosto de 1968, uma segunda-feira, também manchete do jornal. Estávamos convencidos de que guerrilheiros integravam a Quadrilha da Metralhadora. Fontes policiais, que também pensavam assim, nos falaram, reservadamente e sem citar nomes, de comunistas brasileiros que haviam feito cursos de guerrilha na China de Mao Tsé-tung e na Cuba de Fidel Castro e agora faziam parte da quadrilha.

Decidimos, eu e o Valdir Sanches, colocar essa informação, sem identificar as fontes, logo no início da reportagem, e convencemos Cláudio Abramo, diretor da Redação da *Folha de S.Paulo*, a publicar a palavra *guerrilheiros* no título e no corpo da matéria, argumentando que fontes policiais sustentavam isso, o que isentava o jornal. Cláudio Abramo concordou e a reportagem saiu com este título: "Polícia diz: ladrões são guerrilheiros". Foi a primeira vez que se afirmou isso na imprensa, ligando os assaltos da Quadrilha da Metralhadora aos guerrilheiros, o que se comprovou três meses depois, em 13 de novembro de 1968, quando os órgãos de segurança descobriram que os assaltos eram organizados por Carlos Marighella, o maior líder da Ação Libertadora Nacional (ALN).

Os guerrilheiros não se expunham além do necessário e dissimulavam a sua atuação, porque queriam que os policiais continuassem a pensar que ladrões comuns eram os autores dos roubos, pois, sendo assim, as investigações ficariam restritas apenas a alguns setores da polícia. Suspeitando-se de guerrilheiros, porém, as investigações se estenderiam a todos os órgãos de segurança, o que aumentaria o risco das ações revolucionárias de "expropriação de fundos" para alimentar a luta armada.

Muitos anos depois, o historiador Jacob Gorender escreveu, em 1990, no seu livro *Combate nas trevas*[18]: "No decorrer de 1968, os assaltantes não se identificam. Mistério proposital. Mais tarde, Carlos Marighella escreverá que se tratava de ganhar tempo para acumular poder de fogo. Que a polícia pensasse estar lidando com marginais" (p. 19). Na mesma página, Gorender escreveu:

---

18 GORENDER, Jacob. *Combate nas trevas*. São Paulo: Ática, 1998.

O mistério sobre os assaltos de novo estilo se acaba a 13 de novembro de 1968. Na manhã deste dia, num subúrbio carioca, o carro pagador do Instituto de Previdência do Estado da Guanabara (Ipeg) foi interceptado por três homens armados, que se apoderaram de 120 mil cruzeiros novos. À tarde, um sargento reformado da Polícia Militar reconheceu o carro receptador do dinheiro expropriado num posto de gasolina. Avisados pelo sargento, policiais prenderam o motorista. Submetido a tortura, o jovem abriu informações, inclusive a de que pouco antes havia-se separado de Carlos Marighella, comandante da ação contra o carro do Ipeg. Em face da ausência do motorista no ponto combinado, Carlos Marighella correu para o aparelho na Pedra de Guaratiba e ainda teve tempo de levar o dinheiro confiscado. Mas o segredo sobre a autoria das ações deixou de existir. Jornais e revistas publicaram longas matérias a respeito do líder comunista e chefe dos assaltos até então indecifráveis. Em todas as bancas, a capa da revista *Veja* exibia o rosto do famoso revolucionário. Os órgãos da repressão policial fazem dele o inimigo público número um.

Eu e o Valdir Sanches tínhamos escrito as duas reportagens em cima da hora, em cima do fato, com o risco de errar, mas acertamos: guerrilheiros eram realmente os autores do roubo ao trem pagador. A *Folha de S.Paulo* saiu na frente e isso se confirmou depois, com a descoberta sobre Carlos Marighella. O tempo foi passando e os órgãos de segurança identificaram os autores do roubo.

De 1990 até hoje, outros historiadores e jornalistas, além de Jacob Gorender, escreveram dezenas de livros sobre a luta armada, em muitos dos quais aparece o assalto ao trem pagador. Entre outros estão Elio Gaspari (*A ditadura envergonhada*, p. 313), Luis Mir (*A revolução impossível*, p. 320-1) e Emiliano José (*Carlos Marighella*, p. 227-8)[19]. Os historiadores escrevem sem risco de errar, com tempo para pesquisar e examinar documentos, tempo que não é concedido àqueles que escrevem reportagens em cima da hora, em cima do fato.

Os sete assaltantes do trem pagador foram todos identificados pelos órgãos de segurança. Todos, menos um, o motorista de um dos dois Volkswagens parados

---

19 GASPARI, Elio. *A ditadura envergonhada*. v. 1. São Paulo: Companhia das Letras, 2002; MIR, Luis. *A revolução impossível*. Rio de Janeiro: Best Seller, 1994. JOSÉ, Emiliano. *Carlos Marighella*. São Paulo: Casa Amarela, 2004.

durante o assalto perto daquele coqueiro da av. Felipe Pinel. Os seis identificados eram comunistas e guerrilheiros da ALN.

Dos seis guerrilheiros identificados, quatro foram friamente assassinados pela repressão policial e militar e um deles torturado antes de morrer. Dois não chegaram a ser presos. Fugiram para o exterior e só voltaram ao Brasil depois de anistiados. Estão vivos até hoje. A seguir, a lista dos seis guerrilheiros identificados que participaram do assalto ao trem pagador da EFSJ.

1 Carlos Marighella – Comunista desde a juventude, foi um dos dirigentes do Partido Comunista Brasileiro (PCB), até romper com ele e adotar a luta armada, criando a ALN, da qual foi o principal líder.

Comandante do assalto ao trem pagador, ficou junto com Francisco Gomes, líder sindical dos ferroviários, na plataforma do vagão bagageiro, que transportava o dinheiro. Foram eles que acionaram o freio de emergência do trem quando avistaram o coqueiro. Os dois eram muito conhecidos no meio ferroviário e por isso não entraram no vagão que transportava o dinheiro.

Marighella foi assassinado pouco mais de um ano após o assalto ao trem pagador, no dia 4 de novembro de 1969, no Jardim Paulista, em São Paulo, numa emboscada policial do Dops chefiada pelo delegado Sérgio Fleury. Não teve tempo de usar seu revólver. Foi cercado e morto a tiros. Não houve tiroteio, mas uma execução.

Escreveram-se muitos livros sobre Carlos Marighella. Sua biografia é pontilhada por gestos de valentia e coragem. Por isso, participava pessoalmente de perigosas ações revolucionárias. E por isso morreu, pois sabia que o cerco da repressão se fechava sobre ele, mas não fugiu, e poderia ter fugido, se quisesse. Morreu aos 57 anos.

2 Francisco Gomes – Líder sindical dos ferroviários da Estrada de Ferro Sorocabana (EFS), na região de Sorocaba, no interior do estado de São Paulo, exerceu altas funções no PCB, como quando foi eleito pelo Comitê Central do partido para integrar a Comissão das Teses de 1964.

Rompeu com o PCB e ajudou a fundar a ALN. No assalto ao trem pagador, ficou ao lado de Carlos Marighella, na plataforma do vagão bagageiro, que transportava o dinheiro guardado por quatro ferroviários.

Depois do roubo ao trem pagador, escapou da repressão e tentou, sem êxito, organizar uma guerrilha no campo. Acabou se exilando no Chile e mais tarde foi para Cuba. Voltou anistiado ao Brasil e hoje, aos 80 anos, vive na região de Bauru (SP).

Francisco Gomes foi peça importante no assalto ao trem pagador. Junto com outros ferroviários, planejou o assalto, em várias reuniões com Carlos Marighella, dando informações e detalhes sobre o trajeto do trem, como o dinheiro era transportado e o melhor ponto da viagem para atacar. E participou pessoalmente do roubo.

3 Marcos Antonio Brás de Camargo, o Marquito – Comunista e revolucionário, foi o primeiro comandante do Grupo Tático Armado (GTA) da ALN, especializando-se no manejo de armas pesadas e detonação de explosivos.

No assalto ao trem pagador, entrou no vagão que transportava o dinheiro junto com João Leonardo da Silva Rocha e Virgílio Gomes da Silva (Jonas), enquanto Carlos Marighella e Francisco Gomes vigiavam na plataforma do vagão. Marquito portava a metralhadora.

Dois meses depois do assalto ao trem pagador, em 12 de outubro de 1968, Marquito comandou, em São Paulo, a execução do americano Charles Chandler, capitão do Exército dos EUA e suposto agente da Central Intelligence Agency (CIA), colaboradora ativa da repressão na ditadura militar.

Mais três meses se passaram e no dia 23 de janeiro de 1969 Marquito foi assassinado a sangue-frio por policiais do Dops em um apartamento do bairro de Santa Cecília, em São Paulo. Morreu aos 30 anos.

4 Virgílio Gomes da Silva, o Jonas – Líder sindical dos trabalhadores da indústria química, comunista e revolucionário, participou do assalto ao trem pagador entrando, junto com Marquito e João Leonardo da Silva Rocha, no vagão que transportava o dinheiro.

Com a morte de Marquito, o comando do GTA da ALN passou para as mãos de Jonas. Em 4 de setembro de 1969, ele comandou no Rio de Janeiro o sequestro do embaixador americano Charles Burke Elbrick.

Preso em São Paulo no dia 29 de setembro de 1969, foi torturado e morto no mesmo dia nas dependências da Operação Bandeirante (Oban), órgão da repressão que depois foi substituído pelo Destacamento de Operações de Informações e Centro de Operações de Defesa Interna (DOI-Codi). Organismo militar e policial pertencente ao Exército, o DOI-Codi reprimiu a luta armada em todo o país, torturando e matando presos políticos, cujos corpos, em alguns casos, desapareceram.

Os torturadores de Jonas sumiram com seu corpo, até hoje não encontrado. Ele foi o primeiro preso político desaparecido na ditadura militar. Há provas, documentos e testemunhas da tortura e morte do guerrilheiro na Oban. O que não se sabe ainda é o que os assassinos fizeram com o corpo dele. Morreu aos 36 anos.

5 João Leonardo da Silva Rocha – Comunista e guerrilheiro da ALN, participou do assalto ao trem pagador entrando no vagão que transportava o dinheiro, junto com Marquito e Jonas.

Depois disso, tentou, sem êxito, organizar guerrilha de campo em Jequié, na Bahia. Voltou para São Paulo e foi preso no dia 20 de janeiro de 1969, cinco meses após o assalto ao trem pagador.

Em 4 de setembro de 1969, guerrilheiros da ALN e do Movimento Revolucionário 8 de Outubro (MR-8), em homenagem à data da morte de Ernesto Che Guevara, em 1967, na Bolívia), sequestraram, no Rio de Janeiro, o embaixador dos Estados Unidos, Charles Burke Elbrick. Em troca da vida do diplomata, a ditadura militar libertou 15 presos políticos, entre eles João Leonardo da Silva Rocha.

Banido do Brasil, ele foi para Cuba, mas retornou depois clandestinamente já como integrante do Movimento de Libertação Popular (Molipo) e foi morar na pequena cidade de São Vicente Ferrer, em Pernambuco. Descoberto, fugiu para Machadinha, na Bahia, onde os órgãos de segurança o mataram a tiros em 4 de novembro de 1974. Morreu aos 32 anos.

6 Aloysio Nunes Ferreira – Comunista na juventude e guerrilheiro da ALN, participou do assalto ao trem pagador mantendo-se ao volante de um dos dois Volkswagens, aguardando o desfecho da ação para depois dar fuga ao grupo armado. (O motorista do outro Volkswagen nunca foi identificado e até hoje não se sabe quem é ele.)

Por decisão de Carlos Marighella, exilou-se na França, tornando-se o representante da ALN em toda a Europa, em busca de apoio político e material para a luta armada no Brasil. Coordenou esse trabalho de Paris.

Aproveitou os dez anos de exílio para concluir os seus estudos. Manteve contatos na França com dezenas de colaboradores, entre eles o filósofo Jean-Paul Sartre, o cineasta Jean-Luc Godard, o ator Yves Montand, o cineasta Costa Gavras e a escritora Simone de Beauvoir. Na Inglaterra, com o filósofo e matemático Bertrand Russell. Na Alemanha, com os líderes estudantis Rudi Dutschke e Daniel Cohn Bendit. Na Itália, com o escritor Giorgio Amico e o cineasta Bernardo Bertolucci. Na Argélia, com o presidente do país, coronel Houari Boumedienne.

Voltando anistiado ao Brasil, Aloysio Nunes Ferreira seguiu carreira política, elegendo-se várias vezes deputado estadual e federal. Foi ministro da Justiça do presidente Fernando Henrique Cardoso. Nascido em 1945, ele é hoje senador pelo PSDB de São Paulo.

Folha de S. Paulo

UM JORNAL A SERVIÇO DO BRASIL — ANO XLVIII — SÃO PAULO, DOMINGO, 11 DE AGOSTO DE 1968 — N.º 14.301

Trem-pagador: 110 milhões roubados

Edson Flosi — Valdir Sanches — Waldemar Sanches

A QUADRILHA DA METRALHADORA atacou pela oitava vez, às 7 horas de ontem, e roubou 110 mil cruzeiros novos do trem pagador P-3, no quilômetro 91 da Estrada de Ferro Santos a Jundiaí, a 300 metros da estação de Pirituba.

Com uma metralhadora e revólveres, três ladrões imobilizaram um guarda da Polícia Ferroviária Federal e três funcionários da estrada de ferro, que estavam no carro pagadeiro. Dois outros bandidos armados guardavam a estrada do vagão. Os assaltantes pegaram as três malas de madeira onde estava o dinheiro — pagamento dos funcionários da estrada em Jundiaí — e um deles puxou o freio de emergência.

Logo que o trem parou, os bandidos saltaram e correram pela estrada da Pirituba, e depois seguiram por um caminho no mato até a estrada do Jaraguá onde dois outros ladrões os aguardavam em dois "Volkswagens". Tomaram, em seguida, o rumo de Jaraguá.

OITO MINUTOS

A operação toda durou oito minutos. O comportamento dos bandidos foi o mesmo dos que assaltaram seis bancos e dois carros pagadores, com metralhadoras, nos últimos meses. A descrição do homem que segurava a metralhadora, no assalto de ontem, coincide com a de um dos assaltantes dos bancos e carros pagadores. Ele é alto, forte, usa bigodes e óculos escuros.

O assalto de ontem aumentou as suspeitas das autoridades de que os ladrões são terroristas, empenhados em conseguir dinheiro para promover o terror. O delegado D'Andréa, do Serviço Secreto do DOPS, acompanhou o trabalho da Polícia durante todo o dia de ontem. Não há pistas, por enquanto, para se identificar ou prender os assaltantes.

ASSALTO COM HORA MARCADA

O trem prefixo P-3 deixou a Estação da Luz às 6h50. Nove minutos depois fazia sua primeira parada, na estação da Lapa. Às 7h00, partiu novamente e dois minutos depois correu o assalto: o homem da metralhadora entrou no carro bagageiro, seguido dos outros dois, e anunciou: "Quietos, é um assalto. Não se mexam senão eu mato".

No vagão estavam o guarda ferroviário federal José Luís dos Santos Carvalho, sentado em um banco ao lado direito da porta, com Nelson dos Reis, auxiliar de pagador; Vicencio Fragnito, condutor, de pé, de costas para a porta; e Ademar Freire, tesoureiro, sentado no banco à esquerda da porta.

Vicencio limpava os óculos. Ademar lia um jornal. José e Nelson conversavam. Ao ouvir a ordem dos assaltantes ergueram as vistas, viram os assaltantes à sua frente, mas não guardaram as fisionomias. Estavam muito assustados.

O homem de metralhadora voltou a falar, com voz segura e sem sotaque: "Desarmem o guarda". Um dos bandidos desarmou José e mandou que ele e os funcionários deitassem, com o rosto encostado no assoalho.

Eram 7h05 e o trem corria, em direção à estação de Pirituba. Os bandidos não conversaram entre si e de vez em quando repetiam a ameaça: "Não se mexam senão os matos. O cano do revólver de um dos assaltantes começava a machucar as costas de Ademar.

FREIO DE EMERGÊNCIA

Às 7h07, o trem passou pela estação de Pirituba sem parar, como estava previsto — e um dos bandidos puxou o freio de emergência. A composição começou a deslizar. Um dos delinquentes reclamou:

"Isto não para mais"?

A 500 metros da estação de Pirituba o trem parou.

Os três bandidos apanharam as malas com dinheiro — que estavam no assoalho do vagão, no lado direito — e saltaram do trem. Os outros dois assaltantes os acompanharam. Os cinco correram pelo leito da estrada carregando as malas, depois no ombro, as caixas com dinheiro, que pesam cerca de 20 quilos.

Duzentos metros adiante entraram no mato por uma picada. A essa hora o guarda José Luís descera do trem e os seguia à distância. Os bandidos seguiram por uma trilha no mato até uma elevação — a 300 metros, à esquerda da estação de Pirituba — e subiram em direção de Capuava.

Logo estavam na estrada, onde dois homens os aguardavam em dois "Volkswagens" — um azul claro e um gêlo. Com os sete delinquentes e as três caixas de dinheiro, os carros partiram em direção de Jaraguá.

Samuel Soares Mota, funcionário da estrada de ferro, viu os assaltantes fugirem nos automóveis. Ele estava próximo ao local do assalto, trabalhando na conservação dos trilhos.

O Bando da Metralhadora age pela 8.ª vez

Nos últimos quatro meses, a *Quadrilha da Metralhadora* atacou oito vezes e roubou 437 mil cruzeiros novos de cinco agências bancárias, dois carros-pagadores e um trem.

A quadrilha não emprega força total em todos os assaltos. Aparecem com oito homens uma vez. No outro sete roubos, os assaltantes estavam em quatro, três ou cinco.

Oito automóveis foram utilizados pelo bando: cinco Volkswagens, dois Aero-Willys e um Simca. Destes carros, um foi abandonado, dois incendiados e três ainda estão com os assaltantes.

Cinco ladrões agiram desta vez: um com metralhadora e quatro armados de revólveres. Os quatro funcionários do banco, que transportavam o dinheiro, foram obrigados a descer do carro pagador.

Ameaçados de morte, os bancários obedeceram aos assaltantes: foram para a beira da avenida e encostaram numa cerca de arame farpado. Duas pessoas transitavam pela raspão das balas.

1 Na manhã do dia 15 de abril a *Quadrilha da Metralhadora* atacou pela primeira vez. Os assaltantes estavam em quatro: três com revólveres e um com metralhadora.

O carro-pagador de um banco chegou à agência da Vila Nova Conceição, na esquina da av. Santo Amaro com a rua João Lourenço, e foi cercado pelos bandidos.

Três bancários, que transportavam dinheiro, entregaram 35 mil cruzeiros novos aos bandidos. Um dos assaltantes disparou uma rajada de metralhadora contra a lateral dianteira do carro-pagador, furando um pneu.

Os bancários se abaixaram na linha de tiro, mas uma bala ricocheteou e feriu, de raspão, a perna de um deles. Cápsulas 45 que a metralhadora cuspiu foram apreendidas depois.

A quadrilha fugiu num Volkswagen furtado, que mais tarde abandonou na Vila Guaraní.

2 Na noite de 30 de maio, a *Quadrilha da Metralhadora* voltou a atacar. Desta vez uma agência bancária, em Rudge Ramos, na rua Rafael Tomás.

Eram oito assaltantes, mas só um deles levava metralhadora; os outros estavam com revólveres. Os bandidos invadiram o banco e logo dominaram 17 funcionários e um cliente.

Um dos ladrões foi até a caixa para avisá-lo de que o banco estava sendo assaltado e obrigá-lo a juntar os colegas e o serviço que estavam todos encostados numa parede dos fundos.

O tiro raspou a testa de caixa e perfurou o teto, do qual veio uma nuvem de gesso. Gerente do banco, que assistia à cena de perto, achou que o bandido não queria atirar.

A quadrilha pegou 80 mil cruzeiros novos do cofre que o gerente foi obrigado a abrir. Depois, fugiu com um Aero-Willis furtado que mais tarde abandonou no Ipiranga.

3 Na tarde do dia 3 de junho, a *Quadrilha da Metralhadora* atacou pela terceira vez. Utilizou-se de um Volkswagen furtado para interceptar, na av. Alberto Soares Sampaio, em Capuava, o carro pagador de um banco.

Desta vez, um com metralhadora e quatro armados de revólveres. Os quatro funcionários do banco, que transportavam o dinheiro, foram obrigados a descer do carro pagador.

4 Na dia 1.º de julho, ao meio-dia, uma agência bancária da av. Angélica n.º 538, foi assaltada pela *Quadrilha da Metralhadora*.

Os assaltantes eram apenas dois neste dia: um com metralhadora e outro com revólver. Invadiram a agência bancária e dominaram três funcionários e uma cliente.

A caixa entregou 23 mil cruzeiros novos aos bandidos e depois todos — funcionários e cliente — foram forçados a entrar num banheiro.

Os assaltantes ameaçaram: se saíssem do banheiro seriam mortos. As vítimas obedeceram e os ladrões fugiram.

Correram, com o dinheiro numa sacola, por uma das galerias do Conjunto Angélica. Certamente um carro os aguardava. Ninguém, entretanto, viu este carro.

5 Na manhã do dia 1.º de agosto, a *Quadrilha da Metralhadora* atacou uma agência bancária da Perus, na av. Silvio de Campos.

Dois assaltantes levaram metralhadoras e dois estavam com revólveres. Como de costume, um dos funcionários que trabalhavam, aquela hora, na agência bancária, foi assaltante e foi feito refém enquanto os outros companheiros o forçaram a abrir o cofre.

A caixa e o cofre, entretanto, estavam com 12 mil cruzeiros novos. Depois, fugiram num Aero Willis que até hoje não foi encontrado.

Na fuga, os ladrões erraram o caminho e saíram numa rua que leva a av. Nyko, o dono de uma oficina, que não sabia do assalto, viajou um Aero-Willis e deu indícios-fim o carro via Anhanguera.

6 Na tarde daquele mesmo dia — Lo de agosto — a quadrilha voltou a atacar. Os assaltantes eram seis e pela primeira vez, uma mulher integrava o bando.

Dois com metralhadoras e quatro de revólveres, os bandidos invadiram uma esquina bancária, na esquina das ruas Joaquim Floriano e Uruçuí.

Os funcionários do banco — cerca de 15 — foram dominados pelos armas e obrigados a encostar numa parede. O tesoureiro abriu o cofre e entregou 61 mil cruzeiros novos aos ladrões que colocaram o dinheiro numa sacola.

O bando fugiu em dois carros — Volkswagen e Simca — que, na noite deste mesmo dia, incendiaram em duas ruas de Jardim Europa. Populares debelaram as chamas com extintores e baldes com água mas, mesmo assim, os carros ficaram bastante danificados.

7 No dia 5 de agosto, à tarde, a *Quadrilha da Metralhadora* atacou, desta sétima vez, utilizando dois homens: cinco com metralhadoras e três com revólveres.

O bando assaltou uma agência bancária na av. São Gabriel, a poucas distâncias de outra agência bancária assaltada cinco dias antes.

Os oito ladrões dominaram os oito funcionários do banco e o roubaram 30 mil cruzeiros novos do cofre que o gerente foi forçado a abrir.

Antes de fugir, a quadrilha fechou os bancários numa sala, ameaçando funcionários caso saíssem. Ninguém veio, exatamente.

Previamente, ante os assaltantes se utilizaram de dois automóveis para a fuga. Ninguém, entretanto, viu os carros.

8 Ontem de manhã, a *Quadrilha da Metralhadora* fez a primeira e seu oitavo assalto num trem. Desta feita, os assaltantes eram cinco, quatro armados com revólveres e um com metralhadora.

Os bandidos, que viajavam como passageiros comuns, em um trem da Estrada de Ferro Santos a Jundiaí, dominaram o vagão que continha o dinheiro, quando a composição passava pelo quilômetro 91 (entre Pirituba e Vila Mangia).

Quatro ferroviários, que guardavam o numerário, foram facilmente dominados.

O bando fugiu com 110 mil cruzeiros novos. Pouco depois do trem a quadrilha puxou o freio de emergência, saltou do vagão e correram para dois carros que os aguardavam na beira da estrada.

Centro — Rua 24 de Maio, 141
Pinheiros — Rua Butantã, 68
Cambuci — Av. do Estado, 4952
Santo André — Rua Coronel Alfredo Flaquer, 69
Campinas — Rua General Osório, 873

as melhores marcas pelo melhor plano:
10 MESES SEM ACRÉSCIMO

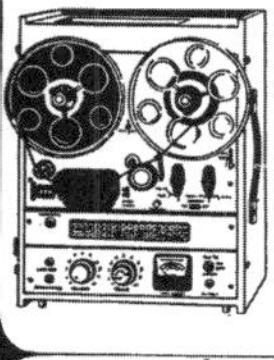

Gravador AKAI 707, monaural, 2 pistas, 2 velocidades. Parada automática. Contas voltas. Carretel de 17,5 cm. Microfone dinâmico.

OFERTA Mesbla: 10 pagtos, mensais iguais de
NCr$ 195,30 sem acréscimo.

Gravador AKAI 707-S, monaural, 4 pistas, 2 velocidades.

OFERTA Mesbla: 10 pagtos, mensais iguais de
NCr$ 199,90 sem acréscimo.

Gravador AIWA TP-714, transistorizado. Funciona com pilhas comuns e na corrente elétrica com inversor. 2 velocidades. Microfone com contrôle remoto.
OFERTA Mesbla: 10 pagtos, mensais iguais de
NCr$ 36,85 sem acréscimo.

Gravador AIWA TP-713, transistorizado. Funciona com pilhas comuns ou diretamente na corrente elétrica. Contrôle automático de gravação. 2 velocidades. Microfone com contrôle remoto.
OFERTA Mesbla: 10 pagtos, mensais iguais de
NCr$ 80,10 sem acréscimo.

Gravador AIWA TP-716, transistorizado. Funciona com pilhas comuns ou diretamente na corrente elétrica. 2 velocidades. Microfone com contrôle remoto.
OFERTA Mesbla: 10 pagtos, mensais iguais de
NCr$ 49,90 sem acréscimo.

Gravador Estereofônico AKAI M-9, 4 velocidades. Gravação em campo ou línguas. Grava sôbre som. 2 caixas acústicas. 40 watts de pico (20 de cada canal). Carretel de 17,5 cm. 2 microfones dinâmicos.
OFERTA Mesbla: 10 pagtos, mensais iguais de
NCr$ 463,10 sem acréscimo.

Gravador Alta Fidelidade AKAI 1710, estereofônico, 4 pistas, 4 velocidades, 2 caixas acústicas. Microfone com contrôle remoto.
OFERTA Mesbla: 10 pagtos, mensais iguais de
NCr$ 299,80 sem acréscimo.

Gravador Estereofônico AKAI X-1800-SD. Grava e reproduz Cartridge de 8 pistas e fitas em carretel de 17,5 cm. 12 watts de saída (6 em cada canal).
OFERTA Mesbla: 10 pagtos, mensais iguais de
NCr$ 498,50 sem acréscimo.

Câmara OLYMPUS PEN EE, 35 mm, Objetiva Zuiko 1:3,5. Automática. Com canilho.
OFERTA Mesbla: 10 pagamentos mensais iguais de
NCr$ 29,80 sem acréscimo.

Câmara OLYMPUS PEN EES, com objetiva Zuiko 1:2,8 de foco variável. Automática. Com canilho.
OFERTA Mesbla: 10 pagamentos mensais iguais de
NCr$ 32,90 sem acréscimo.

Câmara OLYMPUS PEN TRIP-35, com objetiva Zuiko 1:2,8. Automática. Com canilho.
OFERTA Mesbla: 10 pagamentos mensais iguais de
NCr$ 44,30 sem acréscimo.

Câmara MAMIYA SEKOR 528-TL, 35 mm, reflex. Objetiva 1:2,8/45 mm. Velocidade 1/15 a 1/500 de segundo. Fotômetro de leitura através da objetiva automática ou manual. Com botão de disparo.
OFERTA Mesbla: 10 pagamentos mensais iguais de
NCr$ 56,60 sem acréscimo.

Câmara MAMIYA PRESS LUXO, profissional. Objetiva 1:3,5 90 mm, cambiável. Velocidade 1/8 a 1/500 de segundo. Telémetro acoplado. Filme 6x6 e 6x9.
OFERTA Mesbla: 10 pagamentos mensais iguais de
NCr$ 194,70 sem acréscimo.

Projetor fixo CABIN AUTOMAT, 35 mm 4 x 4 cm. Com contrôle remoto para a focalização e transporte para os slides. Acompanha magazine p/ 36 molduras.
OFERTA Mesbla: 10 pagamentos mensais iguais de
NCr$ 69,60 sem acréscimo.

Projetor fixo CABIN ELETROMATIC, com relógio embutido para troca automática dos slides. Lâmpada de 300 watts. Contrôle remoto para troca dos slides e para focalização. Porta-slides para 36 molduras.
OFERTA Mesbla: 10 pagamentos mensais iguais de
NCr$ 68,00 sem acréscimo.

Projetor fixo CABIN TOO-DEE, Modêlo compacto. Lâmpada de 300 watts. Contrôle remoto para mudança dos slides e para focalização.
OFERTA Mesbla: 10 pagamentos mensais iguais de
NCr$ 44,20 sem acréscimo.

Trem pagador:
110 milhões roubados

> Reportagem publicada na *Folha de S.Paulo* em 11 de agosto de 1968

EDSON FLOSI – VALDIR SANCHES – WALDEMAR SANCHEZ

A Quadrilha da Metralhadora atacou pela oitava vez, às sete horas de ontem, e roubou 110 mil cruzeiros novos do trem pagador P-3, no km 91 da Estrada de Ferro Santos-Jundiaí, a 500 metros da estação de Pirituba.

Com uma metralhadora e revólveres, três ladrões imobilizaram um guarda da Polícia Ferroviária Federal e três funcionários da estrada de ferro, que estavam no carro bagageiro. Dois outros bandidos armados guardaram a entrada do vagão. Os assaltantes pegaram as três malas de madeira onde estava o dinheiro – pagamento dos funcionários da estrada em Jundiaí – e um deles puxou o freio de emergência.

Logo que o trem parou, os bandidos saltaram e correram 200 metros pelo leito da estrada, em direção a Pirituba, e depois seguiram por um caminho no mato até a estrada do Jaraguá, onde dois outros ladrões os aguardavam em dois Volkswagens. Tomaram, em seguida, o rumo do Jaraguá.

Oito minutos

A operação toda durou oito minutos. O comportamento dos bandidos foi o mesmo dos que assaltaram seis bancos[20] e dois carros pagadores, com metralhadora, nos

---

20 Erro na publicação original. Na verdade, cinco agências bancárias, como a própria reportagem afirma adiante.

últimos meses. A descrição do homem que segurava a metralhadora no assalto de ontem coincide com a de um dos assaltantes dos bancos e dos carros pagadores. Ele é alto, forte, usa bigode e óculos escuros.

O assalto de ontem aumentou as suspeitas das autoridades de que os ladrões são terroristas empenhados em conseguir dinheiro para promover o terror. O delegado D'Andrea, do Serviço Secreto do Dops, acompanhou o trabalho da polícia durante todo o dia de ontem. Não há pistas, por enquanto, para identificar ou prender os assaltantes.

Assalto com hora marcada

O trem de prefixo P-3 deixou a estação da Luz às 6h50. Nove minutos depois fazia sua primeira parada, na estação da Lapa. Às 7h00 partiu novamente e dois minutos depois ocorreu o assalto: o homem da metralhadora entrou no carro bagageiro, seguido dos outros dois, e anunciou: "Quietos, é um assalto. Não se mexam senão eu mato".

No vagão estavam o guarda ferroviário José Luís dos Santos Carvalho, sentado em um banco no lado direito da porta, com Nelson dos Reis, auxiliar de pagador; Vicencio Fragnito, condutor, de pé, de costas para a porta; e Ademar Freire, tesoureiro, sentado no banco à esquerda da porta.

Vicencio limpava os óculos. Ademar lia um jornal. José e Nelson conversavam. Ao ouvir a ordem dos assaltantes, ergueram as vistas, viram os assaltantes e suas armas, mas não guardaram as fisionomias. Estavam muito assustados.

O homem de metralhadora voltou a falar, com voz segura e sem sotaque: "Desarmem o guarda". Um dos bandidos desarmou José e mandou que ele e os funcionários deitassem, com o rosto encostado no assoalho.

Eram 7h05 e o trem corria, em direção à estação de Pirituba. Os bandidos não conversavam entre si e de vez em quando repetiam a ameaça: "Não se mexam senão os mato". O cano do revólver de um dos assaltantes começava a machucar as costas de Ademar.

Freio de emergência

Às 7h07, o trem passou pela estação de Pirituba – sem parar, como estava previsto – e um dos bandidos puxou o freio de emergência. A composição começou a deslizar. Um dos delinquentes reclamou:

"Isto não para mais?"

A 500 metros da estação de Pirituba, o trem parou. Os três bandidos apanharam as malas com dinheiro – que estavam no assoalho do vagão, no lado direito – e saltaram do trem. Os outros dois assaltantes os acompanharam. Os cinco correram pelo leito da estrada carregando nas mãos, depois no ombro, as caixas com dinheiro, que pesam cerca de 20 quilos.

Duzentos metros adiante entraram no mato por uma picada. A essa hora o guarda José Luís descera do trem e os seguia a distância. Os bandidos seguiram por uma trilha no mato até uma elevação – a 300 metros à esquerda da estação de Pirituba – e subiram na direção de um coqueiro, perto da estrada de Capuava.

Logo estavam na estrada, onde dois homens os aguardavam em dois Volkswagens – um azul-claro e um gelo. Com os sete delinquentes e as três caixas de dinheiro, os carros partiram em direção ao Jaraguá.

Samuel Soares Mota, funcionário da estrada de ferro, viu os assaltantes fugirem nos automóveis. Ele estava próximo do local do assalto, trabalhando na conservação dos trilhos.

O Bando da Metralhadora age pela 8ª vez

Nos últimos quatro meses, a Quadrilha da Metralhadora atacou oito vezes e roubou 437 mil cruzeiros novos de cinco agências bancárias, dois carros pagadores e o trem da EFSJ.

A quadrilha não empregou força total em todos os assaltos. Apareceu com oito homens uma vez. Nos outros sete roubos, os assaltantes estavam em grupos de dois, quatro, cinco e seis.

Oito automóveis foram utilizados pelo bando: cinco Volkswagens, dois Aero Willys e um Simca. Desses carros, três foram abandonados, dois incendiados e três ainda estão com os assaltantes.

Duas vezes os bandidos fizeram disparos de metralhadora, mas, em todos os casos, eles demonstraram preocupação em não ferir as vítimas.

As rajadas foram feitas contra peças vitais dos dois carros pagadores assaltados para evitar perseguição. Duas pessoas foram atingidas de raspão pelas balas.

1   Na manhã do dia 15 de abril a Quadrilha da Metralhadora atacou pela primeira vez. Os assaltantes eram quatro: três com revólver e um com metralhadora.

O carro pagador de um banco chegou à agência bancária da Vila Nova Conceição, na esquina da av. Santo Amaro com a rua João Lourenço, e foi cercado pelos bandidos.

Três bancários, que transportavam o dinheiro, entregaram 35 mil cruzeiros novos aos ladrões. Um dos assaltantes disparou uma rajada de metralhadora contra a lateral dianteira do carro pagador, furando um pneu.

Os bancários não estavam na linha de tiro, mas uma bala ricocheteou e feriu, de raspão, a perna de um deles. Cápsulas 45 que a metralhadora cuspiu foram apreendidas depois.

A quadrilha fugiu num Volkswagen furtado, que mais tarde abandonou na Vila Guarani.

2   Na tarde de 30 de maio, a Quadrilha da Metralhadora voltou a atacar, desta vez uma agência bancária em Rudge Ramos, na rua Rafael Tomás.

Eram quatro os assaltantes, mas só um deles levava metralhadora; os outros estavam com revólveres. Os bandidos invadiram o banco e logo dominaram 17 funcionários e três clientes.

Um dos ladrões foi até o caixa para avisá-lo de que o banco estava sendo assaltado e obrigá-lo a juntar-se aos colegas de serviço, que estavam todos encostados numa parede dos fundos.

O caixa não entendeu bem o que acontecia e levou uma coronhada de revólver na cabeça. Ao golpear o caixa, o bandido provocou um disparo na arma.

O tiro raspou a testa do caixa e perfurou o teto. O gerente do banco, que assistiu à cena de perto, acha que o bandido não queria atirar.

A quadrilha pegou 80 mil cruzeiros novos do cofre, que o gerente foi obrigado a abrir. Depois, fugiu em um Aero Willys furtado, que mais tarde abandonou no Ipiranga.

3 Na tarde de 3 de junho, a Quadrilha da Metralhadora atacou pela terceira vez. Utilizou-se de um Volkswagen furtado para interceptar, na av. Alberto Soares Sampaio, em Capuava, o carro pagador de um banco.

Cinco ladrões agiram desta vez: um com metralhadora e quatro armados de revólver. Os quatro funcionários do banco que transportavam o dinheiro foram obrigados a descer do carro pagador.

Ameaçados de morte, os bancários obedeceram aos assaltantes: foram para a beira da avenida e encostaram numa cerca de arame, de costas para os bandidos.

A quadrilha pegou 80 mil cruzeiros novos que estavam depositados em maletas de couro. Depois, o bandido que levava a metralhadora fez uma rajada contra a lateral dianteira do carro pagador.

Os tiros furaram um pneu, arrebentaram uma lanterna e destruíram o sistema de câmbio.

O bando fugiu. No dia seguinte o carro usado no assalto foi encontrado com as maletas vazias na Vila Formosa.

4 No dia 1º de julho, ao meio-dia, uma agência bancária da av. Angélica no 538 foi assaltada pela Quadrilha da Metralhadora.

Os assaltantes eram apenas dois nesse dia: um com metralhadora e outro com revólver. Invadiram a agência bancária e dominaram três funcionários e uma cliente.

O caixa entregou 23 mil cruzeiros novos aos bandidos e depois todos – funcionários e cliente – foram forçados a entrar num banheiro.

Os assaltantes ameaçaram: se saíssem do banheiro seriam mortos. As vítimas obedeceram e os ladrões fugiram.

Correram, com o dinheiro numa sacola, por uma das galerias do Conjunto Angélica. Certamente um carro os aguardava. Ninguém, entretanto, viu esse carro.

5 Na manhã de 1º de agosto, a Quadrilha da Metralhadora atacou uma agência bancária de Perus, na av. Sílvio de Campos.

Dois assaltantes levavam metralhadora e dois estavam com revólver. Os únicos dois funcionários que trabalhavam, àquela hora, na agência bancária foram facilmente dominados.

Da caixa e do cofre, os bandidos roubaram 32 mil cruzeiros novos. Depois, fugiram num Aero Willys, que até hoje não foi encontrado.

Na fuga, os ladrões erraram o caminho e saíram numa rua que levava a um brejo. O dono de uma olaria, que não sabia do assalto, indicou-lhes o caminho da via Anhanguera.

6 Na tarde daquele mesmo dia – 1º de agosto –, a quadrilha voltou a atacar. Os assaltantes eram seis e pela primeira vez uma mulher integrava o bando.

Dois com metralhadora e quatro de revólver, os bandidos invadiram uma agência bancária na esquina das ruas Joaquim Floriano e Uruçuí.

Os funcionários do banco – cerca de 15 – foram dominados pelas armas e obrigados a encostar numa parede. O tesoureiro abriu o cofre e entregou 47 mil cruzeiros novos aos ladrões, que colocaram o dinheiro numa sacola e fugiram.

O bando fugiu em dois carros – Volkswagen e Simca –, que, na noite desse mesmo dia, foram incendiados em duas ruas do Jardim Europa. Populares apagaram as chamas com extintores e baldes de água, mas, mesmo assim, os carros ficaram bastante danificados.

7 No dia 5 de agosto, à tarde, a Quadrilha da Metralhadora atacou, pela sétima vez, utilizando oito homens: cinco com metralhadora e três com revólver.

O bando assaltou uma agência bancária na av. São Gabriel, a pouca distância da agência assaltada cinco dias antes.

Os oito ladrões dominaram os oito funcionários do banco e roubaram 30 mil cruzeiros novos do cofre, que o gerente foi forçado a abrir.

Antes de fugir, a quadrilha fechou os bancários numa sala, ameaçando fuzilá-los caso eles saíssem dali. Ninguém sabe exatamente como os bandidos fugiram.

Provavelmente, eles se utilizaram de dois automóveis para a fuga. Ninguém, entretanto, viu esses carros.

8   Ontem de manhã, a Quadrilha da Metralhadora pela primeira vez assaltou um trem. Desta feita, os assaltantes eram cinco, armados com quatro revólveres e uma metralhadora.

Os bandidos, que viajavam como passageiros comuns em um trem da Estrada de Ferro Santos-Jundiaí, invadiram o vagão que transportava o dinheiro quando a composição passava pelo km 91 (entre Pirituba e Vila Mangalô).

Quatro ferroviários, que guardavam o numerário, foram facilmente dominados. O bando fugiu com 110 mil cruzeiros novos. Para descer do trem a quadrilha puxou o alarma. A composição parou, os bandidos saltaram e correram para dois carros que os aguardavam na beira da estrada.

unda-feira, 12 de agosto de 1968 — FOLHA DE S. PAULO — 1.º caderno — 3

Policia diz: ladrões são guerrilheiros

Edson Flosi — Valdir Sanches

A Policia trabalhou durante todo o dia de ontem, mas conseguiu pistas para esclarecer o assalto to trem pagade onde a "Quadrinha da Metranhadora" roubou $ 110 mil, às 7 horas de anteontem, a 500 metros da ação de Pirituba, na EF Santos-Jundiai.

A razão do insucesso das autoridades é a mesma das outras ocasiões em que os bandidos atacaram: eles am com rapidez, precisão e sangue frio.

A 33a. Delegacia, a Chefia da Zona Oeste, o DOPS, a cia Federal e os Serviços Secretos das Forças Armadas stigaram o assalto.

As autoridades têm suspeitos, mas dividem suas opies: alguns acham que os ladrões são terroristas ou guereiros; outros que são simplesmente bandidos. Mas ninm sabe quem são.

Entre oito suspeitos nenhum é reconhecido

As vitimas do assalto ao trem pagador não reconhece, ontem, fotos de oito suspeitos. Entre os suspeitos está an de Castro, que registra varias passagens pelo DOPS. As fotos são de oito comunistas brasileiros integrantes m grupo que há dois anos viajou para a China para dar tatica de guerrilha. Foram obtidas dos passaportes suspeitos, em Garache, na India.

Testemunhas de assaltos anteriores da **Quadrilha da alhadora** reconheceram quatr o dos oito homens que ecem nas fotos. O delegado do DOPS que investiga o to ao trem pagador explica por que, a seu ver, as vitide ontem não os reconheceram:

— Esse bando tem muitos integrantes e possivelmente são sempre os mesmos que participam de cada assalto.

Os policiais da 33.a Delegacia, da Chefia da Zona Oeste DOPS, que investigam o assalto, têm fotos dos oito eitos. Um destes se parece com Pedro Paulo Gutierrez, por algum tempo foi considerado chefe do bando. Guez foi preso e provou que é inocente.

ORIA DE PACHECO

O delegado Benedito José Pacheco, da Delegacia de bos, investigou o assalto ao trem pagador nas trinta s que se seguiram ao fato. Foi para casa ao meio-dia, m, satisfeito com o resultado de seu trabalho — que revelou a ninguem. O delegado Pacheco acredita que didos comuns sejam os autores do roubo.

A esperança do delegado Ruy de Abreu Leme, da 33.a gacia, em obter pistas, está em informações contidas depoimento das quatro vitimas do assalto de ontem. O gado mantem o depoimento dessas pessoas em sigilo e onstra acreditar que as informações que contem auxinas investigações.

Alem das vitimas, o sr. Abreu Leme tem o nome de ro testemunhas do assalto, provavelmente passageiros rem. Pretende ouvi-las nas proximas horas e tambem sigilo sobre os nomes.

EGREDO DE LEME

O delegado Leme tem tambem um segredo:

— Há dois dias ocorreu um fato que me chamou ção. Eu o estou ligando com o assalto ao trem. Acho isso pode dar em uma pista muito importante.

O sr. Leme considera importante, tambem, o depoimento Samuel Soares Mota (23 anos, solteiro), rondante de ada da Companhia Paulista. Ele estava proximo à Casa Conserva da estrada, perto da estação de Pirituba, quando salto ocorreu. Ouviu o ruido dos freios de emergencia a composição parar. Correu para o trem. Viu os cinco ltantes fugirem pelo leito da estrada, entrar no mato e r nos dois «Volkswagens». Estava longe — cerca de 300 ros — e não observou detalhes.

Há duas semanas Samuel viu quatro ou cinco homens» ninando o trecho da estrada proximo ao local do assalto. sou que fossem fiscais da companhia e não lhes deu imancia. Desta vez tambem estava a distancia, não pode os rostos dos desconhecidos. A Policia admite que os homens que Samuel viu possam ser os assaltantes — ou alguem da quadrilha — fazendo levantamentos.

SUBIRAM NA LAPA

Uma das preocupações da Policia é estabelecer em que estação os assaltantes subiram no trem, que saiu da estação da Luz e parou na Lapa, antes do assalto. Essa informação, segundo um funcionario da estrada de ferro, pode estar no depoimento de Vicencio Fragnitto, uma das vitimas do assalto.

Vicencio é condutor do trem e um de seus trabalhos é picotar passagens. E ele não viu ninguem parecido com o assaltante de bigode (que segurava a metralhadora) no trajeto entre as estações da Luz e da Lapa. A informação reforça as suspeitas da Policia, de que os ladrões tomaram o trem na estação da Lapa.

Outra preocupação das autoridades: por que os assaltantes escolheram Pirituba para atacar? A estrada de ferro e a avenida Felipe Pinel (antiga estrada de Jaraguá) se aproximam em varios trechos, entre Pirituba e Jaraguá. Perto deste bairro a estrada de ferro passa sobre a avenida, num pontilhão.

Em qualquer daqueles trechos os bandidos poderiam parar o trem e correr para os carros que os aguardavam na avenida. Alguns policiais têm respostas como esta:

— Do ponto em que os assaltantes subiram no carro até o viaduto de Pirituba há menos de um quilometro. E do viaduto eles podem ter fugido para muitos bairros que levam à cidade. Se atacassem perto de Jaraguá, por exemplo, só teriam como via de fuga a avenida Felipe Pinel.

TECNICA, 30 HORAS DEPOIS

As 16 horas de ontem o perito Abrão Rauchfeld, do Setor de Furtos da Policia Tecnica, chegou com auxiliares ao ramal da EFSJ em Jaguará, onde está o carro bagageiro 509, que os ladrões assaltaram.

O perito examinou o freio de emergencia do vagão, que os bandidos acionaram para o trem parar. Ao lado do freio há uma instrução: «Em caso de perigo puxar a alavanca». Concluiu que foi isso que os ladrões fizeram.

A equipe da Policia Tecnica pôde fazer pouca coisa alem do levantamento fotografico. Os ladrões usaram luvas, o que exclui a possibilidade de se conherem impressões digitais. O perito Rauchfeld fará um croquis do compartimento do vagão onde o assalto ocorreu.

Agenor de Oliveira e Silva, funcionario do DCT, estava no compartimento oposto ao do assalto — no mesmo vagão — quando os ladrões atacaram. Não correu perigo porque os compartimentos não se interligam. Agenor disse que só soube do assalto depois que o trem parou. Pôs a cabeça para fora da janela e viu os ladrões fugindo com as malas de dinheiro. No compartimento que Agenor guarda havia 20 malas com correspondencia, e quatro com valores, que ele não sabe quanto valem.

FERIDO QUE NINGUEM LIGOU

Depois do assalto, o trem seguiu para Jaraguá, onde as vitimas se comunicaram com a direção da EFSJ e a Policia Ferroviaria. O chefe da estação, Ademar Irineu Dolfine, estava preocupado em telefonar e não ligou para a queixa de um rapaz que diz ser "moreninho e meio baixo".

O rapaz — que era um dos passageiros do trem — dizia ter sido ferido pela metralhadora que um dos assaltante lhe encostou no abdomem. Segundo o chefe da estação, chegou a exibir o ferimento — um corte superficial.

Cerca das 21 horas, anteontem, o mesmo rapaz procurou o chefe da Estação de Pirituba para repetir a queixa. Disse que voltava de viagem e voltou a exibir o ferimento. Mas ninguém lhe deu atenção não se sabe quem é.

Ação lenta do freio atrapalhou os ladrões

O trem de prefixo P 3 da Estrada de Ferro Santos a Jundiaí, assaltado na manhã de anteontem, estava distribuido nesta ordem: maquina, carro-bagageiro, sete vagões de passageiros e vagão-restaurante.

Levava pasageiros e 110 mil cruzeiros novos que deveriam ser utilizados para o pagamento de ferroviarios em Jundiaí. O dinheiro, separado em envelopes, dentro de três malas comuns de viagem, estava no carro-bagageiro.

As malas, pequenas, de couro cru, estavam empilhadas num canto. Quatro funcionarios da EFSJ viajavam no carro-bagageiro:

1.º — José Luís dos Santos Carvalho, 24 anos, solteiro, guarda especial da ferrovia há três anos. Usava uniforme verde-azeitona modelo parecido com a farda de um guarda-civil. Tinha um revolver na cinta: Smith & Wesson, calibre 38, cano curto. Era o responsavel direto pela guarda do dinheiro.

2.º — Ademar Freire, 39 anos, casado, tesoureiro-auxiliar da ferrovia há oito anos. Era o responsavel pelo transporte do dinheiro e, em Jundiaí, deveria efetuar, pessoalmente, o pagamento do mês de julho aos ferroviarios.

3.º — Nelson dos Reis, 43 anos, casado, servente da ferrovia há doze anos. Era o responsavel indireto pelo transporte do dinheiro. Sua função seria a de auxiliar o tesoureiro, na separação dos envelopes, em Jundiaí, durante o pagamento.

4.º — Vicencio Fragnitto, 53 anos, casado, condutor da ferrovia há 26 anos. Nada tinha a ver com o transporte do dinheiro. Suas funções especificas são estas: avisar o maquinista, em cada estação, com sinais convencionais de uma bandeirinha vermelha, se tudo está em ordem e se o trem pode partir; apitar, convencionalmente, autorizando a partida do trem; picotar os bilhetes dos passageiros.

ASSALTO

O trem, que partira às 6h50 da Estação da Luz, chegou às 6h59 na Estação da Lapa. Saiu de lá às 7h, e um minuto depois aconteceu o assalto. Quando os ladrões chegaram ao carro-bagageiro, os quatro funcionarios da EFSJ estavam nesta posição: o guarda José Luís e o servente Nelson sentados numa banqueta bem perto do dinheiro; o tesoureiro Ademar sentado numa outra banqueta; e o condutor Vicencio de pé olhando para a porta do vagão.

Foi por esta porta que três bandidos entraram: um com metralhadora e dois de revolveres em punho. O que portava a metralhadora tinha uma sacola de lona e couro e tira colo que, provavelmente, havia servido, antes, para esconder arma pesada.

O ladrão de metralhadora era moreno, parecia queimado do sol, forte, baixo, bigode espesso, oculos escuros, rosto redondo e cheio camisa esporte, japona e calça escuras. Os dois de revolveres não foram descritos pelas vitimas.

Outros dois assantantes, que ficaram fora do carro-bagageiro, na plataforma, tambem não foram descritos. Dos três que entraram, o da metralhadora entrou na frente e topou com o codutor que estava de pé. Disse uma frase só: «Isto é um assalto e não queremos matar ninguem; fiquem quietos.»

Depois desta ameaça, o bandido de metralhadora obrigou o condutor e o tesoureiro a se abaixarem, de cocoras, no chão, de forma que ficassem de costas para os assaltantes. Enquanto isso, os ladrões de revolveres tambem obrigavam o guarda e o servente a ficarem na mesma posição.

O guarda foi desarmado e os ladrões levaram o seu revolver embora. Quando se baixou, o guarda escorregou e caiu sentado. Ficou nessa posição mesmo, com a cabeça baixa.

EMERGENCIA

Os ladrões pegaram as malas: uma para cada um. Puxaram o alarme de emergencia e o sistema de breque funcionou em todas as rodas: o vapor foi solto e as sapatas agarraram-se às rodas. O trem, que corria a 70 km por hora, mais ou menos, deslizou, ainda, quase trezentos metros, para depois parar.

Os bandidos saltaram. Voltaram a pé, pela beira da ferrovia percorrendo a distancia que o trem deslizara. Não corriam; andavam depressa. Depois, quando subiram por uma picada, num morro, a beira dos trilhos, começaram a correr.

Sairam numa avenida onde dois Volkswagens — gelo e um perola — os aguardavam com as portas abertas e dois outros bandidos no volante. As vitimas viram os automoveis de onde o trem havia parado. O condutor Vicencio subio o morro para ver as chapas dos carros mas estes já haviam sumido quando ele chegou na avenida.

O assalto só teve uma falha: o trem farou quase trezentos metros de onde os ladrões certamente, queriam que ele parasse. Por causa desta falha, os assaltantes tiveram que voltar a pé aquela distancia.

A composição deslizou bastante antes de parar. Tivesse parado logo que o alarme de emergencia foi puxado e os ladrões subiriam por uma rua, em linha reta, e alcançariam os automoveis rapidamente. Mas, o trem parou longe e eles tiveram que voltar a pé e usar uma picada para chegar aos carros.

COQUEIRO — O MARCO

Um coqueiro que fica a dois metros da avenida — o unico das proximidades — provavelmente serviu de marco para os ladrões. Mesmo que não vissem os carros que os aguardavam na avenida, eles veriam o coqueiro. Para chegar ao coqueiro e aos carros os assaltantes tiveram uma dificuldade: escalar o pequeno morro por onde passa a avenida. Mas a situação da avenida lhes deu uma vantagem: dois delinquentes que aguardavam o resto do bando no carro podiam ver com facilidade cerca de um quilometro da estrada de ferro, no trecho onde o assalto ocorreu. E de onde estavam — em um plano elevado — poderiam dar cobertura a seus companheiros, caso estes fossem perseguidos. Entre a linha do trem e a avenida há cerca de cem metros de area com mato e barro.

Até ontem ainda havia duvidas entre policiais sobre o rumo que os bandidos tomaram depois de entrar no carro: Jaraguá ou Pirituba, que ficam em sentidos opostos.

A tarde, entretanto, confirmou-se, através do depoimento de testemunhas, que os ladrões fugiram para Pirituba. Os dois carros seguiram cerca de um quilometro pela avenida Felipe Pinel e chegaram aos baixos do viaduto de Pirituba.

Dali, podem ter tomado três direções: 1) seguir adiante, pela avenida Paulo Ferreira, que os levaria a Freguesia do Ó, Vila Bonilha, avenida Marginal e Centro da Cidade; 2) entrar à esquerda, na avenida Raimundo Pereira de Magalhães e seguir para Perus; 3) entrar à esquerda, na avenida Raimundo Pereira de Magalhães e subir o viaduto de Pirituba, em direção à Lapa.

Quando o assalto ocorreu — às sete horas — o bar de João Berenhe, que fica sob o viaduto, ao lado da estação de Pirituba, estava com muito movimento. Mas ninguem viu os carros dos assaltantes passar. Somente algum tempo depois João e seus fregueses souberam do assalto.

João Rodrigues Brás, que tem uma barraca de corretagens sob o viaduto, vinha da Lapa em seu carro, com dois guardas ferroviarios. Soube do assalto ao chegar ao viaduto, porque os guardas foram chamados pelo chefe da estação. No trajeto não cruzou com carros que parecessem ser dos assaltantes.

Cinco trens levavam pagamento no sabado

Anteontem — dia do assalto — cinco trens sairam da Estação da Luz com pagamentos de ferroviarios. A composição P-3, que os bandidos assaltaram, levava a maior quantia: os NCr$ 110 mil.

A EFSJ tem pouco mais de 7.500 funcionarios e o pagamento desse pessoal começa no ultimo dia util do mês. Os envelopes de pagamento são preenchidos no Departamento de Finanças da ferrovia, na rua Brigadeiro Tobias, proximo ao DEIC.

A estrada de ferro possui um carro-forte para transporte de dinheiro mas o usa para levar numerario bancario. Há tempos a EFSJ estuda pagar seus funcionarios com cheques, mas até agora não o fez.

Sete pagadores cuidam da entrega do dinheiro aos ferroviarios, obedecendo a um sistema de escala. Um guarda do Setor de Segurança da ferrovia acompanha o pagador, que geralmente leva um ajudante. Os funcionarios que deveriam receber o dinheiro roubado vão recebê-lo ainda esta semana.

Alunos da Filo-USP desocupam o predio e voltam às aulas

Os estudantes da Filo-USP decidiram, sabado, em asbléia convocada pelo Gremio, a desocupação do predio rua Maria Antonia e a volta às aulas, hoje, aceitando a posta da Comissao Paritaria de Filosofia, que indicou o fessor Douglas Monteiro como responsavel pelo patrimoe funcionamento da escola junto ao diretor Erwin Rothal.

SEMBLÉIA

A assembléia de sabado discutiu, durante três horas, a posta da comissão paritaria de aceitar o professor Dous Monteiro como responsavel pelo patrimonio do predio Filo-USP. Essa proposição foi levada aos alunos em e da decisão do diretor Rosenthal de não aceitar uma nissão paritaria administrativa, mas sim, alguém que o responsavel direto pela escola.

Os alunos referendaram a indicação e aceitaram uma nissão paritaria administrativa formada por um profese um aluno de cada curso, para assessorar o professor uglas Monteiro.

ESOCUPAÇÃO FORMAL

"A desocupação é formal, e, na pratica, os professores alunos continuam dirigindo as atividades do predio, sem terferencia dos antigos orgãos administrativos como CTA, ngregação e Conselho Universitario", disse o presidente CEUPES, José Benedito Pires Trindade.

PRESOS

Uma das condições que os estudantes impuseram para desocupação foi a soltura dos presos, "mas a assembléia cidiu que manter a Faculdade ocupada não constitui mais essão junto da opinião publica, jornais e outros orgãos formativos que já não estavam dando cobertura ao fato. sim decidiram ir às ruas, "exigir a soltura de seus colees Bernardino Figueiredo, Rafael de Falco Neto, Marcelo ramo e Norberto Marcondes dos Santos, de Botucatu".

Os estudantes prometem realizar comicios-relampagos a rtir de amanhã em varios locais atingindo, tambem, os irros para pedir a soltura dos presos e "denunciar a reessão policial".

TUAÇÃO NO RIO

RIO (Sucursal) — As lideranças estudantis, depois da união do Conselho Diretor da União Metropolitana dos studantes e do Diretorio Central dos Estudantes, decidim intensificar os entendimentos com os lideres das demais tegorias sociais e operarias da Guanabara, com vista a ande passeata marcada para o dia 15 e recrudecer o moviento estudantil em favor da libertação do presidente da ME, Vladimir Palmeira, realizando, diariamente, em todos pontos da cidade, comicio-relampagos, interrompendo transito e motivando o povo para a luta "contra a ditara".

Costa deixa Manaus, chega a Belem; vai amanhã para Amapá

MANAUS (Do enviado especial Flavio Sales) — O presidente Costa e Silva encerrou sua visita a Manaus apresentando os 18 projetos que serão desenvolvidos pelo Governo federal e que interessam diretamente ao desenvolvimento da Amazonia.

O ministro Helio Beltrão, do Planejamento, e o ministro do Interior, general Albuquerque Lima, fizeram a leitura do documento na solenidade de encerramento, no Palacio Rio Negro, onde foram expostas as linhas mestras da politica que será cumprida pelas autoridades governamentais. O Governo anunciou também a extensão dos incentivos fiscais da zona franca de Manaus, a instalação da siderurgica da Amazonia e a unificação de fretes maritimos e taxas portuarias na região.

Entre outras, foram as seguintes as medidas anunciadas pelo Governo ao encerrar sua visita a Manaus:

1 — Politica de integração regional e ocupação efetiva do territorio, com o estabelecimento de areas prioritarias de zonas de fronteira, onde serão concentrados esforços conjugados do Governo para a progressiva ocupação territorial da Amazonia no contexto nacional;

2 — Extensão dos incentivos fiscais da Zona Franca de Manaus a zonas pioneiras do interior, num total de 4 areas prioritarias além de 8 zonas de fronteiras, como instrumento de vitalização do interior amazonico;

3 — Prioridade para o sistema regional de telecomunicações que permita a integração da Amazonia com o resto do país através de ligações via Leste (Fortaleza, Belém e Manaus) e via Oeste (Campo Grande, Cuiabá, Porto Velho, Rio Branco e Manaus);

4 — Apoio do governo ao desenvolvimento de um programa de construção ou modernização de 126 aeroportos na area amazonica até 1970;

5 — Ampliação da atuação da Marinha de Guerra, com a implantação do Comando Naval de Manaus;

6 — Ampliação da Refinaria de Manaus, elevando de 5.000 para 7.000 barris diarios a capacidade de refino da Cia. de Petroleo de Manaus;

7 — Aumento da oferta de energia eletrica para Manaus, elevando a capacidade de 22.500 quilovates, com a instalação de mais 3 grupos diesel de 2.500 quilovates cada um;

8 — O governo assegurará recursos para a conclusão a curto prazo de um sistema rodoviario basico de integração da região, constituido pelas rodovias Manaus-Porto Alegre, Cuiabá-Acre, Manaus-Fronteira com a Venezuela e Brasilia-Labrea;

9 — Deverá ser criado um grupo de trabalho para estudar a unificação de fretes maritimos e taxas portuarias da região, de maneira que sejam equiparados os fretes maritimos com os que são cobrados ao longo da navegação pelo rio Amazonas.

COSTA EM BELEM

BELEM (Do enviado especial Flavio Sales) — O presidente Costa e Silva desembarcou às 12h30 de ontem no aeroporto de Valdecaes, procedente de Manaus, acompanhado por sua esposa, dona Iolanda, e pelos ministros militares.

Prefeito deu nome do irmão de Sodré a uma nova escola

Foi inaugurada ontem pela manhã, a Escola Agrupada Municipal "Antonio Carlos de Abreu Sodré", no Jardim Sabará — Santo Amaro, em cerimonia que contou com a presença do governador Abreu Sodré, prefeito Faria Lima, seu secretariado, do ministro Prado Kelly e do brigadeiro Eduardo Gomes.

A escola chamava-se antes "Escola Agrupada de Vila Sabará" e o seu nome atual significa uma homenagem do prefeito ao irmão do governador, politico e herói da Revolução Constitucionalista de 32 que tambem participou da organização do MMDC.

A escola inaugurada oficialmente ontem possui 24 classes, funciona em dois periodos e nela estudam 920 alunos. Conta ainda com um Serviço de Assistencia à Criança Pobre, que distribui 700 refeições diarias, através da Caixa Escolar.

Sua diretora é a professora Elza Helena Smith Curi e inspetora, da. Helena Arrizabalaga. A diretora do Departamento do Ensino Municipal, da. Maria Helena Figueiredo Steiner, disse que varias unidades escolares serão inauguradas proximamente pela administração municipal.

Entre elas, as escolas de Vila Preal, Valo Velho, Shangri-lá, todas do tipo alvenaria como a que foi inaugurada ontem.

A INAUGURAÇÃO

As imediações da escola "Antonio Carlos de Abreu Sodré foram tomadas desde cedo por estudantes e populares que viram verdadeira concentração de autoridades politicas. Todos os estabelecimentos de ensino de Santo Amaro estavam representados, com as crianças carregando bandeiras de São Paulo.

Faixas com boas vindas ao prefeito e ao governador tomavam o patio da escola, onde os escoteiros mantinham a boa ordem e, do lado de fora, pipocavam foguetes. A inauguração da praça D. Francisco de Souza — no mesmo bairro — precedeu à da escola.

As 11 horas, chegou a comitiva de autoridades, discursando, seguidamente, o secretario da Educação e Cultura, sr. Araripe Serpa; o presidente da Camara Municipal, deputado Manuel de Figueiredo Ferraz; o lider do prefeito na Camara, deputado João Carlos Meireles; o ministro do STF Prado Kelly; o prefeito Faria Lima e o governador Sodré.

O sr. Faria Lima afirmou ter entregue até agora 120 escolas iguais àquela e que cem mil refeições são servidas diariamente às crianças.

PROGRAMA DE OBRAS

O governador Abreu Sodré, que regressou ontem da Alta Araraquarense e Alta Noroeste, onde, em Pereira Barreto e Araçatuba, inaugurou obras publicas e autorizou contratos de obras no valor de NCr$ 15 milhões, informou que, nas duas cidades, em seus discursos, defendeu o amplo programa de obras de seu governo como a melhor forma de garantia das instituições do país.

Na Agua Branca, boi porco e coelho são as grandes atrações

A XI Exposição de Gado de Corte, Suinos e Coelhos, foi inaugurada anteontem no Parque Fernando Costa na Agua Branca, com a participação de 65 criadores de diversos Estados, numa promoção da Secretaria da Agricultura, através da Seção de Campanhas e Certames do Serviço de Comunicação Rural.

Durante toda esta semana poderão ser apreciadas naquele local as mais diversas raças, num total de 545 bovinos, 150 suinos e 150 coelhos, procedentes dos Estados de São Paulo, Paraná, Minas Gerais, Rio de Janeiro e Mato Grosso.

EXPOSIÇAO

Os bovinos apresentados são de idade maxima de 5 anos e os de mais de 18 meses foram premiados em exposições anteriores. A maior representação é da Fazenda Primavera — concorrendo 37 animais da raça Charolesa — de propriedade do criador Lelio de Toledo Piza.

Estão presentes na exposição, 165 cabeças da raça Gir, 127 da raça Nelore; 80 Guzerás; 36 Zebu Mocho; 45 Cheroles; 13 Santa Gertudis, alem de Gir Mocho, Chianina, Indubrasil e Kengaian.

Todos os expositores estarão concorrendo a 200 premios, além de 4 medalhas de ouro, oferecidas pelo governador do Estado, aos que fizerem maior numero de pontos com animais da raça Gir, Nelore, Guzerá e outras.

COELHOS

Os coelhos apresentados na exposição, num total de 150, representam 10 raças diferentes. A raça que mais chama a atenção, principalmente da criançada, é o coelho angorá, todo felpudo, chegando mesmo a esconder os olhos por entre a sua lã.

As outras raças de coelhos apresentadas, são: Chinchila, Nova Zelandia, Azul de Viena, Negro e Fogo, Castor Rex, Hermelim e Californiano, num total de 12 criadores de todo o Estado.

ENCERRAMENTO

A XI Exposição será encerrada no proximo sabado, com a presença do governador Abreu Sodré, do secretario da Agricultura e autoridades civis, militares e eclesiasticas.

Haverá ainda rodeios, entrega de premios e provas hipicas, com a participação de alunos da Escola de Oficiais da Força Publica e CPOR.

Esta exposição é realizada após seleções feitas no interior, não havendo preocupação de quantidade, mas, de qualidade, quanto aos concorrentes.

Polícia diz: ladrões são guerrilheiros

Reportagem publicada na *Folha de S.Paulo* em 12 de agosto de 1968

EDSON FLOSI – VALDIR SANCHES

A polícia trabalhou durante todo o dia de ontem, mas não conseguiu pistas para esclarecer o assalto ao trem pagador, em que a Quadrilha da Metralhadora roubou NCr$ 110 mil, às 7 horas de anteontem, a 500 metros da estação de Pirituba, na EF Santos-Jundiaí.

A razão do insucesso das autoridades é a mesma das sete outras ocasiões em que os bandidos atacaram: eles agiram com rapidez, precisão e sangue-frio.

A 33ª Delegacia, a chefia da zona Oeste, o Dops, a Polícia Federal e os serviços secretos das Forças Armadas investigam o assalto.

As autoridades têm suspeitos, mas dividem suas opiniões: algumas acham que os ladrões são terroristas ou guerrilheiros; outras, que são simplesmente bandidos. Mas ninguém sabe quem são.

Entre oito suspeitos nenhum é reconhecido

As vítimas do assalto ao trem pagador não reconheceram, ontem, fotos de oito suspeitos. Entre os suspeitos está Tarzan de Castro, que registra várias passagens pelo Dops.

As fotos são de comunistas brasileiros integrantes de um grupo que há dois anos viajou para a China para estudar tática de guerrilha. Foram obtidas dos passaportes dos suspeitos, em Garache, na Índia[21].

Testemunhas de assaltos anteriores da Quadrilha da Metralhadora reconheceram quatro dos oito homens que aparecem nas fotos. O delegado do Dops que investiga o assalto ao trem pagador explica por que, a seu ver, as vítimas de ontem não os reconheceram:

– Esse bando tem muitos integrantes e possivelmente não são sempre os mesmos que participam de cada assalto.

Os policiais da 33ª Delegacia de Polícia, da chefia da zona Oeste e do Dops que investigam o assalto têm fotos dos oito suspeitos. Um destes se parece com Pedro Paulo Gutierrez, que por algum tempo foi considerado chefe do bando. Gutierrez foi preso e provou que é inocente.

Alegria de Pacheco

O delegado Benedito José Pacheco, da Delegacia de Roubos, investigou o assalto ao trem pagador nas trinta horas que se seguiram ao fato. Foi para casa ao meio-dia, ontem, satisfeito com o resultado de seu trabalho – que não revelou a ninguém. O delegado Pacheco acredita que bandidos comuns sejam os autores do roubo.

A esperança do delegado Ruy de Abreu Leme, da 33ª Delegacia, em obter pistas está em informações contidas no depoimento das quatro vítimas do assalto de ontem. O delegado mantém o depoimento dessas pessoas em sigilo e demonstra acreditar que as informações que contém auxiliem nas investigações.

Além das vítimas, o sr. Abreu Leme tem o nome de quatro testemunhas do assalto, provavelmente passageiros do trem. Pretende ouvi-las nas próximas horas e também faz sigilo sobre os nomes.

---

21 Atualmente, a grafia mais adotada do nome dessa cidade é Karachi, que já na época era a capital do Paquistão e, por erro, foi localizada na Índia.

O segredo de Leme

O delegado Leme tem também um segredo:

– Há dois dias ocorreu um fato que me chamou atenção. Eu o estou ligando com o assalto ao trem. Acho que isso pode dar em uma pista muito importante.

O sr. Leme considera importante, também, o depoimento de Samuel Soares Mota (23 anos, solteiro), rondante de estrada da companhia paulista. Ele estava próximo da Casa de Conserva da estrada, perto da estação de Pirituba, quando o assalto ocorreu. Ouviu o ruído dos freios de emergência e viu a composição parar. Correu para o trem. Viu os cinco assaltantes fugirem pelo leito da estrada, entrar no mato e fugir nos dois Volkswagens. Estava longe – cerca de 300 metros – e não observou detalhes.

Há duas semanas Samuel viu quatro ou cinco homens examinando o trecho da estrada próximo do local do assalto. Pensou que fossem fiscais da companhia e não lhes deu importância. Dessa vez também estava a distância; não pôde ver o rosto dos desconhecidos. A polícia admite que os homens que Samuel viu possam ser os assaltantes – ou alguém da quadrilha – fazendo levantamentos.

Subiram na Lapa

Uma das preocupações da polícia é estabelecer em que estação os assaltantes subiram no trem, que saiu da estação da Luz e parou na Lapa, antes do assalto. Essa informação, segundo um funcionário da estrada de ferro, pode estar no depoimento de Vicencio Fragnito, uma das vítimas do assalto.

Vicencio é condutor do trem e um de seus trabalhos é picotar passagens. E ele não viu ninguém parecido com o assaltante de bigode (que segurava a metralhadora) no trajeto entre as estações da Luz e da Lapa. A informação reforça as suspeitas da polícia de que os ladrões tomaram o trem na estação da Lapa.

Outra preocupação das autoridades: por que os assaltantes escolheram Pirituba para atacar? A estrada de ferro e a avenida Felipe Pinel (antiga estrada do Jaraguá) se aproximam em vários trechos, entre Pirituba e Jaraguá. Perto deste bairro a estrada de ferro passa sobre a avenida, num pontilhão.

Em qualquer um daqueles trechos, os bandidos poderiam parar o trem e correr para os carros que os aguardavam na avenida. Alguns policiais têm respostas como esta:

– Do ponto em que os assaltantes subiram nos carros até o viaduto de Pirituba há menos de um quilômetro. E do viaduto eles podem ter fugido para muitos bairros que levam à cidade. Se atacassem perto de Jaraguá, por exemplo, só teriam como via de fuga a avenida Felipe Pinel.

Técnica, 30 horas depois

Às 16 horas de ontem o perito Abrão Rauchfeld, do setor de Furtos da Polícia Técnica, chegou com auxiliares ao ramal da EFSJ em Jaraguá, onde está o carro bagageiro 509, que os ladrões assaltaram.

O perito examinou o freio de emergência do vagão, que os bandidos acionaram para o trem parar. Ao lado do freio há uma instrução: "Em caso de perigo puxar a alavanca". Concluiu que foi isso que os ladrões fizeram.

A equipe da Polícia Técnica pôde fazer pouca coisa além do levantamento fotográfico. Os ladrões usaram luvas, o que exclui a possibilidade de se colherem impressões digitais. O perito Rauchfeld fará um croqui do compartimento do vagão onde o assalto ocorreu.

Agenor de Oliveira e Silva, funcionário do DCT[22], estava no compartimento oposto ao do assalto – no mesmo vagão – quando os ladrões atacaram. Não correu perigo porque os compartimentos não se interligam. Agenor disse que só soube do assalto depois que o trem parou. Pôs a cabeça para fora da janela e viu os ladrões fugindo com as malas de dinheiro. No compartimento que Agenor guarda havia 20 malas com correspondência e quatro com valores, que ele não sabe quanto valem.

---

22 Departamento de Correios e Telégrafos, que em março de 1969 foi transformado em empresa pública, com o nome de Empresa Brasileira de Correios e Telégrafos (EBCT), vinculada ao Ministério das Comunicações.

Ferido para o qual ninguém ligou

Depois do assalto, o trem seguiu para Jaraguá, onde as vítimas se comunicaram com a direção da EFSJ e a Polícia Ferroviária. O chefe da estação, Ademar Irineu Dolfine, estava preocupado em telefonar e não ligou para a queixa de um rapaz que diz ser "moreninho e meio baixo".

O rapaz – que era um dos passageiros do trem – dizia ter sido ferido pela metralhadora que um dos assaltantes lhe encostou no abdome. Segundo o chefe da estação, chegou a exibir o ferimento – um corte superficial.

Cerca das 21 horas, anteontem, o mesmo rapaz procurou o chefe da estação de Pirituba para repetir a queixa. Disse que voltava de viagem e voltou a exibir o ferimento. Mas ninguém lhe deu atenção; não se sabe quem é.

Ação lenta do freio atrapalhou os ladrões

O trem de prefixo P-3 da Estrada de Ferro Santos-Jundiaí, assaltado na manhã de anteontem, estava distribuído nesta ordem: máquina, carro bagageiro, sete vagões de passageiros e vagão-restaurante.

Levava passageiros e 110 mil cruzeiros novos que deveriam ser utilizados para o pagamento de ferroviários em Jundiaí. O dinheiro, separado em envelopes, dentro de três malas comuns de viagem, estava no carro bagageiro.

As malas, pequenas, de couro cru, estavam empilhadas num canto. Quatro funcionários da EFSJ viajavam no carro bagageiro:

1   José Luís dos Santos Carvalho, 24 anos, solteiro, guarda especial da ferrovia há três anos. Usava uniforme verde-azeitona de modelo parecido com a farda de um guarda civil. Tinha um revólver na cinta: Smith & Wesson, calibre 38, cano curto. Era o responsável direto pela guarda do dinheiro.

2   Ademar Freire, 39 anos, casado, tesoureiro auxiliar da ferrovia há oito anos. Era o responsável pelo transporte do dinheiro e, em Jundiaí, deveria efetuar, pessoalmente, o pagamento do mês de julho aos ferroviários.

3 Nelson dos Reis, 43 anos, casado, servente da ferrovia há doze anos. Era o responsável indireto pelo transporte do dinheiro. Sua função seria a de auxiliar o tesoureiro na separação dos envelopes, em Jundiaí, durante o pagamento.

4 Vicencio Fragnito, 53 anos, casado, condutor da ferrovia há 26 anos. Nada tinha a ver com o transporte do dinheiro. Suas funções específicas são estas: avisar o maquinista, em cada estação, com sinais convencionais de uma bandeirinha vermelha, se tudo está em ordem e se o trem pode partir; apitar, convencionalmente, autorizando a partida do trem; picotar os bilhetes dos passageiros.

Assalto

O trem, que partiu às 6h50 da estação da Luz, chegou às 6h59 na estação da Lapa. Saiu de lá às 7h, e um minuto depois aconteceu o assalto. Quando os ladrões chegaram ao carro bagageiro, os quatro funcionários da EFSJ estavam nesta posição: o guarda José Luís e o servente Nelson sentados numa banqueta bem perto do dinheiro; o tesoureiro Ademar sentado numa outra banqueta; e o condutor Vicencio de pé, olhando para a porta do vagão.

Foi por essa porta que três bandidos entraram: um com metralhadora e dois de revólver em punho. O que portava a metralhadora tinha uma sacola de lona e couro a tiracolo que, provavelmente, havia servido antes para esconder a arma pesada.

O ladrão de metralhadora era moreno, parecia queimado de sol, forte, baixo[23], bigode espesso, óculos escuros, rosto redondo e cheio, camisa esporte, japona e calça escura. Os dois de revólver não foram descritos pelas vítimas.

Outros dois assaltantes, que ficaram fora do carro bagageiro, na plataforma, também não foram descritos. Dos três que entraram, o da metralhadora entrou na frente e topou com o condutor, que estava de pé. Disse uma frase só: "Isto é um assalto e não queremos matar ninguém; fiquem quietos".

Depois dessa ameaça, o bandido de metralhadora obrigou o condutor e o tesoureiro a se abaixarem, de cócoras, no chão, de forma que ficassem de costas

---

23 O correto é "alto", conforme foi descrito na reportagem anterior, a primeira sobre o assalto ao trem pagador.

para os assaltantes. Enquanto isso, os ladrões de revólver também obrigavam o guarda e o servente a ficarem na mesma posição.

O guarda foi desarmado e os ladrões levaram o seu revólver embora. Quando se baixou, o guarda escorregou e caiu sentado. Ficou nessa posição mesmo, com a cabeça baixa.

Emergência

Os ladrões pegaram as malas: uma para cada um. Puxaram o freio de emergência e o sistema de breque funcionou em todas as rodas: o vapor foi solto e as sapatas agarraram-se às rodas. O trem, que corria a 70 km por hora, mais ou menos, deslizou ainda quase 300 metros, para depois parar.

Os bandidos saltaram. Voltaram a pé, pela beira da ferrovia, percorrendo a distância que o trem deslizara. Não corriam; andavam depressa. Depois, quando subiram por uma picada, num morro, à beira dos trilhos, começaram a correr.

Saíram numa avenida onde dois Volkswagens – um gelo e um pérola – os aguardavam com as portas abertas e dois outros bandidos ao volante. As vítimas viram os automóveis de onde o trem havia parado. O condutor Vicencio subiu o morro para ver a chapa dos carros, mas estes já haviam sumido quando ele chegou à avenida.

O assalto só teve uma falha: o trem parou quase 300 metros de onde os ladrões certamente queriam que ele parasse. Por causa dessa falha, os assaltantes tiveram que voltar a pé aquela distância.

A composição deslizou bastante antes de parar. Tivesse parado logo que o alarme de emergência foi puxado, os ladrões subiriam por uma rua, em linha reta, e alcançariam os automóveis rapidamente. Mas o trem parou longe e eles tiveram que voltar a pé e usar uma picada para chegar aos carros.

Coqueiro – o marco

Um coqueiro que fica a dois metros da avenida – o único das proximidades – provavelmente serviu de marco para os ladrões. Mesmo que não vissem os carros que os aguardavam na avenida, eles veriam o coqueiro. Para chegar ao coqueiro e aos carros os assaltantes tiveram uma dificuldade: escalar o pequeno morro por onde passa a avenida. Mas a situação da avenida lhes deu uma vantagem: dois delinquentes que aguardavam o resto do bando nos carros podiam ver com facilidade cerca de um quilômetro da estrada de ferro, no trecho onde o assalto ocorreu. E de onde estavam – em um plano elevado – poderiam dar cobertura a seus companheiros, caso estes fossem perseguidos. Entre a linha do trem e a avenida há cerca de cem metros de área com mato e barro.

Até ontem ainda havia dúvidas entre os policiais sobre o rumo que os bandidos tomaram depois de entrar no carro: Jaraguá ou Pirituba, que ficam em sentidos opostos.

À tarde, entretanto, confirmou-se, através do depoimento de testemunhas, que os ladrões fugiram para Pirituba. Os dois carros seguiram cerca de um quilômetro pela avenida Felipe Pinel e chegaram aos baixos do viaduto de Pirituba.

Dali, podem ter tomado três direções: 1) seguir adiante, pela avenida Paulo Ferreira, que os levaria à Freguesia do Ó, Vila Bonilha, avenida Marginal e centro da cidade; 2) entrar à esquerda, na av. Raimundo Pereira de Magalhães, e seguir para Perus; 3) entrar à esquerda, na av. Raimundo Pereira de Magalhães, e subir o viaduto de Pirituba, em direção à Lapa.

Quando o assalto ocorreu – às sete horas – o bar de João Berenhe, que fica sob o viaduto, ao lado da estação de Pirituba, estava com muito movimento. Mas ninguém viu os carros dos assaltantes passar. Somente algum tempo depois João e seus fregueses souberam do assalto.

João Rodrigues Brás, que tem uma barraca de corretagens sob o viaduto, vinha da Lapa em seu carro, com dois guardas ferroviários. Soube do assalto ao chegar ao viaduto, porque os guardas foram chamados pelo chefe da estação. No trajeto não cruzou com carros que parecessem ser dos assaltantes.

Cinco trens levavam pagamento no sábado

Anteontem – dia do assalto – cinco trens saíram da estação da Luz com pagamentos de ferroviários. A composição P-3, que os bandidos assaltaram, levava a maior quantia: os NCr$ 110 mil.

A EFSJ tem pouco mais de 7.500 funcionários e o pagamento desse pessoal começa no último dia útil do mês. Os envelopes de pagamento são preenchidos no Departamento de Finanças da ferrovia, na rua Brigadeiro Tobias, próximo do Departamento de Investigações Criminais (Deic).

A estrada de ferro possui um carro-forte para transporte de dinheiro, mas o usa para levar numerário bancário. Há tempos a EFSJ estuda pagar seus funcionários com cheques, mas até agora não o fez.

Sete pagadores cuidam da entrega do dinheiro aos ferroviários, obedecendo a um sistema de escala. Um guarda do setor de segurança da ferrovia acompanha o pagador, que geralmente leva um ajudante. Os funcionários que deveriam receber o dinheiro roubado vão recebê-lo ainda esta semana.

Os guerrilheiros

O ANO DE 1968 foi o mais agitado de toda a minha carreira de jornalista. Nunca trabalhei tanto como nesse ano em que era repórter policial da *Folha de S.Paulo*, cobrindo, em plena ditadura militar, o trabalho dos órgãos de segurança e da repressão, principalmente o do Departamento de Ordem Política e Social (Dops) de São Paulo, que depois, com a redemocratização do país, foi extinto.

Eu fazia parte de um grupo de repórteres especiais e tinha pauta livre. Entregava minhas reportagens diretamente ao Cláudio Abramo, diretor da Redação, que decidia sobre elas. Muitas vezes publicava-as. Muitas vezes, porém, as devolvia a mim, justificando a inoportunidade de aproveitá-las naquele momento. Um dia ele me disse: "Em tempos de ditadura, o grande repórter é aquele que consegue escrever apenas a metade do que sabe; a outra metade ele guarda para escrever um livro quando a ditadura acabar".

A área que eu cobria era extremamente delicada e perigosa, e por isso eu me reportava diretamente ao Cláudio Abramo, passando por cima do chefe da Reportagem e do editor Local. Ficava o dia inteiro na rua atrás de notícias. No fim da tarde, começo da noite, eu chegava ao jornal e me dirigia imediatamente à mesa ou à sala do Cláudio Abramo. A sala, exclusiva, ficava nos fundos da Redação, mas ele também tinha uma mesa na Redação, estrategicamente colocada perto daquela sala.

Reuníamo-nos sempre, o Cláudio e eu, nessa sala. Estivesse a porta aberta ou fechada, ninguém interrompia essas reuniões, que geralmente eram rápidas, pois ele tinha pressa em voltar à sua mesa na Redação para dirigir e acompanhar o fechamento do jornal, e eu, pressa em ir para a minha mesa escrever a matéria do dia. O jornal fechava às 9h da noite e não podia atrasar.

Não perdíamos tempo e conversávamos apenas sobre os assuntos relacionados à minha área: prisões, torturas, assassinatos, desaparecimentos, movimentos guerrilheiros, explosões de bombas, passeatas estudantis, greves operárias. Eu tinha as novidades do dia. De muita coisa, entretanto, o Cláudio já sabia quando eu chegava da rua. Ele tinha outras fontes. Ao final dessas reuniões, passava-me informações, que deveriam ser checadas no dia seguinte, e a qualidade delas demonstrava como eram boas e competentes as fontes dele.

Em uma dessas reuniões entreguei ao Cláudio Abramo um dossiê que havia conseguido no Dops. Tratava-se de informações sobre 18 guerrilheiros brasileiros que tinham feito curso de capacitação política e militar na China comunista de Mao Tsé-tung.

Havia raríssimas cópias desse dossiê, e todas guardadas a sete chaves nos serviços secretos das Forças Armadas (Exército, Marinha e Aeronáutica). Mas o Dops tinha uma e foi essa que eu consegui. O dossiê contava a história dos 18 guerrilheiros, dos quais a Central Intelligence Agency (CIA) – o serviço secreto dos Estados Unidos – havia fotografado 13 quando, a caminho da China, eles passaram por Karachi, no Paquistão. As fotografias foram obtidas dos passaportes dos guerrilheiros e foi a CIA que obteve as primeiras informações para identificar todos eles. O dossiê tinha até um mapa da região abaixo do Bico do Papagaio – Sul do Pará e Norte de Goiás (hoje Tocantins) –, onde já se preparava a guerrilha para enfrentar a ditadura militar que desde 1964 se impunha ao povo brasileiro.

Cláudio Abramo leu o dossiê atentamente. Depois, sem dizer nada, ficou pensativo, rabiscando um desenho qualquer em uma folha em branco. Usava a mão direita para desenhar, enquanto a esquerda segurava o queixo, os olhos fixos no papel. Era assim que ele gostava de pensar. De repente, levantou os olhos na minha direção, já perguntando:

– Se for verdade, é um grande furo de reportagem. Mas preciso saber qual a possibilidade de ser mentira, de isso ter sido forjado para chegar de propósito às suas mãos e, consequentemente, ser publicado.

– Nenhuma – respondi. – É claro que não posso confirmar as informações com os guerrilheiros, pois, se a polícia não os encontra, eu também não sei onde estão. Mas a origem do dossiê foi cuidadosamente checada e tenho certeza de que ele é verdadeiro.

Transcrevo esse diálogo de memória, mas há momentos na vida que a gente não esquece e esse foi um deles. Cláudio Abramo encerrou a reunião: "Escreva a reportagem e não comente nada com ninguém até que seja publicada. Na verdade, não sei ainda se vamos publicá-la, mas escreva".

Eu sabia que a documentação era verdadeira. Confiava na fonte e no meu trabalho. É um momento difícil na vida de um repórter: decidir se escreve ou não uma reportagem desse tipo. E nesse momento ele está sozinho; ninguém pode ajudá-lo – a decisão é só dele. Se errar, encerra a carreira. Se acertar, enche-se de glória. É o preço e o risco de um grande furo de reportagem.

Levei dois dias para escrever a matéria, o que fiz em casa, cuidando que não vazasse. Ficou longa e a edição poderia ser única, ocupando duas páginas inteiras do jornal, ou poderia ser dividida e publicada em dois dias seguidos, que foi o que aconteceu em 21 e 22 de novembro de 1968.

Entreguei a reportagem pronta ao Cláudio Abramo e aguardei uma semana, até que ele me chamou e disse: "Amanhã sai a primeira parte; depois de amanhã, a segunda. Tome o cuidado que a situação exige e prepare-se para as consequências".

Vivíamos sob o tacão da ditadura, mas ainda era o tempo da *ditadura enver-gonhada*, título do livro já citado do jornalista Elio Gaspari, o melhor que li sobre aquele período. Ameaçada, mas ainda sem censura, a imprensa arriscava e publicava matérias como essa que escrevi.

A reportagem sobre os guerrilheiros repercutiu bastante, principalmente nos órgãos de segurança, que queriam saber como eu havia conseguido o dossiê, mas as consequências não foram sérias para mim nem para o jornal. Acautelei-me, sumindo uma semana da Redação, mas telefonando sempre para o Cláudio Abramo. Eu lhe dizia que estava doente. Ele sabia que era mentira, mas respondia recomendando que eu cuidasse da saúde e o procurasse no caso de precisar de alguma coisa. O telefone não era um meio seguro de comunicação e isso obrigava o diálogo cifrado.

Guardei a documentação que eu tinha em lugar seguro e voltei a trabalhar. Um coronel do Exército esteve na *Folha de S.Paulo*, acompanhado de dois oficiais de menor patente, e reunimo-nos o Cláudio Abramo, eu e os três militares. Foi uma reunião rápida e harmoniosa. Lembro-me de que até café chegou a ser servido.

O coronel, sem acanhamento, mas com educação, perguntou-me se eu poderia dizer onde havia conseguido o dossiê. Percebi que não havia nenhuma pressão na pergunta e respondi também educadamente: "Prefiro manter a fonte em sigilo".

O coronel agradeceu e disse que respeitava a minha posição. Depois, o grupo de militares foi embora e Cláudio Abramo acompanhou-o até o elevador do quarto andar, onde ficava a Redação do jornal. Aguardei a volta dele à sala. Foi quando me disse:

– Acho que eles só vieram até aqui cumprindo ordem de obter pessoalmente a sua resposta para algum relatório. Perguntaram sobre a fonte, você respondeu como quis e eles foram embora, sem pressão e sem insistir. Acho que está tudo bem, mas, é claro, vamos continuar tomando cuidado e me avise se detectar qualquer movimento estranho. A reportagem surpreendeu o sistema e eu estou informado disso.

O Serviço Nacional de Informações (SNI) mandou um agente entregar-me uma intimação com dia e hora marcados para que eu prestasse esclarecimentos sobre a reportagem. Não atendi à intimação e nunca mais fui incomodado. O assunto morreu.

Recebi vários telefonemas de pessoas que não se identificaram ou se identificaram apenas com o prenome. Algumas educadas, outras agressivas, todas criticando a reportagem. Essas pessoas diziam que os guerrilheiros eram heróis, lutavam contra a ditadura militar e eu os havia denunciado, publicando até a fotografia de quase todos eles.

Respondi, no mesmo tom educado ou agressivo, justificando que os órgãos de segurança tinham o dossiê e sabiam tudo sobre os guerrilheiros. Não acrescentei nada ao dossiê. Então não denunciei ninguém. Ao contrário, mandei aos guerrilheiros as informações que os órgãos de segurança tinham deles. Na verdade, denunciei o trabalho dos órgãos de segurança, até então secreto, e não os guerrilheiros, com os quais até simpatizava, reconhecendo neles valor e coragem.

Os telefonemas cessaram e a minha vida voltou ao normal, o que durou pouco, pois em 13 de dezembro de 1968, ou seja, 22 dias depois de publicada a reportagem, o presidente Arthur da Costa e Silva decretou o Ato Institucional nº 5 (AI-5), endurecendo a ditadura militar e dando início aos "anos de chumbo". O AI-5, entre outras violências e arbitrariedades, fechou o Congresso Nacional, suspendeu o direito ao *habeas corpus* e amordaçou a imprensa, impondo-lhe odiosa censura.

O dossiê não só era autêntico como também eram exatas as informações nele contidas, o que ficou confirmado depois com a guerrilha do Araguaia, comentada em centenas de reportagens e dezenas de livros escritos sobre a ditadura militar. A História se encarregou de confirmar o trabalho jornalístico.

A reportagem que escrevi revelou que os 18 guerrilheiros brasileiros que fizeram curso de capacitação política e militar na China eram militantes do Partido Comunista do Brasil (PCdoB), o que foi amplamente confirmado depois.

E foi exatamente na região apontada no mapa da reportagem (abaixo do Bico do Papagaio) que o PCdoB fez a guerrilha do Araguaia, à beira do rio de mesmo nome, com cerca de 70 combatentes, entre os quais cerca de 15 mulheres, divididos em três destacamentos e movimentando-se em uma área de sete mil quilômetros quadrados. A guerrilha do Araguaia teve duas fases: a da preparação, que durou de 1966 a 1972, e a do enfrentamento dos guerrilheiros com as Forças Armadas, de abril de 1972 a outubro de 1974, quando caiu seu último combatente[24].

É certo que antes disso houve vários ensaios de guerra de guerrilha no Brasil, a partir de 1961, registrando-se a existência de campos de treinamento em Mato Grosso, Goiás, Pernambuco, Maranhão, Minas Gerais e São Paulo, mas nenhum desses movimentos prosperou e jamais houve combate com as Forças Armadas.

O único movimento planejado e organizado que ganhou força e notoriedade foi o do PCdoB, com a guerrilha do Araguaia, dizimada pelas Forças Armadas após três expedições, que mobilizaram em torno de cinco mil militares. A luta foi extremamente desigual: escondidos na mata, os guerrilheiros tinham poucas armas e reduzida munição, enquanto o Exército, a Marinha e a Aeronáutica contavam com aviões, barcos e helicópteros, além de poderoso armamento e sofisticado apoio logístico. E eram cinco mil contra 70. Mesmo assim a guerrilha do Araguaia resistiu ao cerco de três expedições militares.

Foi um massacre. Sessenta militantes do PCdoB morreram, 15 em combate, os demais executados friamente, alguns degolados por jagunços pagos, a serviço dos militares. Os guerrilheiros mortos em combate e os executados depois de rendidos ou capturados foram queimados e enterrados na mata. No início da luta, sete guerrilheiros presos sobreviveram. Depois, veio a ordem de extermínio, e a partir

---

24 Walkiria Afonso Costa, a Walk, de 28 anos, ex-líder estudantil em Minas Gerais. Presa em 25 de outubro de 1974, foi levada para uma base militar e executada. Seus restos mortais nunca foram entregues à família.

daí ninguém mais sobreviveu à matança, a não ser três guerrilheiros que conseguiram furar o cerco dos militares e fugir, já na fase final dos combates.

Gente do povo suspeita de colaborar com a guerrilha do Araguaia foi torturada e morta pelos militares, que, por sua vez, também sofreram baixas, mas não se sabe o número exato. As Forças Armadas escondem até hoje o balanço real da guerrilha do Araguaia nos seus arquivos secretos, que, liberados, permitiriam a localização dos corpos dos guerrilheiros enterrados na mata. E já se passaram quase 40 anos.

Quando a minha reportagem foi publicada, em novembro de 1968, os órgãos de segurança sabiam que 18 militantes do PCdoB haviam feito curso de guerrilha na China, dez em 1965 e oito em 1966, retornando depois ao Brasil. Sabiam também que o PCdoB mandava seus guerrilheiros para a região que ficava abaixo do chamado Bico do Papagaio. O que os órgãos de segurança não sabiam é para que lugar exatamente daquela extensa região estavam indo os guerrilheiros. As Forças Armadas só descobriram o local em abril de 1972, quando ocorreram os primeiros combates.

A reportagem que escrevi listou os 18 militantes do PCdoB que fizeram curso de guerrilha na China. Todos retornaram ao Brasil. Rastreei a vida deles em livros, documentos e *sites* da internet e obtive informação sobre oito. Quatro morreram no Araguaia: Miguel Pereira dos Santos, o Cazuza, em área de combate, em 20 de setembro de 1972; João Carlos Haas Sobrinho, o Juca, em área de combate, em 30 de setembro de 1972; Divino Ferreira de Souza, o Goiano, em uma emboscada, em 14 de outubro de 1973; José Humberto Bronca, o Fogoió, preso e executado, em 13 de março de 1974. Um deles sobreviveu à guerrilha: Micheas Gomes de Almeida, o Zezinho, que furou o cerco dos militares, em janeiro de 1974, e veio para São Paulo. Envelheceu e hoje vive em Goiânia, no Estado de Goiás. Outros dois, Tarzan de Castro e Gerson Alves Parreira, foram presos logo depois que voltaram da China. Fugiram da cadeia e não participaram da guerrilha do Araguaia. Mais tarde tornaram-se prósperos comerciantes em Goiânia. Haviam desistido da luta armada. Outro também preso logo depois de voltar da China Comunista foi Amaro Luiz de Carvalho, o Capivara. Acabou assassinado pela repressão em 22 de agosto de 1971, dentro da Casa de Detenção de Recife, em Pernambuco, onde cumpria pena. Faltavam dois meses para terminar o cumprimento da pena, quando, então, seria solto por força de lei, mas a ditadura não o queria livre nem vivo.

Quanto à própria guerrilha do Araguaia, muita coisa obscura e mal contada ainda precisa ser esclarecida. A verdadeira história só será escrita quando as Forças Armadas se dignarem a abrir seus arquivos secretos.

A guerrilha do Araguaia rendeu centenas de reportagens e dezenas de livros, entre eles o já citado *Combate nas trevas* (p. 207-14), *A ditadura escancarada* (p. 399-464), *Xambioá, Coração vermelho, Guerra de guerrilhas no Brasil, Operação Araguaia, Dos filhos deste solo* e *Perfil dos atingidos*[25].

---

25 GASPARI, Elio. *A ditadura escancarada.* v. 2. São Paulo: Companhia das Letras, 2000; GORENDER, Jacob. *Combate nas trevas.* São Paulo: Ática, 1998; CABRAL, Pedro Corrêa. *Xambioá.* Rio de Janeiro: Record, 1993; BERCHT, Verônica. *Coração vermelho.* São Paulo: Anita Garibaldi, 2002; PORTELA, Fernando. *Guerra de guerrilhas no Brasil.* São Paulo: Global, 1979; MORAIS, Taís e SILVA, Eumano. *Operação Araguaia.* São Paulo: Geração, 2005; MIRANDA, Nilmário e TIBÚRCIO, Carlos. *Dos filhos deste solo.* São Paulo: Boitempo, 2008; Projeto "Brasil: Nunca Mais", tomo III, Perfil dos Atingidos. São Paulo: Arquidiocese de São Paulo, 1985.

FOLHA DE S. PAULO

ANO XLVIII — I CADERNO — SÃO PAULO, 5.ª-FEIRA, 21 DE NOVEMBRO DE 1968 — N.º 14.403

China prepara brasileiros para fazerem guerrilha em nosso país — I

Edson Flosi

Dezoito brasileiros aprenderam a fazer a guerra de guerrilha na Academia Militar de Pequim, na China Comunista, em dois cursos que duraram cinco meses cada um, em 1965 e 1966. Dote dos guerrilheiros — Gerson Alves Parreira e Tarzan de Castro — chegaram a ser presos, no Brasil, depois do primeiro curso, mas fugiram da cadeia.

Não há notícias sobre novos cursos de guerrilha a brasileiros, na Academia Militar de Pequim, em 1967 e este ano. A idade dos dezoito brasileiros varia de 21 a 48 anos.

Eles são filiados ao Partido Comunista do Brasil (linha chinesa). Estão todos identificados e todos foragidos. Eles são: oito estudantes, três bancários, dois comerciários, um médico, um jornalista, um mecânico, um metalúrgico e um marceneiro.

Alguns foram vistos quando entravam ou saíam da China Comunista e é provável que a CIA (Serviço de Inteligência dos EUA) tenha colaborado com as autoridades brasileiras para sua identificação.

Alguns deles viajaram para a China Comunista e voltaram para o Brasil sob falsa identidade. O DOPS tem a fotografia de todos eles com exceção de cinco: Roberto Carlos de Figueiredo: 27 anos, estudante, nasceu em Bezerros (PE). Derly José Gomes: 30 anos, metalúrgico, nasceu em São Paulo (SP). Hélio Ramires Garcia: 25 anos, bancário, nasceu em Belo Horizonte (MG). Ari Olgin da Silva: 48 anos, jornalista, nasceu em Porto Alegre (RS). Dinis Gomes Cabral Filho: 31 anos, estudante, nasceu em Recife (PE).

Dos dezoito que treinaram a guerrilha seis são gaúchos, quatro paulistas, três goianos, três pernambucanos, um carioca e um mineiro.

Autoridades militares e civis têm interesse na prisão destes homens porque acham que eles constituem sério perigo à Segurança Nacional.

1 — José Vieira da Silva Jr. 21 anos. Estudante. Nasceu no Rio de Janeiro (GB).
2 — Paulo Assunção Gomes. 32 anos. Bancário. Nasceu em Uruguaiana (RGS).
3 — José Humberto Bronca. 34 anos. Mecânico. Nasceu em Porto Alegre (RGS).
4 — Gerson Alves Parreira. 26 anos. Estudante. Nasceu em Edeia (GO).
5 — João Carlos Haas Sobrinho. 27 anos. Médico. Nasceu em Nova Bragança (SP).
6 — Micheas Gomes de Almeida. 30 anos. Marceneiro. Nasceu em Bragança (SP).
7 — Divino Ferreira de Sousa. 26 anos. Comerciário. Nasceu em Caldas Novas (GO).
8 — Miguel Pereira dos Santos. 25 anos. Bancário. Nasceu em Recife (PE).
9 — Hélio Cabral de Sousa. 32 anos. Estudante. Nasceu em Goiânia (GO).
10 — Amaro Luís de Carvalho. 34 anos. Comerciário. Nasceu em Porto Alegre (RGS).
11 — Manoel Luís Vieira de Sousa Coelho. 28 anos. Estudante. Nasceu em Pelotas (RGS).
12 — Edgard de Almeida Martins. 39 anos. Estudante. Nasceu em Severina (SP).
13 — Tarzan de Castro. 26 anos. Estudante. Nasceu em São Paulo (SP).

Como se fez a longa viagem de Goiás à China de Mao Tsé-tung

Em fins de 1965, Exército, Marinha e Aeronáutica receberam esta informação: "Dez brasileiros treinam guerrilha, desde junho, na Academia Militar de Pequim, na China Comunista".

A notícia, mantida em sigilo, seria confirmada meses depois: efetivamente, dez brasileiros haviam aprendido, em cinco meses, na Academia Militar de Pequim, a técnica de guerra de guerrilha.

Aos poucos, as informações vão se estendendo e, em janeiro de 1966, o DOPS de São Paulo é avisado de que três dos dez — Ari Olgin da Silva, José Humberto Bronca e Hélio Ramires Garcia — deixaram a China Comunista, via Suíça, em dezembro de 1965.

Em abril de 1966, uma informação menciona outro guerrilheiro: Amaro Luís de Carvalho, que militou bastante tempo no Partido Comunista do Brasil, em Pernambuco, acaba de regressar da China.

No Paquistão

Em maio de 1966, outra informação: Hélio Cabral de Sousa — um dos dez — passou por Karachi, no Paquistão, em maio de 1965, com destino a Shangai e Pequim.

Um a um, eles são todos identificados. Falta saber como e por que foram aprender a guerrilha na China Comunista. É o que se há, sabendo quando, em setembro de 1966, são presos Tarzan de Castro e Gerson Alves Parreira.

Ambos confessam tudo durante um inquérito. Seus depoimentos, somados aos resultados das investigações, apresentam às autoridades um quadro geral do curso de guerra de guerrilha ministrado pelos chineses ao grupo de dez brasileiros.

O inquérito avoluma-se. Muitas pessoas, ligadas ao movimento comunista, especialmente no Brasil Centro-Oeste, são presas e interrogadas. De outros guerrilheiros, todavia, embora identificados, não são localizados pelo Exército, Marinha e pela Polícia Política de todo o país.

A viagem

Resumo do inquérito foi distribuído pelo Exército às principais autoridades militares e policiais brasileiras. Neste resumo — a suma série de informações está toda a história dos dezoito homens que foram aprender a fazer guerrilha e que, por motivos de segurança, viajaram em grupos separados do Brasil à China Comunista. Eis como três deles — Gerson Alves Parreira, Ari Olgin da Silva e Hélio Ramires Garcia — fizeram a longa viagem:

«Para a sua viagem à China Comunista Gerson Alves Parreira seguiu o seguinte roteiro: partiu de Goiânia, em Goiás, no início do mês de junho de 1965, a convite do PC do B, de que recebeu 130 mil cruzeiros velhos para as despesas iniciais.

»Passou de São Paulo à Rio para a Guanabara, onde se encontrou com Ari Olgin da Silva e Hélio Ramires Garcia e recebeu 700 mil cruzeiros velhos e mais 30 dólares para viajar por via aérea. O grupo desembarcou em Zurique e seguiu para Berna, na Suíça, onde, na Embaixada da China Comunista, recebeu os vistos nos passaportes e mais 340 francos suíços.

»Para chegar a Pequim, na China Comunista, o grupo fez este caminho: Genebra (Suíça), Cairo (Egito), Dharban, Karachi e Daca (Paquistão), Cantão, Shangai e Pequim (China).»

A guerrilha

Na Academia Militar de Pequim — segundo os depoimentos dos guerrilheiros presos e as informações — Gerson Alves Parreira, Ari Olgin da Silva e Hélio Ramires Garcia uniram-se aos outros sete brasileiros que já estão lá: José Humberto Bronca, Paulo Assunção Gomes, Miguel Pereira dos Santos, Tarzan de Castro, Hélio Cabral de Sousa, Amaro Luís de Carvalho e Dinis Gomes Cabral Filho.

O curso de guerrilha na China Comunista, começou em junho e termina em novembro de 1965. Eis o que Gerson Alves Parreira diz às autoridades sobre o curso de guerrilha: «Durante a sua estada na China Comunista, onde foram estudar guerrilhas, os alunos estrangeiros usavam o mesmo uniforme dos soldados chineses da Milícia Popular. Durante os exercícios de Okinda de postos militares ou dos chineses serviam de cobaias. O mapa do Brasil foi dividido em áreas de guerrilhas, pelos próprios alunos, durante o curso.»

Neste mesmo resumo das declarações de Gerson Alves Parreira consta que os guerrilheiros se capacitaram militar e politicamente, na Academia Militar de Pequim, onde aprenderam desde política internacional até à guerra de guerrilha, com todas as suas artimanhas.»

A volta

As investigações e os depoimentos dos presentes revelam que, já concluído o curso de técnica de guerrilha, na volta eles também viajaram em grupos separados. Gerson Alves Parreira saí da China Comunista junto com Paulo Assunção Gomes, Miguel Pereira dos Santos, Hélio Ramires Garcia e José Humberto Bronca.

Em Paris, rumo ao Brasil, todos se separam. No seu depoimento, Gerson Alves Parreira confessa que "retornou ao Brasil, em janeiro de 1966, às expensas do governo da China Comunista, recebendo 600 dólares para a viagem".

No dia 21 de novembro de 1966, Gerson Alves Parreira e Tarzan de Castro fogem da Fortaleza de São João, no Estado da Guanabara.

Não se sabe, exatamente, onde estão os dez brasileiros que fizeram o curso de guerrilha na Academia Militar de Pequim, em 1965.

Consta que alguns deles estão exilados no Uruguai. Todos são procurados pelo Exército, Marinha e Aeronáutica e pelas Polícias Políticas do país.

Enquanto dois fugiam na Guanabara, oito aprendiam em Pequim

Na mesma semana em que Gerson Alves Parreira e Tarzan de Castro fugiram, em novembro de 1966, da Fortaleza de São João, no Estado da Guanabara, uma nova informação corre na Polícia: «Outro curso de guerrilha está sendo ministrado na Academia Militar de Pequim, na China Comunista, desta vez para oito novos brasileiros».

A Polícia Política de todo o país é acionada. Em novembro de 1966 a Polícia fica sabendo que um grupo de brasileiros que estive na China Comunista, realizando curso de capacitação política e guerrilha, fora outros João Carlos Haas Sobrinho, Derly José de Carvalho e Divino Ferreira de Sousa, está para regressar.

Janeiro de 1967: — Várias pessoas, entre elas Edgard de Almeida Martins, Roberto Carlos de Figueiredo, Micheas Gomes de Almeida e Manoel Luís Vieira de Sousa Coelho «estão retornando ao Brasil, após realizarem curso de cinco meses na China Comunista».

Tudo igual

As autoridades ficam sabendo que o curso ministrado em 1966 fora igual, em tudo, ao de 1965. Como o primeiro, o segundo curso também durou cinco meses — e é dado na Academia Militar de Pequim.

Apenas o número de alunos se altera: desta primeira vez, formam-se dez e, da segunda, apenas oito.

A explicação: Gerson Alves Parreira confessa ter indicado, para uma viagem à China Comunista, os membros do PC do B, Genésio Borges de Mello e Joaquim Thomaz Jaime. Estes dois, entretanto, não chegaram a viajar e o grupo, que deveria ser de dez, fica reduzido a oito.

Desta vez ninguém a engana, mas os oito são identificados: Edgard de Almeida Martins, Roberto Carlos de Figueiredo, Manoel Luís Vieira de Sousa Coelho, João Carlos Haas Sobrinho, Derly José de Carvalho, José Vieira da Silva Jr., Micheas Gomes de Almeida e Divino Ferreira de Sousa.

Informações

Estes começaram a curso na China Comunista no início de ano. Sobre isso a polícia fica sabendo que Divino Ferreira de Sousa foi visto na região de Karachi (Paquistão), em fevereiro de 1966, entrando na China Comunista.

Os oito, terminado seu curso de guerrilha, começam a deixar a China Comunista, em dezembro: José Vieira da Silva Jr. chega a Paris, procedente de Shangai, a 3 de dezembro.

E, em 14 de fevereiro de 1967, fica sabendo que Edgard de Almeida Martins, procedente da China Comunista, vai incluir um curso de guerra de guerrilha no país. Em fins de janeiro último, Edgard de Almeida Martins foi visto em Paris, e todavia conseguiu lugar em companhia de outros dezoito companheiros, sua missão no Brasil poderia dar-se através das guerrilhas.

Como os dez do primeiro curso, os do último curso, os oito técnicos em guerra de guerrilha estão desaparecidos. Muitos acham que eles estão na Bolívia; outros acreditam que estão no Uruguai; outros supõem que estão em Portugal. Mas estão sendo procurados.

China prepara brasileiros para fazerem guerrilha em nosso país – I

> Reportagem publicada na *Folha de S.Paulo* em 21 de novembro de 1968

EDSON FLOSI

Dezoito brasileiros aprenderam a fazer a guerra de guerrilha na Academia Militar de Pequim, na China Comunista, em dois cursos que duraram cinco meses cada um, em 1965 e 1966. Dois dos guerrilheiros – Gerson Alves Parreira e Tarzan de Castro – chegaram a ser presos no Brasil, depois do primeiro curso, mas fugiram da cadeia.

Não há notícias sobre novos cursos de guerrilha a brasileiros, na Academia Militar de Pequim, em 1967 e 1968. A idade dos 18 brasileiros varia de 21 a 48 anos.

Eles são filiados ao Partido Comunista do Brasil (linha chinesa). Estão todos identificados e todos foragidos. Eles são: oito estudantes, três bancários, dois comerciários, um médico, um jornalista, um mecânico, um metalúrgico e um marceneiro.

Alguns foram vistos quando entravam ou saíam da China Comunista e é provável que a CIA (Serviço de Inteligência dos EUA) tenha colaborado com as autoridades brasileiras para sua identificação.

Outros viajaram para a China Comunista e voltaram para o Brasil sob falsa identidade. O Dops tem a fotografia de todos eles, com exceção de cinco: Roberto Carlos de Figueiredo, 27 anos, estudante, nasceu em Bezerros (PE); Derly José de Carvalho, 30 anos, metalúrgico, nasceu em São Paulo (SP); Hélio Ramires Garcia, 25 anos, bancário, nasceu em Belo Horizonte (MG); Ari Olgin da Silva, 48 anos, jornalista, nasceu em Porto Alegre (RS); Diniz Gomes Cabral Filho, 31 anos, estudante, nasceu em Recife (PE).

Dos 18 que treinaram a guerrilha, seis são gaúchos, quatro paulistas, três goianos, três pernambucanos, um carioca e um mineiro.

Autoridades militares e civis têm interesse na prisão desses homens porque acham que eles constituem sério perigo à Segurança Nacional.

1	José Vieira da Silva Jr. 21 anos. Estudante. Nasceu no Rio de Janeiro (GB).
2	Paulo Assunção Gomes. 32 anos. Bancário. Nasceu em Uruguaiana (RS).
3	José Humberto Bronca. 34 anos. Mecânico. Nasceu em Porto Alegre (RS).
4	Gerson Alves Parreira. 26 anos. Estudante. Nasceu em Edeia (GO).
5	João Carlos Haas Sobrinho. 27 anos. Médico. Nasceu em Porto Alegre (RS).
6	Micheas Gomes de Almeida. 30 anos. Marceneiro. Nasceu em Bragança (SP).
7	Divino Ferreira de Sousa. 26 anos. Comerciário. Nasceu em Caldas Novas (GO).
8	Miguel Pereira dos Santos. 25 anos. Bancário. Nasceu em Recife (PE).
9	Hélio Cabral de Sousa. 32 anos. Estudante. Nasceu em Goiânia (GO).
10	Amaro Luís de Carvalho. 34 anos. Comerciário. Nasceu em Porto Alegre (RS).
11	Manoel Luís Vieira de Sousa Coelho. 28 anos. Estudante. Nasceu em Pelotas (RS).
12	Edgard de Almeida Martins. 39 anos. Estudante. Nasceu em Severina[26] (SP).
13	Tarzan de Castro. 26 anos. Estudante. Nasceu em São Paulo (SP).

Como se fez a longa viagem de Goiás à China de Mao Tsé-tung

Em fins de 1965, Exército, Marinha e Aeronáutica receberam esta informação: "Dez brasileiros treinam guerrilha, desde junho, na Academia Militar de Pequim, na China Comunista".

A notícia, mantida em sigilo, seria confirmada meses depois: efetivamente, dez brasileiros haviam aprendido, em cinco meses, na Academia Militar de Pequim, a técnica da guerra de guerrilha.

---

26 Erro na publicação. O correto é Severínia.

Aos poucos, as informações vão se estendendo e, em janeiro de 1966, o Dops de São Paulo é avisado de que três dos dez – Ari Olgin da Silva, José Humberto Bronca e Hélio Ramires Garcia – deixaram a China Comunista, via Suíça, em dezembro de 1965.

Em abril de 1968[27], uma informação menciona outro guerrilheiro: Amaro Luís de Carvalho, que militou bastante tempo no Partido Comunista do Brasil, em Pernambuco, acaba de regressar da China.

No Paquistão

Em maio de 1966, outra informação: Hélio Cabral de Sousa – um dos dez – passou por Karachi, no Paquistão, em maio de 1965, com destino a Xangai e Pequim.

Um a um, eles são todos identificados. Falta saber como e por que foram aprender a fazer guerrilha na China Comunista. É o que se fica sabendo quando, em setembro de 1966, são presos Tarzan de Castro e Gerson Alves Parreira.

Ambos confessam tudo durante um inquérito. Seus depoimentos, somados aos resultados das investigações, apresentam às autoridades um quadro geral do curso de guerra de guerrilha ministrado pelos chineses ao grupo de dez brasileiros.

O inquérito avoluma-se. Muitas pessoas, ligadas ao movimento comunista, especialmente no Brasil Centro-Oeste, são presas e interrogadas. Os outros guerrilheiros, entretanto, embora identificados, não são localizados pelo Exército, Marinha e Aeronáutica e pela Polícia Política de todo o país.

A viagem

Resumos do inquérito são distribuídos pelo Exército às principais autoridades militares e policiais brasileiras. Nestes resumos e numa série de relatórios e informações está toda a história dos 18 homens que foram aprender a fazer guerrilhas e que, por motivos de segurança, viajaram em grupos separados do Brasil à China Comunista. Eis como três deles – Gerson Alves Parreira, Ari Olgin da Silva e Hélio Ramires Garcia – fizeram a longa viagem:

---

27 Erro na publicação. O correto é 1966.

"Para a sua viagem à China Comunista, Gerson Alves Parreira seguiu o seguinte canal: partiu de Goiânia, em Goiás, no início do mês de junho de 1965, a convite do PCdoB, de que recebeu 130 mil cruzeiros velhos para as despesas iniciais."

"Passou por São Paulo e foi para a Guanabara, onde se encontrou com Ari Olgin da Silva e Hélio Ramires Garcia e recebeu 700 mil cruzeiros velhos e mais 30 dólares para viajar por via aérea. O grupo desembarcou em Zurique e seguiu para Berna, na Suíça, onde, na Embaixada da China Comunista, recebeu os vistos nos passaportes e mais 340 francos suíços."

"Para chegar a Pequim, na China Comunista, o grupo fez este caminho: Genebra (Suíça), Cairo (Egito), Dharhan, Karachi e Daca (Paquistão), Cantão, Xangai e Pequim (China)."

A guerrilha

Na Academia Militar de Pequim – segundo os depoimentos dos guerrilheiros presos e as informações – Gerson Alves Parreira, Ari Olgin da Silva e Hélio Ramires Garcia unem-se aos outros sete brasileiros que já estão lá: José Humberto Bronca, Paulo Assunção Gomes, Miguel Pereira dos Santos, Tarzan de Castro, Hélio Cabral de Sousa, Amaro Luís de Carvalho e Diniz Gomes Cabral Filho.

O curso de guerrilha na China Comunista começa em junho e termina em novembro de 1965. Eis o que Gerson Alves Parreira diz às autoridades sobre esse curso de guerrilha:

"Durante a sua estada na China Comunista, onde foram estudar guerrilhas, os alunos estrangeiros usavam o mesmo uniforme dos soldados chineses da Milícia Popular. Durante os exercícios de tomada de postos militares os soldados chineses serviam de cobaias. O mapa do Brasil fora dividido em áreas de guerrilhas, pelos próprios alunos, durante o curso".

Nesse mesmo resumo das declarações de Gerson Alves Parreira consta que "os guerrilheiros se capacitaram militar e politicamente, na Academia Militar de Pequim, onde aprenderam desde política internacional até a guerra de guerrilha, com todas as suas artimanhas."

A volta

As investigações e os depoimentos dos presos revelam que, já concluído o curso de técnica de guerrilha, na volta eles também viajaram em grupos separados. Gerson Alves Parreira saiu da China Comunista junto com Paulo Assunção Gomes, Miguel Pereira dos Santos, Hélio Ramires Garcia e José Humberto Bronca.

Em Paris, rumo ao Brasil, todos se separam. No seu depoimento, Gerson Alves Parreira confessa que "retornou ao Brasil em janeiro de 1966, às expensas do governo da China Comunista, recebendo 600 dólares para a viagem".

No dia 21 de novembro de 1966, Gerson Alves Parreira e Tarzan de Castro fogem da Fortaleza de São João, no Estado da Guanabara.

Não se sabe exatamente onde estão os dez brasileiros que fizeram o curso de guerrilha na Academia Militar de Pequim em 1965.

Consta que alguns estão exilados no Uruguai. Todos são procurados pelo Exército, Marinha e Aeronáutica e pelas Polícias Políticas do país.

Enquanto dois fugiam na Guanabara, oito aprendiam em Pequim

Na mesma semana em que Gerson Alves Parreira e Tarzan de Castro fugiam, em 21 de novembro de 1966, da Fortaleza de São João, no Estado da Guanabara, uma nova informação correu na polícia: "Outro curso de guerrilha está sendo ministrado na Academia Militar de Pequim, na China Comunista, desta vez para oito brasileiros".

A Polícia Política de todo o país é acionada. Em novembro de 1966 a polícia fica sabendo que um grupo de brasileiros que esteve na China Comunista realizando curso de capacitação política e guerrilha, entre outros João Carlos Haas Sobrinho, Derly José de Carvalho e Divino Ferreira de Sousa, está para regressar.

Janeiro de 1967 – Várias pessoas, entre elas Edgard de Almeida Martins, Roberto Carlos de Figueiredo, Micheas Gomes de Almeida e Manoel Luís Vieira de Sousa Coelho, "estão retornando ao Brasil, depois de realizarem curso de cinco meses na China Comunista".

Tudo igual

As autoridades ficam sabendo também que o curso ministrado em 1966 fora igual, em tudo, ao de 1965. Como o primeiro, o segundo dura cinco meses – de junho a novembro – e é dado na Academia Militar de Pequim.

Apenas o número de alunos se altera: da primeira vez, formam-se dez e, da segunda vez, apenas oito.

A explicação: Gerson Alves Parreira confessa ter indicado para uma viagem à China Comunista os membros do PCdoB Genésio Borges de Mello e Joaquim Thomaz Jaime. Esses dois, entretanto, não chegaram a viajar e o grupo, que deveria ser de dez, fica reduzido a oito.

Desta vez ninguém é preso, mas os oito são identificados: Edgard de Almeida Martins, Roberto Carlos de Figueiredo, Manoel Luís Vieira de Sousa Coelho, João Carlos Haas Sobrinho, Derly José de Carvalho, José Vieira da Silva Jr., Micheas Gomes de Almeida e Divino Ferreira de Sousa.

Informações

Eles começaram a chegar à China Comunista no início do ano. Sobre isso a polícia fica sabendo que Divino Ferreira de Sousa foi visto na região de Karachi (Paquistão), em fevereiro de 1966, entrando na China Comunista.

Os oito, terminado seu curso de guerrilha, começam a deixar a China Comunista em dezembro: José Vieira da Silva Jr. chega a Paris procedente de Xangai, no dia 3 de dezembro.

E, em 14 de fevereiro de 1967, fica-se sabendo que Edgard de Almeida Martins, procedente da China Comunista, vem de concluir curso de guerra de guerrilha naquele país. Em fins de janeiro último, Edgard de Almeida Martins foi visto em Paris, quando tentava conseguir lugar em companhia de transporte, com destino ao Brasil. Como os demais companheiros, sua entrada no Brasil poderia dar-se através das Guianas.

Como os dez do primeiro curso, esses oito técnicos em guerrilha estão desaparecidos. Muitos acham que eles estão no Uruguai; outros acreditam que estão no Brasil mesmo. Mas estão sendo procurados.

FOLHA DE S. PAULO — Sexta-feira, 22 de novembro de 1968

China prepara brasileiros para fazerem guerrilha em nosso país (Conclusão)

Edson Flosi

Desde 1961 a preparação de guerrilha e de guerrilheiros preocupa as autoridades. Investigações revelaram que as Ligas Camponesas do ex-deputado Francisco Julião estavam intimamente ligadas aos treinamentos de guerrilha.

Em 1965 e 1966, a Academia Militar de Pequim, na China Comunista, preparou dezoito brasileiros nesse tipo de luta. Nenhum deles está preso e a Polícia Política de todo o país os procura.

O Partido Comunista do Brasil — de acordo com o resultado das investigações e depoimentos colhidos — sempre esteve ligado ao movimento de preparação de guerrilhas no país.

Pertencem ao PC do Brasil os dezoito que treinaram a guerrilha na China Comunista. A Polícia Política quer saber agora se eles existiam aqui e o prenderam lá.

A Polícia sabe pouco sobre a vida deles e, de vez em quando, uma ou outra investigação amplia a ficha de cada um. No Brasil, nos últimos sete anos houve preparação de guerrilha em Goiás, e em Pernambuco.

As Ligas Camponesas começaram a dar lições de guerrilhas desde 1961

Em 1961 as Ligas Camponesas já ensinavam guerrilha no Centro-Oeste. Durante sua prisão na Portalesa de Mara Rosa, no Estado da Guanabara, Tarzan de Castro contou:

"Cabral de Souza participava das Ligas Camponesas, cumprindo tarefa do PC do B, chefiando campo de treinamento de guerrilha em 1961, na região de Gurupi no Estado de Goiás."

Eriam de Castro confessa, também, ter recrutado várias pessoas, entre elas seu irmão Erian de Castro, para participar das Ligas Camponesas. Exercera atividade no movimento Tiradentes — um dos setores das Ligas Camponesas — chefiado pelo ex-padre Francisco Julião. Foram parados por Adauto Freire e Clodomir de Morais a se integrarem ao movimento, e, depois de contatos com Tarzan de Castro, entrara para a organização. Na Fazenda Santa Fé, região do Rio Jorigue, foram iniciados os treinamentos de guerrilha, armadilhas e fabricação de bombas caseiras. As aulas teóricas, tiveram por base os ensinamentos do livro "A Guerra de Guerrilha, de Ernesto Ché Guevara".

Alto Garça

Em outro depoimento, aJmes Allen Luz confessa que a parte no treinamento de guerra de guerrilha, em Ibaraga (MT), entre outros, Diniz Gomes Cabral Filho.

Diniz Gomes Cabral Filho e Polícia soube isto pelos principais integrantes do Movimento Tiradentes na organização clandestina e subversiva, chefiado pelo ex-padre Francisco Julião, Diniz Gomes Cabral Filho, em particular de Francisco Julião, fazia o recrutamento de pessoas para os diversos campos de treinamento de guerrilha, mantidos pelo Movimento Tiradentes.

Mara Rosa

No dia 26 de julho de 1968, as autoridades apuram: James Allen Ferreira está recebendo dinheiro do PC do B, mantendo movimento subversivo dirigido por Jorge Lacerda no município de Mara Rosa, no Estado de Goiás. Gerson Ferreira, já entrou em contato com Jorge Lacerda e a poucos dias mil homens para pegar em armas em Goiânia.

De outra informação sobre guerrilha, tirada dos depoimentos de Tarzan de Castro faz durante sua prisão, sabe-se que Adramo Luís de Carvalho, dirigente do PC do B, em Pernambuco, organizou guerrilha na Pernambuco, naquele Estado.

Camponeses

Das informações sobre arregimentação de camponeses: — Michens Gomes de Almeida foi escalado pelo PC do B para exercer tarefas na Zona Rural de Goiás. Vinava a do um Sindicato Rural.

— Gerson Alves Ferreira e Divino Ferreira de Sousa foram ao município de Mossamedes (GO) com o objetivo de arregimentar os camponeses daquela região com o de criar um Sindicato Rural.

Pacifismo pacato, entretanto, acreditam que o objetivo da Fundação Rural é dar a arregimentação dos camponeses para os campos de treinamento de guerrilha.

Rio Jorigue, Mossamedes, Mara Rosa, Alto Garça, Gurupi e Recife — campos de treinamento de guerrilha.

Havia plano de agitação preparado para o 2.º aniversário da revolução

Luís Carlos Prestes, Agildo Barata, Pedro Pomar, João Amazonas, Maurício Grabois e Carlos Marighela são alguns dos nomes que marcaram o movimento comunista no Brasil.

Em 1922 é fundado o Partido Comunista do Brasil. O revolucionário Luís Carlos Prestes adere ao movimento, que ganha corpo, notadamente na década de 1930-1940.

Em 1954, Agildo Barata rompe com o Partido Comunista do Brasil, acusa seus dirigentes e afasta-se da política. E o primeiro e um dos mais sérios impactos no partido de Luís Carlos Prestes.

Luís Carlos Prestes muda o nome do partido para Partido Comunista Brasileiro em 1958. Nesse mesmo ano, Pedro Pomar, Maurício Grabois, João Amazonas e outros são expulsos do Partido Comunista Brasileiro; eles discordavam da sua linha, que consideravam revisionista. Fundam uma nova partido — o Partido Comunista do Brasil — nome que o velho partido de Luís Carlos Prestes abandonara.

O Partido Comunista Brasileiro (por abreviação PCB), sempre com Luís Carlos Prestes à frente, continua com a sua linha moderada. E a linha de oMacou. O Partido Comunista do Brasil (por abreviação PC do B), de Pedro Pomar, adota a chamada linha chinesa. E a linha de Pequim.

Há outras cisões no movimento comunista. Mario Alves e Jacob Gorender são expulsos do Partido Comunista Brasileiro, por não concordarem com a sua linha política, e fundam o Partido Comunista Brasileiro Revolucionário, com abreviação PCBR. Carlos Marighela, também expulso, organiza um grupo isolado de todos.

Estas duas últimas facções — PCBR e o grupo de Carlos Marighela — são radicais e, por isso, as autoridades se preocupam com eles. Mas no caso presente, dos 18 brasileiros que foram aprender guerrilha na China, o interesse se concentra no PC do B.

Revolução

O PCB de Luís Carlos Prestes, com sua linha moderada, aparentemente não preocupa muito às autoridades. Quanto ao PC do B, de Pedro Pomar, ele preocupa mais por dois motivos: a) porque prega a revolução armada, mas planejada e, se preciso, a longo prazo; b) as autoridades já sabem que ele mantinha dezoito homens treinar guerrilha na China Comunista.

Em 1965 e 1966, o movimento comunista brasileiro sofreu duro golpe. Depois deste, o maior golpe foi assestado contra o PC do B, com a prisão de dois guerrilheiros, e a identificação dos principais dirigentes e membros de Goiás, Brasília e São Paulo.

Guerrilha

Em 1965 e 1966, o PC do B manda dezoito dos seus filiados à Academia Militar de Pequim, na China Comunista, para que eles assistam a dois cursos de guerrilha. Um deles em 1965, já no Brasil, dois dos que cursaram a guerrilha — Tarzan de Castro e Gerson Alves Parreira —, são presos e levados à Portalesa de São João, no Estado da Guanabara.

Estes dois são interrogados. A cúpula do PC do B, principalmente os dirigentes de Goiás, Brasília e São Paulo, é identificada.

Ocorreram mais três prisões: James Allen Luz, Cleyde Almeida Fernandes e Dilmar Lima Stoduto. As autoridades apuraram que quatro dos que fizeram o curso de guerrilha na China Comunista, Gerson Alves Parreira, Paulo Assunção Gomes, Miguel Pereira dos Santos e Helio Ramires Garcia — logo que voltaram da China Comunista vieram para São Paulo.

Aqui, os quatro entraram em contato com o Comitê Central do PCB e, numa reunião com João Amazonas, Pedro Pomar e Maurício Grabois, da cúpula do partido, fizeram um relato do que viram e aprenderam na Academia Militar de Pequim.

Os interrogatórios dos presos revelam, também, que José Humberto Broncs trouxe três mil dólares da China Comunista para o Partido Comunista do Brasil. Com os presos as autoridades apreendem correspondências comprometedoras e anotações sobre reuniões em vários pontos do País.

Manifesto

Gerson Alves Parreira e James Allen Luz confessam que nos dias que antecederam ao segundo aniversário da revolução de 1964 eles se reuniram com membros da Ação Popular da POLOP para esquematizar plano de agitação visando desmoralizar as festividades programadas pelo governo naquela data.

Identifica-se, por outro lado, alguns dos que participaram da reunião onde foram debatidos as teses que realizaram no Manifesto Programa do Partido Comunista do Brasil: Gerson Alves Parreira, Divino Ferreira de Sousa, Hélio Cabral de Souza, James Allen Luz, além de outros e da cúpula do partido.

Um dos presos resume, nos seus depoimentos, o Manifesto Programa do PC do B:

"Consiste na organização das massas, cidadinas e camponesas, para em forma de partido político, inclusive um Exército Popular Nacional Revolucionário, derrubar o Governo Constitucional da República, através de um Movimento Revolucionário Popular a mão armada para constituir um Governo Nacional e Revolucionário."

Olhos vendados

Finalmente, os interrogatórios revelam que Hélio Ramires Garcia, Miguel Pereira dos Santos, Dilmar Lima Stoduto e outros foram levados de olhos vendados e de automóvel para a VI Conferência Nacional do Partido Comunista do Brasil, em 1966, em São Paulo. Os mais novos foram comandados por três policiais militares mais velhos. Entre estes últimos estavam Hélio Cabral de Sousa, James Allen Luz, Gerson Alves Parreira e outros.

Os dezoito que fizeram curso de guerrilha na China Comunista pertencem ao Comitê Regional de Goiás do PC do B, embora atuem, também, em outros Estados. Apenas dois deles foram presos, mas fugiram, três menos graves da Portalesa de São João, na Guanabara. Além destes 18, foram identificados estes militantes do PC do B: Goiás: Luís Vergatti, James Allen Luz, Joaquim Tomas Jaime e Alcir de Souza Barbosa (dirigentes); Dalvína Cardoso de Almeida, Manoel José Espuhs, Jonas José Crisolo, Mauro da Silveira Lobo e Maria da Geolra Lopes da Silva (membros). Brasília: Cleyde Almeida Fernandes, Dilmar Lima Stoduto & Eures Fernandes de Aguiar (dirigentes); José Alberto Silva e Wilson Tavares de Oliveira (membros). São Paulo: Raimundo da Gama e Erian de Castro (dirigentes). Comitê Central: João Amazonas, Pedro Pomar, Maurício Grabois e Ângelo Arroio (cúpula).

Aos poucos, Polícia completa ficha de dezoito que aprenderam na China

A Polícia pouco sabe sobre os dezoito que fizeram curso de guerrilha na Academia Militar de Pequim, na China Comunista. Registros policiais, informações, depoimentos de presos, denúncias e investigações vão enriquecendo, aos poucos, a ficha de cada um deles. Todos estão foragidos e são procurados pelas Polícias Políticas do País.

1 — Edgard de Almeida Martins. 29 anos. Estudante. Nasceu em Severina (SP). Acusado de levante comunista, foi preso, em Tupã, em 1969. Saiu da cadeia e, em 1953, assumiu a direção do movimento comunista de Tupã. Levou seu irmão Manoel de Almeida Martins para o partido. Além, num seguida, tentou atropelar-lo com um policial em Tupã. Em 1967, a Polícia Política foi informada de que ele voltara a agir na Alta Paulista, tendo por centro a cidade de Tupã.

2 — Roberto Carlos de Figueredo. 27 anos. Estudante. Nasceu em Recife (PE). Em 1965 já havia exercido as seguintes funções: a Organização do PC do B, no Núcleo Presidencial da IAPI, em Brasília; b) Organização do PC do B, na Vila Planalto, em Brasília; c) Liderou movimento contra o envio de tropas brasileiras para São Domingos.

3 — Gerson Alves Parreira. 25 anos. Estudante. Nasceu em Goiás (GO). Ligou-se ao PC do B em 1962. Recrutou vários elementos para o movimento comunista. Organizou a célula do PC do B na Escola Técnica de Comércio de Campinas.

4 — Diniz Gomes Cabral Filho. 31 anos. Estudante. Nasceu em Recife (PE). Participou do Fórum Mundial da Juventude, em Moscou, na semana de 25 de julho a 3 de agosto de 1964, onde foram debatidos problemas universais com representantes de 60 países. Foi secretário-geral da UBES (União Brasileira dos Estudantes Secundários). Viajou para Cuba, Tchecoslováquia e outros países socialistas. Organizou o PC do B em São José do Rio Preto. Ajudou a organizar um Comitê em Alagoinhas.

5 — Tarzan de Castro, 24 anos. Estudante. Nasceu em São Paulo (SP). Processado por falsificar passaporte que lhe possibilitou viajar para países socialistas. Foi designado para organizar o PC do B na Alta Araraquarense.

6 — Amaro Luís de Carvalho. 34 anos. Comerciário. Nasceu em Porto Alegre (RS). Voltou de Cuba em 1961. Seu avião foi interditado no aeroporto de Congonhas, mas ele acabou seguindo viagem para o Uruguai. Foi o chefe dos festejos da Revolução Cubana (26 de Julho). Quando o avião foi liberado e decolou, Amaro Luís de Carvalho e outros passageiros deram vivas ao Brasil e cantaram o Hino da Revolução Cubana. Organizou o PCB de B em Pernambuco, Alagoas e Paraíba.

7 — Miguel Pereira dos Santos. 23 anos. Bancário. Nasceu em Recife (PE). Fundou o jornal do Ginásio do Colégio de Aplicação (de orientação comunista). Atuou em várias cidades do interior organizando o PC do B.

8 — José Humberto Bronca. 34 anos. Mecânico. Nasceu em Porto Alegre (RS). Ajudou a organizar o PC do B na capital.

9 — Hélio Ramires Garcia. 25 anos. Bancário. Nasceu em Belo Horizonte (MG). Ajudou a estruturar o PC do B em Goiás.

10 — Divino Perreira de Sousa. 26 anos. Comerciário. Nasceu em Caldas Novas (GO). Dirigiu, por algum tempo, o PC do B de Goiás.

11 — Michens Gomes de Almeida. 30 anos. Marceneiro. Nasceu em Bragança (SP). Dirigiu, por algum tempo, o PC do B de Goiás.

12 — Derly José de Carvalho. 30 anos. Metalúrgico. Nasceu em Porto Alegre (RS). Líder sindical, em São Bernardo do Campo, foi preso dias antes.

13 — Hélio Cabral de Sousa. 32 anos. Estudante. Nasceu em Goiânia (GO). Ajudou a organizar o PC do B em Anápolis.

14 — Paulo Assunção Gomes. 22 anos. Bancário. Nasceu em Uruguaiana (RS). Ajudou a organizar o PC do B no Sul do País.

15 — Ari Olgin da Silva. 45 anos. Jornalista. Nasceu em Porto Alegre (RS). Colaborou na organização do PC do B no Sul do País.

16 — Manoel Luís Vieira de Sousa Coelho. 38 anos. Estudante. Nasceu em Pelotas (RS). Ajudou a organizar o PC do B em Pernambuco.

17 — João Carlos Haas Sobrinho. 43 anos. Médico. Nasceu em Porto Alegre (RS). Colaborou na organização do PC do B na capital.

18 — José Vieira da Silva Jr. 21 anos. Estudante. Nasceu no Rio de Janeiro (GB). Ajudou a estruturar o PC do B em Goiás.

Polícia desmantela quadrilha de falsários e apreende meio milhão em notas de NCr$ 10,00

A Delegacia de Crimes contra a Fazenda, em cooperação com o serviço do DOPS, Polícia Federal e SNI, desmantelou ontem uma quadrilha de falsificadores de papel-moeda, apreendendo 462.170 cruzeiros novos em células de NCr$ 10,00.

Foram presos e autuados em flagrante os implicados na falsificação e derrame das notas falsas: Geraldo Marques Bueno e Ricota, comerciantes; Cleber Arnold Mascarenhas, diretor de um colégio em Belo Horizonte e fabricante de dinheiro; e José Monteiro de Toledo e Antonio Conde Guerreiro, escrivães da Polícia.

A prisão em flagrante foi efetuada pelo Chefe Enos Beraldo Junior no interior de uma garagem do edifício localizado à avenida a, 671, local marcado para o encontro do falsário e um agente reservado da Fazenda, que cumpria ordens em um bebidão.

Um mês atrás, esse agente reservado tinha entrado em contato com um falsário, de quem precisava descontar algumas alíquotas em dinheiro para a nossa falsificação. Antonio Guerreiro, que estudava possibilidades no conhecer fazerte possuidora de milhões de cruzeiros novos em cédulas falsas de 10, resolveu a situação mediante o comprometimento.

O agente reservado manteve o entendimento e disse a Guerreiro que seu amigo se interessaria pela aquisição dos milhões de uma só vez, mas que previa a demanda de uma aposta de toda a quantia. A noite toda trabalhou, convencido os falsários de pritteiramente, deveriam realizar uma transação, pela qual ele poderia exigir no papel da quadrilha falso a seu amigo industrial.

Concordou, desse, mantendo, adquiriu 400 cruzeiros novos falsos, sem desânsio, aparentemente para servir de amostra.

Esse foi o ponto de partida para a Polícia Fazendária tomar as necessárias precauções e coordenar as operações. As autoridades apuraram se que esses confeccionadas numa gráfica de Belo Horizonte, onde foi apreendida a impressora e presos dois empregados de Marcarenhas que trabalhavam na manipulação do dinheiro, feito em "off-set".

Houve apreensão de cédulas distribuídas pela quadrilha no Jóquei Clube e em algumas firmas e nas matrizes. A Polícia acredita que, com a prisão dos implicados, e a apreensão de quase todo o dinheiro falsificado pelo bando, as investigações sobre o caso já estão encerradas.

O dinheiro foi apreendido em três malas no interior de um carro Volks, de propriedade do escrivão Guerreiro, na garagem onde o agente reservado marcara o encontro com o bando. Um outro Volks, pertencente ao escrivão Toledo era nas proximidades. Em poucos minutos todos os foram presos pelas autoridades fazendárias.

A falsificação é quase perfeita. A diferença é notada, apenas, na efígie de Santos Dumont, um pouco tremida, e no papel da qualidade inferior, há ausência do relevo e diferenças dos centros, e vozes e quase perfeito.

A Polícia Fazendária esclareceu que em locais desde que os falsários foram presos e filas no falsário, tornando quando alertados da existência de grande quantidade de notas de 5 mil cruzeiros que lhe era de sua autoria, destruíram aquelas matrizes.

Ari Ricota, comerciante.

Cleber Arnold Mascarenhas, diretor de colégio.

Geraldo Marques Bueno, comerciante.

O escrivão Antonio Conde Guerreiro.

As notas apreendidas, ontem.

China prepara brasileiros para fazerem guerrilha em nosso país (conclusão)

> Reportagem publicada na *Folha de S. Paulo* em 22 de novembro de 1968

EDSON FLOSI

Desde 1961 a preparação de guerrilha e de guerrilheiros preocupa as autoridades. Investigações revelaram que as Ligas Camponesas do ex-deputado federal Francisco Julião já estavam intimamente ligadas ao treinamento de guerrilhas.

Em 1965 e 1966, a Academia Militar de Pequim, na China Comunista, preparou 18 brasileiros para esse tipo de luta. Nenhum deles está preso e a Polícia Política de todo o país os procura.

O Partido Comunista do Brasil – de acordo com o resultado das investigações e depoimentos de presos – sempre esteve ligado ao movimento de preparação de guerrilhas no país.

Pertencem ao PC do Brasil os 18 que treinaram guerrilha na China Comunista. A Polícia Política quer saber agora se eles ensinam aqui o que aprenderam lá.

A polícia sabe pouco sobre a vida deles e, de vez em quando, uma ou outra investigação amplia a ficha de cada um. No Brasil, nos últimos sete anos, houve preparação de guerrilha em Goiás e em Pernambuco.

OS GUERRILHEIROS

Ligas Camponesas começaram a dar lições de guerrilha desde 1961

Em 1961 as Ligas Camponesas já ensinavam guerrilha no Brasil Centro-Oeste. Durante sua prisão na Fortaleza de São João, no Estado da Guanabara, Tarzan de Castro confessa:

"Hélio Cabral de Souza[28] participou das Ligas Camponesas, cumprindo tarefa do PCdoB, chefiando campo de treinamento de guerrilheiros, em 1961, na região de Gurupi (interior do Estado de Goiás)."

Tarzan de Castro confessa, também, ter recrutado vários comunistas, entre eles seu irmão Erlan de Castro, para participar das Ligas Camponesas, no setor de aprendizagem de guerrilha.

James Allen Luz, preso junto com Tarzan de Castro na Fortaleza de São João, confessa que:

"Participara das Ligas Camponesas. Exercera atividade no Movimento Tiradentes – um dos setores das Ligas Camponesas – chefiado pelo ex-deputado Francisco Julião. Fora incentivado por Adauto Freire e Clodomir de Morais a se integrar ao movimento e, depois de contatos com Tarzan de Castro, entrara para a organização. Na fazenda Santa Fé, às margens do rio Jorique, foram iniciados os treinamentos de guerrilhas, armadilhas e fabricação de bombas caseiras. Para as aulas teóricas, tiveram por base os ensinamentos contidos no livro *A guerra de guerrilha*, de Ernesto Che Guevara."

Alto Garça

Num outro depoimento, James Allen Luz confessa que "tomou parte no treinamento de guerrilha, em Alto Garça (MT), entre outros, Diniz Gomes Cabral Filho".

Sobre Diniz Gomes Cabral Filho a polícia soube isto: foi um dos principais integrantes do Movimento Tiradentes (organização clandestina e subversiva), chefiado pelo ex-deputado Francisco Julião. Diniz Gomes Cabral Filho, secretário

---

28 Erro na publicação. O certo é Sousa.

particular de Francisco Julião, fazia o recrutamento de pessoas para os diversos campos de treinamento de guerrilha mantidos pelo Movimento Tiradentes.

Mara Rosa

No dia 26 de julho de 1965, as autoridades apuram: Gerson Alves Parreira está recebendo dinheiro do PCdoB para manter movimento subversivo dirigido por Jorge Lacerda, no município de Mara Rosa, no Estado de Goiás. Gerson Alves Parreira já entrou em contato com Jorge Lacerda e diz ter dois mil homens para pegar em armas em Goiânia (GO).

Outra informação sobre guerrilha, tirada dos depoimentos que Tarzan de Castro fez durante sua prisão: "Amaro Luís de Carvalho, dirigente do PCdoB em Pernambuco, organizou guerrilha na Fazenda Catingueira, naquele Estado".

Camponeses

Duas informações sobre arregimentação de camponeses:

1   Micheas Gomes de Almeida foi escalado pelo PCdoB para exercer tarefas na zona rural de Goiás. Visava à criação de um sindicato rural.

2   Gerson Alves Parreira e Divino Ferreira de Sousa foram para o município de Mossamedes (GO) com o objetivo de arregimentar os camponeses daquela região com o intuito de criar um sindicato rural.

Muitos policiais, entretanto, acreditam que o objetivo não era o sindicato rural e sim a arregimentação dos camponeses para os campos de treinamento de guerrilha.

OS GUERRILHEIROS

Havia plano de agitação preparado para o 2º aniversário da revolução

Luís Carlos Prestes, Agildo Barata, Pedro Pomar, João Amazonas, Maurício Grabois e Carlos Marighella são alguns dos nomes que marcaram o movimento comunista no Brasil.

Em 1922 é fundado o Partido Comunista do Brasil. O revolucionário Luís Carlos Prestes adere ao movimento, que ganha corpo, notadamente na década de 1930-1940.

Em 1958, Agildo Barata rompeu com o Partido Comunista do Brasil, acusa seus dirigentes e afasta-se da política. É o primeiro e um dos mais sérios impactos no partido de Luís Carlos Prestes.

Luís Carlos Prestes muda o seu nome para Partido Comunista Brasileiro em 1958. Nesse mesmo ano, Pedro Pomar, Maurício Grabois, João Amazonas e outros são expulsos do Partido Comunista Brasileiro; eles discordavam da sua linha, que consideravam revisionista. Fundam um novo partido – o Partido Comunista do Brasil –, nome que o velho partido de Luís Carlos Prestes abandonara.

O Partido Comunista Brasileiro (por abreviação, PCB), sempre com Luís Carlos Prestes à frente, continua com a sua linha moderada. É a linha de Moscou. O Partido Comunista do Brasil (por abreviação, PCdoB), de Pedro Pomar, adota a chamada linha chinesa. É a linha de Pequim.

Há outras cisões no movimento comunista. Mário Alves e Jacob Gorender são expulsos do Partido Comunista Brasileiro, por não concordarem com a sua linha política, e fundam o Partido Comunista Brasileiro Revolucionário (por abreviação, PCBR). Carlos Marighella, também expulso, organiza um grupo isolado de todos.

Essas duas últimas facções – PCBR e o grupo de Carlos Marighella – são radicais e, por isso, as autoridades se preocupam com elas. Mas no caso presente, dos 18 brasileiros que foram aprender guerrilha na China, o interesse se concentra no PCdoB.

Revolução

O PCB de Luís Carlos Prestes, com sua linha moderada, aparentemente não preocupa muito as autoridades. Quanto ao PCdoB, de Pedro Pomar, ele preocupa mais por dois motivos: a) prega uma revolução armada, mas planejada e, se preciso, a longo prazo; b) as autoridades já sabem que ele mandou 18 homens treinar guerrilha na China Comunista.

Em 1964, o movimento comunista brasileiro sofreu duro golpe. Depois deste, o maior golpe foi assestado contra o PCdoB, com a prisão de dois guerrilheiros e a identificação dos principais dirigentes e membros de Goiás, Brasília e São Paulo.

Guerrilha

Em 1965 e 1966, o PCdoB manda 18 de seus filiados à Academia Militar de Pequim, na China Comunista, para que eles assistam a dois cursos de guerrilha, de cinco meses cada um.

Em setembro de 1966, já no Brasil, dois dos que cursaram a guerrilha – Tarzan de Castro e Gerson Alves Parreira – são presos e levados à Fortaleza de São João, no Estado da Guanabara.

Esses dois são interrogados. A cúpula do PCdoB, principalmente os dirigentes de Goiás, Brasília e São Paulo, é identificada.

Ocorrem mais três prisões: James Allen Luz, Cleyde Almeida Fernandes e Dilmar Lima Stoduto. As autoridades apuram que quatro dos que fizeram o curso de guerrilha – Gerson Alves Parreira, Paulo Assunção Gomes, Miguel Pereira dos Santos e Hélio Ramires Garcia –, logo que voltaram da China Comunista, vieram para São Paulo.

Aqui, os quatro entraram em contato com o Comitê Central do PCdoB e, numa reunião com João Amazonas, Pedro Pomar e Maurício Grabois, da cúpula do partido, fizeram um relato do que viram e aprenderam na Academia Militar de Pequim.

Os interrogatórios dos presos revelam, também, que José Humberto Bronca trouxe três mil dólares da China Comunista para o Partido Comunista do Brasil. Com os presos as autoridades apreendem correspondência comprometedora e anotações sobre reuniões em vários pontos do país.

Manifesto

Gerson Alves Parreira e James Allen Luz confessam que, nos dias que antecede-ram ao segundo aniversário da revolução de 1964, eles se reuniram com membros da Ação Popular e da Polop[29] para esquematizar plano de agitação visando desmo-ralizar as festividades programadas pelo governo naquela data.

Identificam-se, por outro lado, alguns dos que participaram de reuniões em que foram debatidas as teses que resultariam no Manifesto Programa do Partido Comunista do Brasil: Gerson Alves Parreira, Divino Ferreira de Sousa, Hélio Ca-bral de Sousa, James Allen Luz, além de outros e da cúpula do partido.

Um dos presos resumiu, nos seus depoimentos, o Manifesto Programa do PCdoB:

"Consiste ele na organização das massas, citadinas e camponesas, para, em forma de partido político, inclusive de um exército popular nacional revolucio-nário, derrubar o governo constitucional da República, através de um movi-mento revolucionário popular à mão armada, para se constituir um governo nacional revolucionário".

Olhos vendados

Finalmente, os interrogatórios revelam que Hélio Ramires Garcia, Miguel Pereira dos Santos, Dilmar Lima Stoduto e outros foram levados de olhos vendados e de automóvel para a VI Conferência Nacional do Partido Comunista do Brasil, em 1966, em São Paulo. Os mais novos foram levados com vendas nos olhos pelos militantes mais velhos. Entre estes últimos estavam Hélio Cabral de Sousa, James Allen Luz, Gerson Alves Parreira e outros.

Os 18 que fizeram curso de guerrilha na China Comunista pertencem ao Comi-tê Regional de Goiás do PCdoB, embora atuem, também, em outros estados. Ape-nas dois deles foram presos, mas fugiram, três meses depois, da Fortaleza de São João, na Guanabara. Além desses 18, foram identificados estes militantes do PCdoB: Goiás: Luís Vergatti, James Allen Luz, Joaquim Tomas Jaime e Alcir de Sousa Bar-bosa (dirigentes); Dalvina Cardoso de Moraes, Manoel José Espukis, Jonas José

---

29 Organização Revolucionária Marxista Política Operária.

Crisoto, Mauro da Silveira Lobo e Maria da Gloria Lopes da Silva (membros). Brasília: Cleyde Almeida Fernandes, Dilmar Lima Stoduto[30] e Eneas Fernandes de Aguiar (dirigentes); José Alberto Silva e Wilson Tavares de Oliveira (membros). São Paulo: Raimundo da Gama e Erlan de Castro (dirigentes). Comitê Central: João Amazonas, Pedro Pomar, Maurício Grabois e Ângelo Arroio (cúpula).

Aos poucos, polícia completa ficha de dezoito que aprenderam na China

A polícia sabe pouco sobre os 18 que fizeram curso de guerrilha na Academia Militar de Pequim, na China Comunista. Registros policiais, informações, depoimentos de presos, denúncias e investigações vão enriquecendo, aos poucos, a ficha de cada um deles. Todos estão foragidos e são procurados pelas Polícias Políticas do país.

1   Edgard de Almeida Martins. 39 anos. Estudante. Nasceu em Severina[31] (SP). Acusado de levante comunista, foi preso em Tupã, em 1949. Saiu da cadeia e, em 1953, assumiu a direção do movimento comunista de Tupã. Levou seu irmão Manoel de Almeida Martins para o partido. Atirou num sargento da Força Pública em Tupã e, em seguida, tentou atropelá-lo com um caminhão. Em 1967, a Polícia Política foi informada de que ele voltara a agir na Alta Paulista, tendo por centro a cidade de Tupã.

2   Roberto Carlos de Figueiredo. 27 anos. Estudante. Nasceu em Bezerros (PE). Em 1965 já havia exercido as seguintes funções: a) Organização do PCdoB no Núcleo Presidencial do Iapi, em Brasília; b) Organização do PCdoB na

---

30 A reportagem diz que os militantes mais novos foram levados de olhos vendados pelos mais velhos à reunião do PCdoB. Dilmar Lima Stoduto foi de olhos vendados, o que o colocaria entre os mais novos. Porém, mais adiante ele é identificado como dirigente do PCdoB em Brasília, o que o colocaria entre os mais velhos. A disparidade constava das informações do dossiê dos órgãos de segurança que chegou às minhas mãos. Não percebi a contradição na época e escrevi a reportagem como aparecia no documento.

31 Erro na publicação. O correto é Severínia.

Vila Planalto, em Brasília; c) Liderou movimento contra o envio de tropas brasileiras para São Domingos.

3   Gerson Alves Parreira. 26 anos. Estudante. Nasceu em Edeia (GO). Ligou-se ao PCdoB em 1962. Recrutou vários elementos para o movimento comunista. Organizou a célula do PCdoB na Escola Técnica de Comércio de Campinas.

4   Diniz Gomes Cabral Filho. 31 anos. Estudante. Nasceu em Recife (PE). Participou do Fórum Mundial da Juventude, em Moscou, na semana de 25 de julho a 3 de agosto de 1961, onde foram debatidos problemas universais com representantes de 60 países. Foi secretário-geral da Ubes (União Brasileira dos Estudantes Secundários). Viajou para Cuba, Tchecoslováquia e outros países socialistas. Organizou o PCdoB em São José do Rio Preto. Ajudou a organizar o mesmo partido na Guanabara.

5   Tarzan de Castro. 26 anos. Estudante. Nasceu em São Paulo (SP). Processado por falsificar passaporte que lhe possibilitou viajar para países socialistas. Foi designado para organizar o PCdoB na Alta Araraquarense.

6   Amaro Luís de Carvalho. 34 anos. Comerciário. Nasceu em Porto Alegre (RS). Voltou de Cuba em 1961. Seu avião foi interditado no aeroporto de Congonhas, mas ele acabou seguindo viagem para o Uruguai. Fora a Cuba participar dos festejos da Revolução Cubana (26 de julho). Quando o avião foi liberado e decolou, Amaro Luís de Carvalho e outros passageiros deram vivas ao Brasil e cantaram o Hino da Revolução Cubana. Organizou o PCdoB em Pernambuco, Alagoas e Paraíba.

7   Miguel Pereira dos Santos. 25 anos. Bancário. Nasceu em Recife (PE). Fundou o jornal do Grêmio do Colégio de Aplicação (de orientação comunista). Atuou em várias cidades do interior organizando o PCdoB.

8   José Humberto Bronca. 34 anos. Mecânico. Nasceu em Porto Alegre (RS). Ajudou a organizar o PCdoB da capital.

9   Hélio Ramires Garcia. 25 anos. Bancário. Nasceu em Belo Horizonte (MG). Ajudou a estruturar o PCdoB em Goiás.

10   Divino Ferreira de Sousa. 26 anos. Comerciário. Nasceu em Caldas Novas (GO). Dirigiu, por algum tempo, o PCdoB de Goiás.

11   Micheas Gomes de Almeida. 30 anos. Marceneiro. Nasceu em Bragança (SP). Dirigiu, por algum tempo, o PCdoB de Goiás.

12 Derly José de Carvalho. 30 anos. Metalúrgico. Nasceu em São Paulo (SP). Líder sindical, em São Bernardo do Campo, foi preso duas vezes.

13 Hélio Cabral de Sousa. 32 anos. Estudante. Nasceu em Goiânia (GO). Ajudou a organizar o PCdoB em Anápolis.

14 Paulo Assunção Gomes. 32 anos. Bancário. Nasceu em Uruguaiana (RS). Ajudou a organizar o PCdoB no Sul do país.

15 Ari Olgin da Silva. 48 anos. Jornalista. Nasceu em Porto Alegre (RS). Colaborou na organização do PCdoB no Sul do país.

16 Manoel Luís Vieira de Sousa Coelho. 28 anos. Estudante. Nasceu em Pelotas (RS). Ajudou a organizar o PCdoB em Pernambuco.

17 João Carlos Haas Sobrinho. 27 anos. Médico. Nasceu em Porto Alegre (RS). Colaborou na organização do PCdoB na capital.

18 José Vieira da Silva Jr. 21 anos. Estudante. Nasceu no Rio de Janeiro (GB). Ajudou a estruturar o PCdoB em Goiás.

Arquivo de jornal

A IDEIA FOI DO JORNALISTA Bóris Casoy: escrever uma série de cinco reportagens sobre homicídios misteriosos que haviam acontecido em São Paulo e depois de muitos anos permaneciam sem solução. Casoy, na época diretor da Redação da *Folha de S.Paulo*, onde eu trabalhava como repórter policial, incumbiu-me da tarefa e eu saí a campo para executá-la.

Fui conversar com velhos policiais para selecionar as matérias e eles se lembraram dos casos mais interessantes e de maior repercussão na época em que aconteceram. Selecionados os cinco homicídios misteriosos, parti para o arquivo do jornal, onde encontrei as pastas de cada um com várias reportagens e fotografias antigas.

Fiz a pesquisa e escrevi o texto da série, que foi publicada em cinco dias seguidos, de 9 a 13 de novembro de 1980. O tempo passou e esses homicídios jamais foram esclarecidos, mistério que as vítimas levaram para o túmulo e os assassinos esconderam do mundo – o que significa que as investigações fracassaram e os criminosos não foram punidos. Pouco a pouco esses casos caíram no esquecimento e estão arquivados até hoje nas empoeiradas prateleiras do depósito do Fórum Criminal de São Paulo.

Escrevi nessa série cinco histórias: 1 – Alexandre Klein, professor de matemática da Universidade Mackenzie, morreu com oito tiros no corpo em 1955 na porta da casa onde morava, no Brooklin. Tinha 33 anos. 2 – Maria Teresa Aires Dianda, milionária e frequentadora da alta sociedade, morreu com um tiro na cabeça em 1967 dentro do seu automóvel, na via Anchieta. Tinha 23 anos. 3 – Frederico Amante Neto, rico industrial do ramo do aço, morreu com um tiro na cabeça em 1972 na Estrada Velha de Santos. Tinha 48 anos. 4 – Anita Carrijo, dentista e líder feminista, morreu estrangulada em 1957 no apartamento onde morava e atendia clientes, no centro da cidade. Tinha 52 anos. 5 – Geraldo Junqueira, conhecido cineasta, morreu com seis tiros na cabeça em 1960 no meio de um loteamento, no Morumbi. Tinha 30 anos.

Escrever com base no arquivo do jornal não se limita a separar a pasta do caso e fazer um simples resumo do que aconteceu. Deve-se aplicar uma técnica para valorizar o novo texto e torná-lo atraente e interessante. A pasta contém recortes de reportagens antigas, desde o fato até os desdobramentos e a repercussão. O primeiro passo é ler tudo com atenção, anotando as informações principais, que serão usadas no novo texto. O segundo passo é juntar ao acontecimento em si observações que possam enriquecer o que já foi publicado.

Talvez seja mais fácil escrever uma reportagem no momento da ocorrência, porque o repórter tem de apurar o fato e revivê-lo. Isso desperta os seus sentidos, levando-o, muitas vezes, à emoção ou à indignação, o que contribui para que ele produza um bom trabalho.

A escolha do jornalista também é fator importante. Quando o Bóris Casoy incumbiu-me da tarefa de escrever sobre os cinco homicídios misteriosos, certamente levou em conta a minha experiência como repórter policial, o que na verdade permitiu que o novo texto fosse enriquecido com observações próprias de quem milita nessa área do jornalismo. Em um caso desses, então, o resultado é fruto de notícias já publicadas e da experiência profissional.

O arquivo da *Folha de S.Paulo* era a memória do jornal e funcionava junto à Redação, ocupando cerca de dez funcionários que, em dois turnos, trabalhavam de manhã até a noite. O noticiário era recortado a tesoura e guardado em pastas suspensas que enchiam os móveis de aço de quatro gavetas. Recortavam-se artigos e reportagens da *Folha* e de outros jornais e revistas quando o assunto merecia. E havia um fichário datilografado que orientava a busca e a pesquisa.

Eu passava horas nesse arquivo consultando pastas ou folheando edições antigas do jornal encadernadas desde a sua fundação. As encadernações de capa preta e letras douradas continham o jornal inteiro e ficavam guardadas lado a lado, mês a mês, ano a ano, em uma prateleira que ocupava uma parede inteira. Havia, ainda, uma biblioteca com enciclopédias em várias línguas. Eu costumava consultar a inglesa (Britannica) e a espanhola (Salvatia).

O arquivo da *Folha de S.Paulo* era para mim fonte de inspiração para praticar o jornalismo. Extasiava-me lendo o noticiário do início do século XX, quando o jornal tinha poucas páginas e o texto era cheio de adjetivos e cerimônias ao se referir às autoridades, além dos lides, que muitas vezes eram extensas introduções às reportagens. E a diagramação antiga e embolada, com títulos compridos encabeçando matérias que, não raro, iniciavam em uma página e terminavam em outra.

Pesquisar no arquivo equivalia a fazer um curso da história da *Folha* e conhecer as suas mudanças e evolução editorial: elaboração das manchetes e títulos, disposição das matérias nas páginas, técnicas de redação e projetos gráficos que marcaram cada um e sua época. E também a palavra escrita, que tanto se modificou em obediência às periódicas reformas ortográficas da língua portuguesa.

Era esse e era assim o arquivo do jornal: as pastas de fibra com os recortes, alguns amarelecidos pelo tempo, outros quebradiços de tão velhos, todos colados em folhas de papel e misturados a fotografias ampliadas que haviam sido ou não publicadas. Matérias assinadas por jornalistas em plena atividade ou, as mais antigas, por aqueles que já estavam aposentados ou haviam morrido.

Foi nesse arquivo que eu encontrei o material para escrever a série de cinco homicídios misteriosos jamais esclarecidos. Foi desse arquivo que muitos repórteres tiraram ideias e informações para escrever grandes trabalhos jornalísticos. O passado construindo o presente e projetando o futuro. E quanta ilusão perdida e sepultada no arquivo de um jornal.

Mas, como tudo acaba na vida, o arquivo da *Folha de S.Paulo* também acabou, substituído pela tecnologia e pela informática. Seu espaço físico desapareceu e o que nele se guardava foi microfilmado e transferido para os discos rígidos dos computadores. O arquivo da *Folha* morreu e com ele morreu a última geração do jornalismo romântico.

Assaltantes perseguidos e mortos

Dois assaltantes morreram na madrugada de ontem em tiroteio com uma guarnição da Rota, na av. Ibirapuera, altura do n° 700, logo depois do assalto contra uma lanchonete da área, de onde levaram Cr$ 1.500, enquanto um terceiro conseguiu escapar.

Segundo os policiais, os três ladrões fugiram a pé após o assalto, e a viatura prefixo 9139 da Rota foi avisada em seguida, saindo à procura dos assaltantes. Ao serem encontrados, reagiram e na troca de tiros, dois morreram, afirmam os PMs.

Os mortos, um branco e um preto, aparentando 25 anos de idade, não portavam nenhum documento. A polícia espera chegar ao terceiro homem, que teria saído ferido do tiroteio, após a identificação da dupla.

Os PMs apresentaram três revólveres que teriam sido usados pelos ladrões.

Clube da PM nega autoria de documento

O presidente do "Clube dos Oficiais da Polícia Militar do Estado de São Paulo", deputado Delfim Cerqueira Neves, negou qualquer responsabilidade da entidade sobre a carta apócrifa na qual oficiais da PM, com exceção dos coronéis, reivindicam aumento salarial imediato e equipamentos ao comandante da corporação, coronel Arnaldo Braga, que se recusou a falar do assunto com a imprensa.

A carta é atribuída ao "Grupo Lealdade e Constância". Vem em papel timbrado e envelope da Polícia Militar e tem como remetente o "Clube dos Oficiais da Polícia Militar do Estado de São Paulo". Estão recebendo o documento órgãos de comunicação, integrantes da Polícia Militar e membros do governo estadual.

Entre outros argumentos, a carta afirma o seguinte: "Estamos amargurados ante o quadro confuso, de desassossego, de manifestações malcontidas de indisciplina, de insatisfação em face de nossas precárias condições, com carência absoluta de apoio logístico no mais amplo sentido, com vencimentos aviltantes e indignos. Estamos à beira de um colapso."

E termina com uma frase de apelo e advertência ao comandante: "Contamos com vosso comando, nos termos propostos, caso contrário ninguém conseguirá deter a avalanche de indisciplina e de torpe exploração de nossa lamentável situação, alimentada por agitadores e omissos de todos os matizes e origens, sempre com escusos interesses."

AUMENTO

Na prática, o que os policiais militares querem é um aumento que contemple os oficiais com vencimentos semelhantes aos recebidos por delegados da Polícia Civil e os soldados, cabos e sargentos com uma porcentagem substancial sobre seus soldos atuais. Além disso, reivindicam "material de apoio logístico" em quantidade e qualidade suficientes para o desempenho das funções. Isso quer dizer mais viaturas, equipamentos de comunicação e material de uso geral, incluindo até os uniformes.

Quando dos vencimentos da oficialidade, por exemplo, a função mais alta da PM, que é a de coronel da ativa, com 30 anos de serviço prestado, é remunerada com Cr$ 80 mil mensais, enquanto o cargo correlato na Polícia Civil, que é o delegado especial, tem salário de Cr$ 140 mil. Outras duas funções equivalentes, a de segundo tenente e delegado de quinta classe, recebem respectivamente Cr$ 32 mil e Cr$ 58 mil.

Essa disparidade, inclusive, já foi demonstrada em outras cartas apócrifas, atribuídas a outro movimento que congrega policiais militares, denominado "Capitão Alberto Mendes Júnior". Esse grupo, entretanto, mostrou-se bem mais agressivo que o "Lealdade e Constância", denunciando veementemente alta oficialidade que está em comando.

O deputado Delfim Cerqueira Neves, coronel reformado da PM e presidente do Clube dos Oficiais da Polícia Militar, disse porém que não pertence a nenhum dos grupos, "a despeito de ambos lutarem pela mesma causa, que é a acima de tudo justa".

Sobre o fato de "Grupo Lealdade e Constância" utilizar envelopes e papel timbrado da PM e colocar como remetente o Clube, o deputado afirma "pelo menos oficialmente, a carta não é do Clube, podendo ser de sócio". O comandante-geral da PM, coronel Arnaldo Braga, não quis receber o reporter para conversar sobre o documento, alegando que "é uma carta anônima". O chefe da quinta seção (Relações Públicas), coronel Baiocchi, que transmitiu a negativa do comandante, concordou entretanto, que, "afinal, não é tão anônima assim, pois tem o timbre do Clube dos Oficiais como remetente. Mas — acrescentou — é preciso confirmar".

Crimes misteriosos

Local do crime; os pistoleiros apagaram a luz do poste e esperaram escondidos atrás do muro.

Pistoleiros atocaiados no Brooklin mataram professor

EDSON FLOSI

Dois pistoleiros atocaiados atrás de um muro descarregaram os seus revólveres de grosso calibre, na noite de 7 de junho de 1955, no Brooklin, matando o professor Alexandre Klein, que lecionava Matemática na Universidade Mackenzie. Ninguém viu os assassinos e o mistério daquela noite venceu a Divisão de Homicídios. Até hoje não se sabe quem são eles. Dispararam dez tiros; oito no corpo e quatro no rosto do professor. O caso está arquivado no Fórum Criminal de São Paulo.

Alexandre Klein morreu na porta de sua casa, uma mansão cercada de árvores, dentro de um amplo terreno murado. O progresso ainda não havia chegado ao Brooklin e a rua, de terra batida, à noite, era escura. Perto do poste principal da casa, porém, havia um poste de madeira, com uma lâmpada. Era fixado no poste, a um metro e meio do chão, o interruptor, que acendia ou apagava a lâmpada.

O professor lecionava à noite e chegava tarde em casa. Morava junto com a mãe na mansão. Quando chegava, encontrava a luz do poste, invariavelmente acesa. Era seu costume parar o carro — um Chevrolet — na rua. Descia, abria o portão, voltava para automóvel e entrava, só parando de novo no quintal, perto da casa, que ficava bastante recuado, longe da rua e no meio das árvores.

A TOCAIA

Toda terça-feira, porém, Alexandre Klein, que só dava duas aulas nesse dia, chegava mais cedo em casa. Ele morreu em uma terça-feira, às dez horas da noite, assassinado por homens, que, certamente, conheciam os seus hábitos e haviam estudado o local do crime.

Naquela noite a luz do poste estava apagada. Da. Maria Ana Klein, entretanto, disse aos policiais que havia deixado acesa a luz que os assassinos, então, devem ter apagado. Alexandre Klein parou o carro na rua, como fazia sempre, mas, desta vez, não chegou a descer. Os pistoleiros saíram de trás de um muro da mansão e o mataram.

Arbustos quebrados ou amassados e marcas de pés no chão revelaram aos policiais o lugar exato da tocaia e o número de criminosos. Garoava e o terreno estava umedecido. Quando secou, os peritos moldaram em gesso as marcas de pés, concluindo que um dos pistoleiros usava botas, e o outro, sapatos comuns. Foi possível, também, estabelecer que os criminosos correram separadamente para o carro, cercado à distância do automóvel, um de cada lado.

Da. Maria Ana Klein ouviu os tiros e saiu de casa. Foi até o portão, viu o carro do filho, a luz do poste apagada, começou a gritar, atraindo a atenção de dois vizinhos. Gritando ela abriu a porta do automóvel, viu o filho caído. Estava morto. Os assassinos haviam fugido e ninguém sabe como.

O SUSPEITO

O professor Alexandre Klein tinha 33 anos quando foi assassinado. A Divisão de Homicídios começou a levantar a sua vida em busca de pista para esclarecer o crime. Filho único de um casal austríaco, Alexandre Klein veio para o Brasil, com os pais, em 1938, quando a Alemanha anexou a Áustria.

Casou-se aos 27 anos. O casamento, porém, só durou três anos. Vivia separado da mulher, Valquíria Gonzaga Klein, uma italiana, queria voltar a viver com o marido, tentando, várias vezes, sem êxito, a reconciliação. Em algumas dessas tentativas ela o ameaçou de morte e a Divisão de Homicídios soube disso.

As investigações acabaram se voltando contra Reinaldo Gonzaga, pai de Valquíria Gonzaga Klein e sogro do professor Alexandre Klein, que poderia ter mandado matar o genro, contratando dois pistoleiros. As investigações, porém, não provaram nada contra Reinaldo Gonzaga, que sempre negou qualquer participação no crime. E atrás dessa pista falsa os policiais perderam dois meses preciosos.

O MOTIVO

Vingança foi o motivo do crime e disso a Divisão de Homicídios nunca teve dúvida, apesar de não ter descoberto, até hoje, os assassinos do professor. A morte foi por encomenda, contratada de pistoleiros. Na investigação, porém, não aparece autores do crime. Toda essa certeza decorre de uma série de investigações e entrevistas com pessoas ligadas a Alexandre Klein e a maneira como ele foi assassinado.

Os assassinos eram pois a premeditaram o crime, agindo atocaiados e a sangue-frio, descarregando em seus revólveres de calibre 38 sobre o professor, quando ele ainda estava sentado ao volante de seu automóvel. Mataram e foram embora como se tivessem cumprido uma missão. Não fizeram mais nada e nem roubaram ou tentaram roubar o dinheiro que Alexandre Klein tinha no bolso, dentro de uma carteira de couro, ou o relógio de ouro, que ele trazia no pulso.

No crime passional e criminosos sempre agem sozinhos. Mais de um, ainda que o motivo seja passional, a vingança, é, no caso do professor Alexandre Klein, a Divisão de Homicídios

Alexandre Klein morreu aos 33 anos

Os pistoleiros cercaram o carro e atiraram

concluiu: vingança e contratada. Os tiros foram certeiros e a queima-roupa: quatro no peito, dois na cabeça e dois no ombro, do professor, além dos quatro que passaram raspando Alexandre Klein e acertaram as estofamento do automóvel.

QUEM FOI?

Quem, para se vingar, seria capaz de contratar dois pistoleiros para matar Alexandre Klein? Tentando responder a esta pergunta que jamais conseguiu, a Divisão de Homicídios descobriu alguns casos de amor na vida do professor, o último envolvendo uma jovem de 22 anos.

Esta moça, provavelmente, a última pessoa que viu Alexandre Klein com vida, afora, naturalmente, os seus assassinos. O professor saíra da Universidade Mackenzie, naquela noite, encontrando-a jovem na Avenida São Luís, que se dirigia para o seu apartamento, na rua Xavier de Toledo, ou pelo menos, uma pessoa testemunhou.

Localizada pelos policiais, dois depois do crime, a moça compareceu em companhia de tio rápido. O professor deixou-a lhe pareceu nervoso e preocupado e também ela disse nada que ajudasse, dissesse a Divisão de Homicídios a descobrir os seus assassinos. Esta jovem foi a última pista que os policiais seguiram e a última pessoa que, Alexandre Klein, que durante muito tempo repercutiu em São Paulo, foi pouco a pouco caindo no esquecimento.

Venha ver de perto a moda Primavera-Verão

Minivestido em malha de algodão estampada. Pala lisa com aplicação lateral, manga japonesa. Decote redondo, frisos contrastantes. Nas cores: branco c/vermelho ou branco c/azul. Tamanhos: P - M - G.
Apenas 699,

Minivestido em malha de algodão lisa. Malha sanfonada em cor contrastante no decote, cintura e mangas. Estampa lateral. Nas cores: branco ou rosa. Tamanhos: P - M - G.
Apenas 999,

Camiseta em malha de algodão listrada. Decote Careca. Meia manga. Diversas cores. Tamanhos: 40 a 46
Apenas 159,

Minissaia em jeans. Bolsos faca na frente e chapados atrás. Toda pespontada. Cor única: azul. Tamanhos: 40 a 46.
Apenas 699,

Tudo em 3 pagamentos, sem acréscimo, pelo Crédito Imediato ou com o Cartão de Crédito Jumbo Eletro.

Centro de Modas jumbo ELETRO

Os Jumbo Eletro de São Paulo permanecem abertos das 8 às 23 horas, de 2a a sábado. Os Jumbo Eletro Magazine até às 20 horas.

Pistoleiros atocaiados no Brooklin mataram professor

> Reportagem publicada na *Folha de S.Paulo* em 9 de novembro de 1980

EDSON FLOSI

Dois pistoleiros atocaiados atrás de um muro descarregaram os seus revólveres de grosso calibre, na noite de 7 de junho de 1955, no Brooklin, matando o professor Alexandre Klein, que lecionava matemática na Universidade Mackenzie. Ninguém viu os assassinos e o mistério desafiou e venceu a Divisão de Homicídios. Até hoje não se sabe quem são eles. Dispararam 12 tiros: oito no corpo e quatro no carro do professor. O caso está arquivado no Fórum Criminal de São Paulo.

Alexandre Klein morreu na porta de sua casa, uma mansão cercada de árvores, dentro de um amplo terreno murado. O progresso ainda não havia chegado ao Brooklin e a rua, de terra batida, à noite era escura. Perto do portão principal da casa, porém, havia um poste de madeira, com uma lâmpada. E fixado no poste, a um metro e meio do chão, o interruptor, que acendia ou apagava a lâmpada.

O professor lecionava à noite e chegava tarde em casa. Morava junto com a sua mãe na mansão. Quando chegava, encontrava a luz do poste, invariavelmente, acesa. Era seu costume parar o carro – um Chevrolet – na rua. Descia, abria o portão, voltava para o automóvel e entrava, só parando de novo no quintal, perto da casa, que ficava bastante recuada, longe da rua e no meio das árvores.

A tocaia

Toda terça-feira, porém, Alexandre Klein, que só dava duas aulas nesse dia, chegava mais cedo em casa. Ele morreu em uma terça-feira, às dez horas da noite, assassinado por homens que, certamente, conheciam os seus hábitos e haviam estudado o local do crime.

Naquela noite a luz do poste estava apagada. D. Maria Ana Klein, entretanto, disse aos policiais que havia deixado acesa a luz, que os assassinos, então, devem ter apagado. Alexandre Klein parou o carro na rua, como fazia sempre, mas desta vez não chegou a descer. Os pistoleiros saíram de trás de um muro da mansão e o mataram.

Arbustos quebrados ou amassados e marcas de pés no chão revelaram aos policiais o lugar exato da tocaia e o número de criminosos. Garoava e o terreno estava umedecido. Quando secou, os peritos moldaram em gesso as marcas de pés, concluindo que um dos pistoleiros usava botas, e o outro, sapatos comuns. Foi possível, também, estabelecer que os criminosos correram separadamente para o carro, cercando o automóvel, um de cada lado.

D. Maria Ana Klein ouviu os tiros e saiu de casa. Foi até o portão, viu o carro do filho, a luz do poste apagada, começou a gritar, atraindo a atenção de dois vizinhos. Gritando, ela abriu a porta do automóvel, viu o filho caído. Estava morto. Os assassinos haviam fugido e ninguém sabe como.

O suspeito

O professor Alexandre Klein tinha 33 anos quando foi assassinado. A Divisão de Homicídios começou a levantar a sua vida em busca de pista para esclarecer o crime. Filho único de um casal austríaco, Alexandre Klein veio para o Brasil, com os pais, em 1936, quando a Alemanha anexou a Áustria.

Casou-se aos 27 anos. O casamento, porém, só durou três anos. Vivia separado da mulher, Valquíria Gonzaga Klein, que, entretanto, queria voltar a viver com o marido, tentando várias vezes, sem êxito, a reconciliação. Em algumas dessas tentativas ela o ameaçou de morte e a Divisão de Homicídios soube disso.

As investigações acabaram se voltando contra Reinaldo Gonzaga, pai de Valquíria Gonzaga Klein e sogro do professor Alexandre Klein, que poderia ter mandado matar o genro, contratando dois pistoleiros. As investigações, porém, não provaram nada contra Reinaldo Gonzaga, que sempre negou qualquer participação no crime. E atrás dessa pista os policiais perderam dois meses preciosos.

O motivo

Vingança foi o motivo do crime e disso a Divisão de Homicídios nunca teve dúvida, apesar de não ter descoberto, até hoje, os assassinos do professor. E também nunca teve dúvida de que dois pistoleiros, a serviço de mandante, foram os autores do crime. Toda essa certeza decorre de uma série de investigações e entrevistas com pessoas ligadas a Alexandre Klein e da maneira como ele foi assassinado.

Os assassinos eram dois e premeditaram o crime, agindo atocaiados e a sangue-frio, descarregando os seus revólveres de calibre 38 sobre o professor, quando ele ainda estava sentado ao volante do seu automóvel. Mataram e foram embora como se tivessem cumprindo uma missão. Não fizeram mais nada, nem roubaram o dinheiro que Alexandre Klein tinha no bolso, dentro de uma carteira de couro, ou o relógio de ouro, que ele trazia no pulso.

No crime passional o criminoso sempre age sozinho. Mais de um, ainda que o motivo seja passional, é vingança, e no caso do professor Alexandre Klein a Divisão de Homicídios concluiu: vingança e contratada. Os tiros foram certeiros e à queima-roupa: quatro no peito, dois na cabeça e dois no ombro do professor, além dos quatro que passaram raspando e acertaram no estofamento do automóvel.

Quem foi?

Quem, para se vingar, seria capaz de contratar dois pistoleiros para matar Alexandre Klein? Tentando responder a essa pergunta, o que jamais conseguiu, a Divisão de Homicídios descobriu alguns casos de amor na vida do professor, o último envolvendo uma jovem de 22 anos.

Essa moça, provavelmente, foi a última pessoa que viu Alexandre Klein com vida, afora, naturalmente, os seus assassinos. O professor saiu da Universidade Mackenzie, naquela noite, encontrando a jovem na porta, o que pelo menos uma pessoa testemunhou.

Localizada pelos policiais, dois meses depois do crime, a moça confirmou o encontro, que disse ter sido rápido. O professor não lhe pareceu nervoso ou preocupado e, também, não disse nada que ajudasse, depois, a Divisão de Homicídios a descobrir os seus assassinos. Essa jovem foi a última pista que os policiais seguiram e a misteriosa morte de Alexandre Klein, que durante muito tempo repercutiu em São Paulo, foi pouco a pouco caindo no esquecimento.

Crimes misteriosos

Policiais da Divisão de Homicídios examinam o local do crime; quilômetro 43 da Via Anchieta.

Morte de Maria Teresa foi investigada com muita falha

EDSON FLOSI

A morte de Maria Teresa Aires Dianda, de 23 anos, no dia 31 de agosto de 1967, uma quinta-feira, no quilômetro 43 da Via Anchieta, transformou-se em um mistério que até hoje a Divisão de Homicídios não conseguiu esclarecer e, como muitos outros, o caso está guardado no depósito do Fórum Criminal, à espera de um fato novo para ser reaberto. Enquanto isso, continua em liberdade quem a matou, com um tiro na cabeça, dentro do seu automóvel — um Aero Willis — na época um carro de luxo.

Provavelmente levada pelo assassino, a arma do crime, uma pistola automática de calibre 7.65, desapareceu e jamais foi encontrada, apesar do esforço dos policiais, que esquadrinharam um matagal da serra, na esperança de que o criminoso tivesse jogado a arma fora depois de matar. O único tiro entrou, da direita para a esquerda, em posição horizontal, típica de assassinato (em casos de suicídio, a bala, geralmente, descreve uma trajetória de baixo para cima).

O crime chamou a atenção da alta sociedade, em São Paulo, e, entre os suspeitos, estavam um tenista milionário, um conhecido industrial e o filho de um político famoso, que foram investigados com muita tolerância pela Divisão de Homicídios que, às vezes, para falar com um deles, esperava um mês até ser atendida.

Casada desde os 17 anos com Caio Roxo de Lara Campos, que era dez anos mais velho do que ela, Maria Teresa Aires Dianda deixou de usar o sobrenome do marido três meses antes de morrer, quando dele se desquitou amigavelmente. Suas duas filhas, uma de quatro e outra de dois anos, ficaram sob a sua guarda.

O CRIME

Quando se desquitou, Maria Teresa Aires Dianda foi morar com suas duas filhas, em uma mansão do Jardim Paulista. E começou a trabalhar com o pai, no seu escritório de importação, no centro da cidade.

No dia em que morreu ela saiu deste escritório e foi para casa. Eram cinco e meia da tarde quando apanhou um maiô e disse para a sua mãe que ia nadar, com uma amiga, no Clube Paulistano. Ninguém sabe, exatamente, o que aconteceu depois e porque Maria Teresa Aires Dianda mudou de idéia. As sete e meia da noite, ela morreu, com um tiro na cabeça, no quilômetro 43 da Via Anchieta.

O seu Aero Willis bateu, com violência, na guarda de proteção da estrada e não se sabe se isto aconteceu antes, durante ou depois do tiro. É possível que o assassino também tenha se ferido, naturalmente, sem gravidade, porque fugiu. Maria Teresa Aires Dianda tinha um aparta-mento em Santos e seguia na direção dessa cidade quando levou o tiro e bateu o carro.

A ARMA

A bala entrou e alojou-se na sua cabeça. O exame do projétil revelou o tipo e o calibre da arma: pistola automática 7.65. Quem matou, fugiu sem ser visto, com a arma do crime. Maria Teresa Aires Dianda, socorrida por um guarda rodoviário e levada para a Santa Casa de Santos, morreu no caminho, inconsciente, sem dizer nada.

Apesar das evidências de crime, a Divisão de Homicídios defendeu, por algum tempo, a tese do suicídio, argumentando que a arma, na hora em que o automóvel bateu na grade de proteção, poderia ter caído no matagal da serra. Policiais procuraram a arma, nesse matagal, mas não acharam nada.

A arma sumiu e suspeitou-se, então, do guarda rodoviário, que foi a primeira pessoa a chegar ao local do crime. Descobriu-se, porém, que o guarda rodoviário era pessoa honesta: uma semana antes, atendendo a um desastre, na Via Anchieta, ele encontrou uma pasta cheia de dinheiro e, imediatamente, levou-a para a família da vítima. Na verdade, a Divisão de Homicídios fez de tudo para justificar o desaparecimento da arma, enquanto defendia a tese do suicídio.

O TEMPO

A primeira coisa que um aluno aprende, na Escola de Polícia, é que, quanto mais tempo passa, mais difícil fica para se esclarecer um assassinato misterioso. As provas e pistas desaparecem com o tempo e aumentam as chances do criminoso destruí-las. A Divisão de Homicídios, entretanto, foi muito paciente no caso de Maria Teresa Aires Dianda, perdendo precioso tempo, enquanto defendia a tese de suicídio. Talvez por isso, agora, nunca mais descubra o assassino.

Não se sabe porque a Divisão de Homicídios agiu assim, apesar das evidências de crime, que constavam de relatórios de policiais e resultados de exames periciais. O médico-legista, que examinou o corpo de Maria Teresa Aires Dianda, afirmou que o tirou disparado a curta distância de, pelo menos, quinze centímetros, o que não acontece em caso de suicídio, quando a arma é muito mais apronximada.

Não havia, também, abalo de chamuscamento de Maria Teresa Aires Dianda, o que afastaria a hipótese de suicídio. E a trajetória da bala foi horizontal, enquanto que, em caso de

Maria Teresa levou um tiro na cabeça.

O carro da vítima desgovernou-se e bateu.

A procura da arma no matagal da serra.

suicídio, ela apresenta uma inclinação de 40 a 45 graus.

A INVESTIGAÇÃO

Tudo — até a investigação — foi muito misterioso no caso de Maria Teresa Aires Dianda. Ninguém acreditava em suicídio. Só a Divisão de Homicídios. Furada, porém, pelo Ministério Público, ela passou a investigar o caso como crime, mas, aí, era tarde demais. Pistas e provas haviam sido destruídas.

Exames periciais demonstraram que havia dois tipos de sangue no Aero Willis: um de Maria Teresa Aires Dianda e outro, provavelmente, do assassino. O automóvel, porém, não foi preservado. Levado para uma oficina, em Santo Amaro, incendiou e o fogo destruiu pistas e provas importantes que ainda não haviam sido devidamente investigadas.

Treze anos decorreram desde o dia em que a bonita e elegante Maria Teresa Aires Dianda foi assassinada e nada se descobriu. As investigações, falhas, não conseguiram, sequer, levantar os últimos passos da vítima no dia do crime: das cinco e meia da tarde, quando ela se despediu da mãe, dizendo que ia nadar, no Clube Paulistano, até às sete e meia da noite, quando morreu na Via Anchieta.

Nessas duas horas está a chave de todo o mistério. A Divisão de Homicídios se preocupou muito em provar a tese de suicídio, o que, afinal de contas, não conseguiu. Não se preocupou, porém, em saber o que Maria Teresa Aires Dianda fez e com quem esteve nessas duas horas. Quem esteve com ela das cinco e meia da tarde às sete e meia da noite do dia 31 de agosto de 1967 pode ser o assassino.

Delegado do ABC não acredita em irregularidades

"Não acho que haja qualquer irregularidade na delegacia de polícia de Santo André" — afirmou ontem o delegado seccional do ABCD, Jorge Miguel, a respeito do depoimento do excolaborador da polícia e motorista do ônibus Cildenor Anselmo Brilhante, publicado ontem na "Folha", onde ele revela que "em todas as delegacias de Santo André, se tortura".

O próprio Cildenor, segundo já havia denunciado a vários órgãos de imprensa, foi torturado nas dependências da delegacia de Vila Palmares e hoje se encontra inutilizado. Ele vive escondido, por temer represálias, mas revela ter denunciado ao Juiz-corregedor de Santo André, Caetano Sorrentino, inúmeros casos de serviças nas dependências dos órgãos policiais da cidade. "Se o juiz está investigando os casos, acredita que haja qualquer irregularidade, ele que apure" — comentou o delegado Jorge Miguel "É se for o caso, que mande instaurar inquérito. Se qualquer coisa for apurada, nossa única função é punir os funcionários sobre os quais pese qualquer prova de que tenha cometido irregularidade."

SEM RELAÇÃO

O delegado Jorge Miguel, no entanto, nega-se a relacionar o afastamento de três policiais da delegacia de Vila Palmares às denúncias de torturas ocorridas naquelas dependências. O delegado titular de Santo André, Durval de Oliveira, encontra-se, segundo Jorge Miguel "licenciado a pedido, para tratamento de saúde, pois estava com "stress"". O diretor da cadeia de Vila Palmares, delegado Percival Clone, encontra-se "em férias", assim como o investigador Sérgio Sistenari, ambos acusados, por Cildenor, de o terem torturado.

"O investigador Sérgio Sistenari é o motorista do delegado Durval de Oliveira. É claro que com a licença do chefe, seu funcionário também se afastasse. Mas todos retornarão a seus postos, terminadas as férias e a licença" — afirmou o seccional do ABCD.

Corpo do industrial de Piracicaba foi envolto em concreto

Envolto por uma espessa camada de concreto, foi encontrado na manhã de sábado o corpo do industrial José Francisco Coimbra Neto, de 21 anos, desaparecido desde o dia 10 de outubro, quando saiu de casa, na cidade de Piracicaba, para vender sua Brasília. O caixão estava dentro de um barracão do loteamento Colinas, no município vizinho de São Pedro, tendo sido descoberto por um operário.

Os soldados do Corpo de Bombeiros, chamados para arrebentar o concreto, acharam o corpo de Coimbra em estado de decomposição. Há um suspeito para o crime, mas os seus motivos estão sendo considerados "um mistério" até agora.

No dia 9 de outubro, Zeno — apelido carinhoso de Coimbra Neto — em uma anúncio publicado no jornal de Piracicaba, telefonando para o interessado em comprar um Brasília de fabricação recente. No dia seguinte, bem cedo, ele saiu dirigindo o carro, decidindo a fechar o negócio ainda naquela manhã, pelo preço já combinado de Cr$ 210 mil. E foi a última vez que a esposa Isabel e as filhas menores, Patrícia e Daniela, viram-no com vida.

Na casa para onde Zero se dirigiu, em um bairro de Piracicaba, foram encontrados apenas um vidro de éter, um pano enxarcado e uma cadeira e escrivaninha, ambas quadradas. A casa tinha sido alugada há quatro dias, em nome de João Batista Oliveira, o mesmo personagem que comprou terreno no loteamento Colinas de São Pedro em setembro passado, pagando a primeira parcela no ato (Cr$ 4 mil) e desaparecendo. No barraco desse terreno foi achado o corpo de Zeno, concretado.

O cadáver estava de bruços, amordaçado e com as mãos amarradas. Em torno do pescoço, a corda de nailon com que foi asfixiado, conforme constataro o laudo necroscópico. Os legistas supõem também que Coimbra morreu há 28 ou 29 dias, ou seja, no mesmo ou no dia seguinte ao do sequestro.

MISTÉRIO

Os delegados Manoel Cardoso Neto e Antônio Castilho Cunha, do 2.° Distrito Policial de Piracicaba, têm quase certeza de que o "corretor de seguros" João Batista Oliveira é, na verdade, Roberto Moino, chefe de uma quadrilha de estelionatários conhecida, e único suspeito da morte do industrial.

A sua opinião é baseada no reconhecimento fotográfico feito por diversas pessoas que tiveram contato direto com o homem que se identificou como João Batista Oliveira: Laurenço de Faro, que vendeu o lote nas Colinas de São Pedro, as pessoas que alugaram a casa e até outros interessados em vender suas Brasílias que, procurando o anunciante, "intuíram" o negócio e recuaram.

O mistério, agora, são os motivos para o assassinato. Pouca gente acredita que tenha a preparação — compra de terreno, aluguel de casa, concretagem do corpo — tenha sido feita apenas com a intenção de roubar uma Brasília. Por que — perguntam-se também as autoridades policiais — teriam tanto trabalho em concretar o corpo, quando enterrá-lo seria mais fácil e, ao mesmo tempo, dificultaria o achado? Foi dado o "caráter geral" em todo o Estado para a detenção de Roberto Moino, o que pode acrescentar mais um capítulo nessa história que vem repercutindo intensamente na cidade.

Promotor do caso Dorinha Duval prepara o parecer

RIO (Sucursal) — O promotor José Carlos Pires Rodrigues, designado pelo 1.° Tribunal do Júri para estudar os autos do inquérito sobre a morte do publicitário Fabio Sérgio Garcia Alcântara, assassinado a tiros por sua mulher, a atriz Dorinha Duval, deu à imprensa ontem que pronunciamento sobre o caso.

O delegado Borges Fortes, da 15.ª Delegacia, que há duas semanas concluiu o inquérito, enquadrou Dorinha Duval como incurso no artigo Eboli envíe os laudos periciais que faltam, a fim de prosseguir com as investigações. Borges Fortes espera que a Justiça devolva o inquérito para ser concluído.

O promotor José Carlos Rodrigues aproveitará o fim de semana para verificar todas as peças do inquérito. Ele já tem uma idéia mais concreta sobre o crime.

DEA CARDIM

O inquérito sobre o assassinato da milionária Dea Cardim também já se encontra com a Justiça, apesar de ter sido aberto o dia 10.ª Delegacia. O delegado Gastão Nascimento esclareceu que os autos deverão retornar as suas mãos, esta semana, porque até então apenas o esforço está completo: falta ainda o laudo do perito que indicará o autor da morte da milionária.

Metrô promete liberar Santa Cecília em 81

A Companhia do Metrô promete liberar no segundo semestre de 1981 quase toda a região de Santa Cecília, que está interditada para as obras da linha Leste-Oeste, a partir daquela data, só faltará concluir um túnel de 200 metros, na rua das Palmeiras, entre a alameda Nothman e a avenida Angélica, ainda não contratado. Entretanto, a Companhia garante entregar reurbanizado um grande espaço, inclusive onde está sendo construída a estação Santa Cecília.

Mas isso não significa que os moradores e comerciantes, que desde 1978 sofrem com as obras, possam, desde já, respirar aliviados. Afinal, o Metrô padece do crônico problema de falta e do atraso na obtenção de recursos, o que impede que se confie cegamente nos planos da Companhia.

PREVISÕES

Para o ano que vem, o Metrô vai precisar de 35 bilhões de cruzeiros para continuar tocando as obras em todas as estações de acordo com o último cronograma elaborado. Estão previstos para 81, o início da construção da estação Penha, a conclusão das estações Tatuapé e Belém e a consequente entrada em operação do trecho Bresser-Tatuapé, além do término da maior parte das obras brutas na região da Santa Cecília.

BOA VONTADE

Mas esses 35 bilhões ainda não foram garantidos pelo Município, Estado e União, que forneçam verbas para o Metrô. O orçamento para o ano que vem, segundo os assessores da empresa, já foi apresentado, porém, ainda não foi aprovado. De qualquer forma, eles acreditam que, diante da crise de combustível, "deverá haver mais boa vontade para a liberação dos recursos necessários às obras".

A partir do segundo semestre de ano que vem, deverão estar terminadas as obras brutas da estação Santa Cecília e os dois túneis em construção. Então, a Companhia do Metrô continuará trabalhando embaixo da terra, fazendo acabamento e instalando equipamentos, para, no primeiro semestre de 1982, concluir tudo e colocar em operação o trecho Santa Cecília-Tatuapé, incluindo a estação República.

ESTAÇÃO

Atualmente, a parte da escavação da estação Santa Cecília já foi toda realizada. Cerca de 20% da laje de base já estão concretadas. A torre de ventilação também está pronta. Terminada a laje de fundo, serão executados os pilares de sustentação e o mezanino para distribuição de passageiros. Com isso, estarão terminadas as obras brutas.

A estação Santa Cecília terá 140 metros de comprimento com largura variável entre 30 e 45 metros. Serão 6.700 metros quadrados de área construída e capacidade para 20 mil passageiros por hora.

OS TÚNEIS

Estão sendo construídos 363 metros do túnel que vai em direção à praça Marechal Deodoro, onde futuramente será implantada mais uma estação. Por enquanto, os planos preveêm que esse túnel para sob a avenida Angélica. Essa trecho em obras vai até a alameda Nothman, sendo que daí até a Angélica a construção ainda não foi contratada, mas deverá entrar contratada no primeiro semestre de 80, quando a estação Santa Cecília entrar em operação.

Cerca de 45% das escavações desse túnel, sob a rua das Palmeiras, já foram concluídas. Também já foram concretados três blocos de laje de fundo. Até que a estação Marechal Deodoro seja construída, esse túnel servirá para manobra de trens.

ESCAVAÇÕES

Do outro lado da estação, esão sendo executados e quase concluídos os 146 metros finais do túnel que liga essa estação à República. O restante foi feito em 1976, devido à um pilar do Minhocão, as escavações no trecho de 146 metros precisaram ser executadas a céu aberto.

As escavações em direção à praça Marechal Deodoro estão sendo feitas pelo método. Conforme esse método, o solo é pré-escavado e, em seguida, escoradas às colunas, instalando-se sobre elas as vigas de concreto, que permitem, então, a escavação do miolo do túnel.

A rua das Palmeiras será reurbanizada até o final do próximo ano.

Algumas lojas não aguentaram os prejuízos e fecharam.

Esperançosos, lojistas acham que pior já passou

Comerciantes estabelecidos na rua das Palmeiras e região de Santa Cecília, de modo geral, já estão conformados com as obras do Metrô. "O pior já passou", dizem. Agora, aguardam com ansiedade o momento em que a Estação Santa Cecília começará a operar, quando esperam se recuperar dos atuais prejuízos.

"O barulho já diminuiu bastante e no invés de tapumes em nossas portas agora temos tela. Em comparação com épocas passadas, quando estávamos praticamente cercados de madeiramentos e havia fama por todo o lado, hoje nada nos abala beleza", afirma Fernando Coelho da Fonseca, gerente da loja "A Rendeira". Há 50 anos em Santa Cecília.

Mas Fernando lembra que, apesar da situação ter melhorado um pouco, o movimento da loja continua pequeno, ou seja, reduzido à metade do que era antes de começarem as obras do Metrô.

"São só fechamos definitivamente, como ocorreu com várias das lojas das ruas das Palmeiras, porque o prédio é nosso. Se tivéssemos de pagar aluguel, não teríamos resistido", conta o gerente.

Ele aponta outro grande problema que as obras do Metrô tem trazendo: o excessivo número de assaltos. "Como tudo fica interditado, é fácil para os ladrões agirem e se esconderem." "Diz que todos os dias alguém é assaltado nas ruas das Palmeiras por "trombadinhas" e "trombadões". "Outro dia um homem veio se refugiar aqui na loja e nele roubaram estavam correndo atrás dele, levando-lhe 45 mil cruzeiros. Deveria haver pelo menos três ou quatro policiais estabelecidos nas redondezas. Não sei se no Natal poderemos ficar aberto à noite, pois temos muito medo."

INCÊNDIO

Kenichi Narahara, proprietário da casa de móveis Palmeiras, não vê a hora em que a Estação Santa Cecília esteja operando. Ele teve muito azar: além de sua movimento ter sido reduzido em cerca de 80%, em fevereiro ele sofreu um incêndio que, além das chamas, danificou ainda mais a sua loja. "No combate ao incêndio, bombeiros têm podiam chegar no local interditado, quase tudo o que ele tinha acabou se consumindo nas chamas.

"Os bombeiros demoraram para conseguir apagar o fogo", lembra Kenichi, "E o pior, é que o seguro não cobriu todos os meus prejuízos."

Desde então, ele só trabalha com móveis usados (antes comercializava móveis novos), porque exigem um investimento menor.

"Não fechei porque o prédio é meu. Reduzi o número de funcionários, estou colocando aqui minhas últimas economias, só esperando o dia em que a estação estiver funcionando. Aí sei que não me recuperarei. Estou encarando essa época deficitária como um investimento. Mais tarde serei recompensado. Já imagino o que vai passar de gente pela rua das Palmeiras quando o Metrô estiver funcionando?"

STC

Comunica a realização, hoje, dia 10, das assembléias dos grupos 4410 · 3446 · 3427 · 3448 — formados por participantes do antigo Consórcio Almeida Prado às 21:15/21:15/21:15/21:15 hs, respectivamente, na Av. Thalma de Oliveira, 80 (esq. c/ Av. Aricanduva - Penha).

STC

Comunica a realização, hoje, dia 10, das assembléias dos grupos 5402 · 3422 · 3423 · 5404 · 5427 · 3424 · 5405 · 5428 · 3425 · 4402 · 5406 · 3428 · 3424 · 4410 — formados por participantes do antigo Consórcio Almeida Prado às 19:00/19:00/19:00/19:45/19:45/19:45/20:30/20:30/20:30/20:30/21:15/21:15/21:15/21:15 hs, respectivamente, na Av. Thalma de Oliveira, 80 (esq. c/ Av. Aricanduva - Penha).

TESTES VOCACIONAIS
PROF. CARLOS DEL NERO - CRP 17
Rua Itacolomi, 333 - Fones 258-5358 e 256-6900

Morte de Maria Tereza foi investigada com muita falha

Reportagem publicada na *Folha de S.Paulo* em 10 de novembro de 1980

EDSON FLOSI

A morte de Maria Teresa Aires Dianda, de 23 anos, no dia 31 de agosto de 1967, uma quinta-feira, no quilômetro 43 da via Anchieta, transformou-se em um mistério que até hoje a Divisão de Homicídios não conseguiu esclarecer e, como muitos outros, o caso está guardado no depósito do Fórum Criminal, à espera de um fato novo para ser reaberto. Enquanto isso, continua em liberdade quem a matou, com um tiro na cabeça, dentro do seu automóvel – um Aero Willis –, na época um carro de luxo.

Provavelmente levada pelo assassino, a arma do crime, uma pistola automática calibre 7.65, desapareceu e jamais foi encontrada, apesar do esforço dos policiais, que esquadrinharam um matagal da serra, na esperança de que o criminoso tivesse jogado a arma fora depois de matar. O único tiro entrou da direita para a esquerda, em posição horizontal, típica de assassinato (em casos de suicídio, a bala geralmente descreve uma trajetória de baixo para cima).

O crime chamou a atenção da alta sociedade, em São Paulo, e entre os suspeitos estavam um tenista milionário, um conhecido industrial e o filho de um político famoso, que foram investigados com muita tolerância pela Divisão de Homicídios, que, às vezes, para falar com um deles, esperava um mês até ser atendida.

Casada desde os 17 anos com Caio Roxo de Lara Campos, que era dez anos mais velho do que ela, Maria Teresa Aires Dianda deixou de usar o sobrenome do marido três meses antes de morrer, quando dele se desquitou[32] amigavelmente. Suas duas filhas, uma de quatro e outra de dois anos, ficaram sob a sua guarda.

O crime

Quando se desquitou, Maria Teresa Aires Dianda foi morar com seus pais, levando suas filhas, em uma mansão do Jardim Paulista. E começou a trabalhar com o pai, no seu escritório de importação, no centro da cidade.

No dia em que morreu ela saiu desse escritório e foi para casa. Eram cinco e meia da tarde quando apanhou um maiô e disse para sua mãe que ia nadar, com uma amiga, no Clube Paulistano. Ninguém sabe exatamente o que aconteceu depois e porque Maria Teresa Aires Dianda mudou de ideia. Às sete e meia da noite, ela morreu, com um tiro na cabeça, no quilômetro 43 da via Anchieta.

O seu Aero Willis bateu, com violência, na grade de proteção da estrada e não se sabe se isso aconteceu antes, durante ou depois do tiro. É possível que o assassino também tenha se ferido, naturalmente sem gravidade, porque fugiu. Maria Teresa Aires Dianda tinha um apartamento em Santos e seguia na direção dessa cidade quando levou o tiro e bateu o carro.

A arma

A bala entrou e alojou-se na sua cabeça. O exame do projétil revelou o tipo e o calibre da arma: pistola automática 7.65. Quem matou fugiu sem ser visto, com a arma do crime. Maria Teresa Aires Dianda, socorrida por um guarda rodoviário e levada para a Santa Casa de Santos, morreu no caminho, inconsciente, sem dizer nada.

Apesar das evidências de crime, a Divisão de Homicídios defendeu, por algum tempo, a tese de suicídio, argumentando que a arma, na hora em que o automóvel bateu na grade de proteção, poderia ter caído no matagal da serra. Policiais procuraram a arma nesse matagal, mas não acharam nada.

A arma sumiu e suspeitou-se, então, do guarda rodoviário, que foi a primeira pessoa a chegar ao local do crime. Descobriu-se, porém, que o guarda rodoviário

---

32 Ver nota 2, p. 27.

era pessoa honesta: uma semana antes, atendendo a um desastre na via Anchieta, ele encontrou uma pasta cheia de dinheiro e, imediatamente, levou-a para a família da vítima. Na verdade, a Divisão de Homicídios fez de tudo para justificar o desaparecimento da arma, enquanto defendia a tese de suicídio.

O tempo

A primeira coisa que um aluno aprende, na Escola de Polícia, é que, quanto mais tempo passa, mais difícil fica para esclarecer um assassinato misterioso. As provas e pistas desaparecem com o tempo e aumentam as chances de o criminoso destruí-las. A Divisão de Homicídios, entretanto, fez exatamente o contrário no caso de Maria Teresa Aires Dianda, perdendo precioso tempo enquanto defendia a tese de suicídio. Talvez por isso, agora, nunca mais descubra o assassino.

Não se sabe por que a Divisão de Homicídios agiu assim, apesar das evidências de crime, que constavam de relatórios policiais e resultados de exames periciais. O médico-legista que examinou o corpo de Maria Teresa Aires Dianda afirmou que o tiro foi disparado a uma distância de, pelo menos, 15 centímetros, o que não acontece em caso de suicídio, quando a arma é muito mais aproximada.

Não havia, também, sinais de chamuscamento na cabeça de Maria Teresa Aires Dianda, o que afastava a hipótese de suicídio. E a trajetória da bala foi horizontal, enquanto, em caso de suicídio, ela apresenta uma inclinação de 40 a 45 graus.

A investigação

Tudo – e até a investigação – foi muito misterioso no caso de Maria Teresa Aires Dianda. Ninguém acreditava em suicídio. Só a Divisão de Homicídios. Forçada, porém, pelo Ministério Público, ela passou a investigar o caso como crime, mas aí era tarde demais. Pistas e provas haviam sido destruídas.

Exames periciais demonstraram que havia dois tipos de sangue no Aero Willis: um de Maria Teresa Aires Dianda e outro, provavelmente, do assassino. O automóvel, porém, não foi preservado. Levado para uma oficina, em Santo Amaro, incendiou-se e o fogo destruiu pistas e provas importantes que ainda não haviam sido devidamente investigadas.

Treze anos decorreram desde o dia em que a bonita e elegante Maria Teresa Aires Dianda foi assassinada e nada se descobriu. As investigações, falhas, não conseguiram sequer levantar os últimos passos da vítima no dia do crime: das cinco e meia da tarde, quando ela se despediu da mãe, dizendo que ia nadar no Clube Paulistano, até às sete e meia da noite, quando morreu na via Anchieta.

Nessas duas horas está a chave de todo o mistério. A Divisão de Homicídios se preocupou muito em provar a tese de suicídio, o que, afinal de contas, não conseguiu. Não se preocupou, porém, em saber o que Maria Teresa Aires Dianda fez e com quem esteve nessas duas horas. Quem esteve com ela das cinco e meia da tarde às sete e meia da noite do dia 31 de agosto de 1967 pode ser o assassino.

Crimes misteriosos

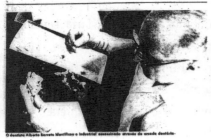

O dentista Alberto Barreto identificou o industrial assassinado através da arcada dentária.

A morte de Amante Neto na Estrada Velha de Santos

EDSON FLOSI

Decorridos oito anos desde o dia em que o industrial Frederico Amante Neto foi assassinado, na estrada velha de Santos, o caso permanece arquivado e sem solução, no Fórum Criminal de São Paulo. O mistério que desafiou os melhores agentes da Divisão de Homicídios era começou às dez horas da noite de 24 de novembro de 1972, quando o industrial foi visto, pela última vez, na porta do Clube Homs, na av. Paulista, 735.

Frederico Amante Neto tinha 48 anos da época. De origem humilde, nascido em Minas Gerais, ele crescera, porém, em Barra Mansa, no Rio de Janeiro, onde, na juventude, foi carreteiro, transportando iço em pesados caminhões. Quando morreu, era milionário, dono de fazendas e indústrias e, presidente da Lavre Guarulhos SA, dominava o mercado da madeira da produção de aço no País.

O industrial foi ao Clube Homs, naquela noite, para assistir a uma conferência maçônica. Estava com seu sócio Francisco Lau e dele se separou quando a conferência acabou. Suspeito do crime, Francisco Lau contou, depois, aos policiais, que Frederico Amante Neto se despediu, lá na calçada, e foi embora sozinho, para pegar o seu automóvel, que estava em um estacionamento da av. Paulista, 901, a duzentos metros do Clube Homs. E nada se provou contra Francisco Lau.

Nesses duzentos metros — entre o Clube Homs e o estacionamento — ele e a chave de todo o mistério. Ninguém sabe, até hoje, o que aconteceu, mas, uma coisa é certa: o industrial sumiu nesses duzentos metros, pois não chegou a pegar o seu carro — um Galaxie — no estacionamento.

O CRIME

Separado da mulher, há muitos anos, Frederico Amante Neto vivia com a sua única filha. Ela mobilizou vários setores policiais para encontrar o pai. As buscas, porém, resultaram negativas, até que, no dia 15 de dezembro, um bêbado, que recolhia restos de uma macumba em uma encruzilhada deserta, encontrou o corpo do industrial, no quilômetro 43 da estrada velha de Santos, em um matagal da serra, a 300 metros da rodovia, entre São Bernardo do Campo e Cubatão.

Frederico Amante Neto estava morto há vários dias e o adiantado estado de decomposição do seu corpo prejudicaram os exames. É possível que tenha sido assassinado na mesma noite em que desapareceu. Havia levado um tiro de grosso calibre à bala, que se perdeu, entrou, de baixo para cima, atrás da orelha esquerda, saindo no alto da cabeça. A Divisão de Homicídios chegou a algumas conclusões examinando o local do crime: a arma, seguramente uma pistola automática, era de nove milímetros. Os assassinos, sem dúvida, eram mais de um.

A INVESTIGAÇÃO

Frederico Amante Neto vestia a roupa com a qual havia desaparecido: terno azul claro, camisa da mesma cor, gravata vermelha e sapato esporte. Era um homem forte e havia sido dominado antes de morrer (seus punhos estavam firmemente atados por tiras de esparadrapo). Tinha, nos bolsos, todos os documentos: cédula de identidade, cartões de crédito, bilhete de avião, fotografias pessoais. A decomposição do corpo, porém, destruiu as suas impressões digitais e, por algum tempo, alimentou-se a hipótese de não ser ele o corpo encontrado na estrada velha de Santos. O dentista Alberto Barreto, porém, que havia tratado do industrial, examinou a sua arcada dentária e o corpo era mesmo de Frederico Amante Neto.

Surgiram os suspeitos, que foram interrogados e a maioria se provou contra eles. Mulheres, que frequentavam boates junto com o industrial foram chamadas a depor. Homens de negócios suspeitos. Inimigo de Frederico Amante Neto foram investigados. De concreto, porém, nada.

A Divisão de Homicídios investigou a vida inteira do industrial e descobriu que, enquanto se admiravam, os outros o odiavam. Era, ao mesmo tempo, um homem bom e mal, liberal e duplor, capaz de perdoar e de matar. Este retrato de Frederico Amante Neto a Divisão de Homicídios fez entrevistando dezenas de pessoas.

A VIDA

Velhos amigos do industrial falaram dos seus tempos de carreteiro. Trabalhou duro, ganhou

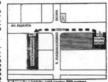

Amante Neto dominava metade do mercado de aço.

muito dinheiro, em pouco tempo tinha uma frota de pesados caminhões de transporte. Ia buscar aço em Volta Redonda, no Rio de Janeiro, inbornava meio mundo, ficou rico. Dava, porém, muito do que ganhava: pagava médicos e hospitais a amigos e empregados doentes; tirando dinheiro do próprio bolso, não podia ver ninguém em dificuldade, estava sempre pronto para ajudar.

Por outro lado, porém, não se importava muito com os meios para atingir os fins a que se propunha. Um carreteiro disse que, uma vez, uma jamanta de Frederico Amante Neto colidiu, de propósito, na Via Dutra, com oito caminhões, que tentaram passar para que os carros da sua frota chegassem primeiro em Volta Redonda.

Em 1983, quando tinha 24 anos, Frederico Amante Neto já era um homem rico. Nesse ano ele se envolveu em uma história de violência.Foi em Banamal, no interior de São Paulo, durante uma caçada, que ele promoveu. Entre os que caçavam estava Geraldo dos Santos, que também trabalhara com aço em um caminhão da frota de Frederico Amante Neto disparo. Geraldo dos Santos morreu com um tiro nas costas. Acusado do crime, porém, o industrial conseguiu provar que o disparo foi acidental.

Em 1958, Francisco Rodrigues Lisboa, delegado de Polícia do Rio de Janeiro, de quem o industrial não gostava, estava em um bar, na Barra do Piraí. Levou oito tiros e morreu na hora. Acusado de ser mandante foram levantadas pela Divisão de Homicídios para esclarecer o assassinato de Frederico Amante Neto, mas, decorridos oito anos, a sua morte ainda é um mistério.

Os casos de violência envolvendo o industrial são muitos e, para a Divisão de Homicídios, qualquer um deles pode ter provocado uma vingança. Até o quilômetro 43 da estrada velha de Santos, onde ele acabou assassinado com um tiro na nuca.

Uma vez, o industrial deu quatro tiros em sua mulher, Terezinha Leal Amante, da qual estava se desquitando. Hospitalizada, ela se recuperou, e ele, como sempre, escapou da cadeia. Todos estes casos e mais alguns foram levantados pela Divisão de Homicídios para esclarecer o assassinato de Frederico Amante Neto, mas, decorridos oito anos, a sua morte ainda é um mistério.

Começou o congresso sobre Penitenciária

Ao instalar ontem o 2.º Congresso Brasileiro de Administração Penitenciária, que prosseguirá até sexta-feira próxima, na Câmara Municipal de São Paulo, o secretário da Justiça estadual, José Carlos Ferreira de Oliveira, defendeu a revisão das "estratégias tradicionais de penitenciarismo, baseadas exclusivamente em critérios jurídicos".

Além de secretários da Justiça e da Segurança Pública de vários Estados, participam especialistas em questões penitenciárias. Entre os temas em debate, estão: "Classificação Criminológica de Delinquentes e Estabelecimentos Penais", "Laborterapia e Profissionalização do Reeducando" e "Problemática do Egresso".

Secretário promete punir torturadores

A Corregedoria da Polícia Civil de São Paulo abriu sindicância para apurar denúncias de torturas no 4.º Distrito Policial de Santo André, onde o juiz-corregedor Caetano Sorrentino encontrou equipamento de tortura, durante uma diligência feita de surpresa, há cerca de 15 dias.

Estas e outras providências para investigar a prática de sevícias contra presos, que vêm sendo tomadas ultimamente, foram anunciadas ontem pelo secretário da Segurança Pública, desembargador Otávio Gonzaga Júnior, que prometeu levar "até as últimas consequências" a apuração das denúncias de irregularidades e, se comprovadas, punir os culpados".

"Sou absolutamente contra a tortura. Admito que a polícia use de alguma energia, afinal não é dando docinhos que você consegue apurar as coisas. Mas entre energia e tortura, vai uma longa distância", afirmou o secretário.

OUTRAS

O Degran também abriu sindicância, segundo informou, o secretário para apurar a morte do menor Marcelo Barbosa de Castro, numa delegacia de Carapicuíba, e que, segundo o laudo médico, teria morrido por "traumatismo craniano etílico" provocado por instrumento contundente" e não por estrangulamento, como a princípio se afirmara. De acordo com o boletim de ocorrência da delegacia, Marcelo teria sido espancado pelos próprios companheiros da cela especial onde teria sido colocado, junto a menores infratores. O boletim não especifica precisamente que motivos teriam os menores para matar Marcelo.

O secretário da Segurança afirmou ainda que o Degran também abriu sindicância para apurar as denúncias de torturas feitas por Cildenor Anselmo Brilhante, ex-colaborador da polícia de Santo André, depois de ter sido preso na Delegacia de Vila Palmares.

Cildenor foi preso por danificação do patrimônio do Estado, e por isto deverá responder a inquérito policial. Ele arrombou a 3.º Distrito Policial, depois de deixar o serviço numa empresa de ônibus onde trabalhava e deu tiros nas paredes.

Cildenor foi preso e levado para a Delegacia de Vila Palmares. Ele acusa o investigador Sérgio Sesteuari e o diretor da Cadeia, Percival Clone, de o terem torturado lá. Cildenor diz que sofreu queda meia hora de castigos nos órgãos genitais.

Delegado vai apurar como morreu "Lula"

RIO (Sucursal) — A Corregedoria da Polícia da Secretaria de Segurança designou na tarde de ontem o delegado Gualter Santos Melo para presidir o inquérito que apurará as torturas e a morte de Luís Carlos da Silva Lima, o "Lula", no interior da Delegacia de Duque de Caxias, na Baixada Fluminense.

Luís Carlos, segundo a Polícia, morreu em consequência de uma queda na escada da 59.º Delegacia, depois de arrebentar as algemas e de fugir com o detetive Tito Floriano, no início da semana passada. Para a família, ele morreu em consequência de torturas, que começaram sofrendo na delegacia.

Dentro de mais alguns dias, o delegado Siqueira deverá ser transferido para a 13.ª DP, em Copacabana. A Secretaria de Segurança revelou que a transferência do policial "é um ato de rotina".

Polícia acredita que industrial foi morto por vingança

PIRACICABA (Do Correspondente) — A polícia tenta prender o estelionatário Roberto Moino, apontado como o mandante do assassinato do industrial José Francisco Coimbra Neto, cujo corpo foi encontrado, envolto em concreto, baleado, na vizinha cidade de São Pedro. O industrial estava desaparecido desde o dia 16 de outubro.

A principal pergunta que se faz agora é o motivo do crime, pois Coimbra Neto foi morto com requintes de crueldade. A hipótese de ele vir a ser delatado, caso a polícia o surpreendesse, contando com o apoio de base, realizava-se mais válida como suposições. O encontro, caso, vem sendo cercado de dificuldades, mas nenhuma confirmação concreta. Sabe-se também que a dívida conta "Zezo", foi da 24 vezes citado o nome do Bairro Piracicaba, Coimbra Neto, conhecido na cidade como "Zezo", foi a essa casa apôs ter um anúncio publicado em um jornal local, de pessoas interessadas em vender seu carro.

Na manhã de 18 de outubro, às 9 horas, "Zezo" chegou ao endereço e, após mostrar o carro ao comprador, entrou na casa. Nunca mais foi visto. Pouco depois, operários que trabalhavam em frente à casa viram quando quatro homens saíram e colocaram algumas coisas no portamalas de Ford Maverick marrom, placa JS-9916. Três homens saíram com o carro e o outro, identificado como Roberto Moino, se seguiu, dirigindo, com o Brasília de "Zezo".

Às 18.30, 16 em São Pedro, o Maverick, agora com Roberto Moino ao volante, parou em um posto de gasolina na cidade e encheu o tanque. O cruzeiro de gasolina foram pagos com um talão de cheque, mas rasgado, verificou-se que pertencia a "Zezo".

DESAPARECIDO

Quando a família deu pela desapareceu de "Zezo", a polícia foi à casa da avenida Dois Córregos, encontrando sinais de luta, uma cadeira quebrada, um vidro de éter e um pano com sinais de sangue.

Inicialmente pensou-se que "Zezo" fora sequestrado. A pessoa que ia alugar a casa ficaram-se ao proprietário com João Batista de Oliveira. Mais tarde foi identificado como Roberto Moino, morador em Taboão da Serra, na Grande São Paulo.

Durante quase um mês a polícia da região trabalhou numa tentativa de encontrar "Zezo" vivo, hoje era um interessado na cidade de São Pedro acabou por se lembrar de ter visto quatro homens, um quadro, entrando no terreno por trás marca dos três, feita de blocos de concreto, em outubro passado.

Subindo ao telhado e afastando algumas telhas, o pedreiro viu um túmulo feito de concreto, com cerca de 1,80 m de comprimento, 80 cm de largura e 50 cm de altura. Dando parte à polícia, foi aberto o túmulo e descoberto o corpo, em estado avançado de decomposição de "Zezo". Estava com uma corda no pescoço e um sinal amarrado com um fio de plástico. Havia uma corda no pescoço e sinais de amarrados, com um pedaço feito também um profundo corte no braço. Dentro do túmulo foi encontrado também um profundo corte no braço. Dentro do túmulo foi encontrado também um pedaço da costela, com uma tira de sangue, na qual o cadáver foi enrolado em Piracicaba e colocado no porta-malas do Maverick.

O policiais que atende Roberto Moino revelou "Zezo" por vingança, a mando de alguém, por que este não cumprira a parte de pagamento combinada para a realização de suas investigações. A hipótese do crime ter sido comandado por alguém, de dentro da prisão, com o emprego de terceiros, na busca, tendo em vista que "Zezo" Roberto Moino recebera outras pessoas interessadas em vender os seus veículos, mas só "Zezo" desapareceu.

Adiado parecer no inquérito da atriz

RIO (Sucursal) — Uma crise circulatória, sofrida no sábado, impediu que o promotor José Pires Rodrigues, da 1.ª Tribuna do Júri, despachasse ontem, como prometera, o inquérito em que a atriz Doridha Duval está indiciada pela assassinato de seu companheiro, o publicitário Paulo Sérgio Corrêa da Alcântara.

Também foi distribuído ao promotor o inquérito referente à morte da empresária Dea Cardini, assassinada na madrugada de 3 de outubro.

Para Jose Rodrigues está em repouso em casa, na Ilha do Governador, sob cuidados médicos. É possível que volte hoje ao trabalho. Se apresentar denúncia contra Doridha Duval, o inquérito será transformado em processo.

Agenda

Independência de Angola

O Movimento Negro Unificado promoverá ato de solidariedade, hoje, às 20h30, pelo 5.º aniversário da Independência de Angola, em Instituto Negra Celebira, à avenida São João, 1.412, 2.º andar. Este evento promoverá debate sobre Angola, apresentações de filmes e poemas.

Compromisso à Bandeira

Será realizada amanhã, às 9 horas, mais uma solenidade do Compromisso à Bandeira por Expediente do Serviço Militar em 1979, na Estádio Municipal da Pacaembu. A solenidade contará do recebimento do Bandeira nacional, como do Hino Nacional, entrega simbólica de certificados, além do desfile de bandas da Polícia Militar do Estado.

Biologistas

A Associação Paulista de Biologistas realizará amanhã, às 15 horas, assembleia geral extraordinária, no edifício AG de Departamento de Botânica do Instituto de Biociências da Universidade de São Paulo, Cidade Universitária, Portão 2, para tratar de modificações no estatuto da Associação.

Televisão

A televisão será tema do debate amanhã, às 10 horas, na sala 124 da Pontifícia Universidade Católica de São Paulo, à rua Monte Alegre, 984. Participarão do debate os jornalistas Eurico de Andrade, Florestan Fernandes Júnior e Tom Figueiredo, além do prof. Antônio Carlos Rebesco; o ator Reni Mendes; e o dramaturgo Gianfrancesco Guarnieri.

Palestra

No próximo dia 17, às 20 horas, o presidente da Associação Paulista de Imprensa e ex-secretário de Educação e Cultura, Paulo Zingg, fará conferência sobre Educação, Comunicação e Opinião Pública, no sede da Associação Comercial de São Paulo, Distrito Sudoeste, à rua Afonso Celas, 1.659. A seguir, haverá debates. A entrada é franca.

Bazar de Chanuká

Hoje e amanhã, das 14 às 23 horas, será realizado o Bazar de Chanuká, da Organização Na'Amat — Pioneiras, nos salões do Conegração Israelita Paulista, à rua Antônio Carlos, 653. A renda revertida em benefício das creches e cursos da Na'Amat Pioneiras, em Israel.

Farmacêuticos

Hoje, às 20 horas, será realizada solenidade de comemoração do 20.º aniversário da Lei n.º 3.820, que criou os Conselhos Regionais Federal de Farmácia, na auditório da rua Capote Valente, n.º 2 da Câmara Federal, em Recife.

Comerciários

O Sesc promoverá de 14 a 16 desse mês o 1.º Encontro Estadual de Centros de Convivência, que tem como objetivo o inter-relacionamento entre os comunidades e o atendimento aos objetivos de centro de convivência existentes na cidades do interior do Estado. Estão com hospedagem e alimentação pagos pelos Sesc. Para inscrição e esclarecimentos procurar no Conselho Regional do Sesc — Sede do Comércio, à rua Dr. Plínio Barreto, 285. Fone: 287-4722, com Márcia R. Corbi.

Reuniram-se ontem, às 17 horas, no salão nobre da sede da Federação dos Empregados na Comércio do Estado de São Paulo, à av. Brigadeiro Luís Antônio, 800, todos os comerciários, escolhidos das mesas eleitorais que funcionarão no próximo dia 14, 15 e 16 de dezembro, a IV Congresso Estadual dos Comerciários, desde a sede Federação em Santos, Campinas, Ribeirão Preto, Araraquara, Jundiaí, Marília, Presidente Prudente e demais cidades do Estado. Informações pelos telefones 37-2555 e 279-5960.

Psicólogos

O desembargador Adriano Marrez, companheiro por São Paulo da London Jugilarro, O.U.N. em Inglaterra, na que se comendará a Ordem do Mérito das Magistrados Ingleses, no dia 28 deste mês, em Londres. Nesta ocasião será feito um lançamento da Inglaterra, lecionou durante dois anos na Univ. Teresópolis Fluminense no RJ com Dr. Galo Fernandez e durante a 2.ª Guerra Mundial viveu no Inglaterra, tendo feito no University College of London o curso em português, para uso das forças aliadas.

Médicos

Será desenvolvido no Parque Sanatorial do Mombituba, de 18 a 21 deste mês, o curso de Cirurgia Torácica organizado pelos Drs. Alli Solimão Santos e o Superintendente do Dr. Roberto Monteiro Arruda, na Hospital Sanatorial Dr. Benedito Montenegro, com o patrocínio de Sociedade Paulista de Medicina, Superintendência de Assistência Médica, Parque Sanatorial e Colégio Brasileiro de Cirurgiões. Inscrições pelo telefone 290-4407, tel. 296-0211.

A Associação Paulista de Hospital realizará em Salvador, de 19 a 21 próximo à XIX Conferência da Federação Brasileira de Hospitais e a XXXIII Congresso Nacional de Hospitais. O tema geral será: "Recursos Humanos em Hospitais".

Advogados

Oficiais delegados civis do Aeroclube no estará reunidos hoje, às 19h30, no auditório do I.I.A. Roberto Marinho Arruda, Programa Superação empreendedora. Empregados no setor, Tel. 279-3800 ramal 2008 pela ordem.

Aeronáutica

O Rotary Club de São Paulo, na Associação Comercial de São Paulo, rua Boa Vista, 51, 7.º andar, reunir-se-á amanhã, das 12h30 às 14 horas, quando seu 2.º vice-presidente, José Carlos Rodrigues Pereira, proferirá conferência sobre o tema da Reunião da Zona 30, do Rotary Internacional.

Higiene dos Alimentos

O Rotary Club de São Paulo, na Associação Comercial de São Paulo, rua Boa Vista, 51, 7.º andar, reunir-se-á amanhã, das 12h30 às 14 horas, quando seu 2.º vice-presidente, José Carlos Rodrigues Pereira, proferirá conferência sobre o tema da Reunião da Zona 30, do Rotary Internacional.

Na "Folha" há 50 anos

Com a Revolução de 1930 vitoriosa, a "Folha" era o mais radiosos e excitante "quartéis-generais" de São Paulo, que acabam de se constituir, quando o grande mitilar do General Tasso Fragoso, em nome da Junta, anuncia a passagem do governo ao civil dr. Getúlio Vargas.

PREVISÃO DO TEMPO

NO ESTADO DE SÃO PAULO	
Grande São Paulo	Nublado, com chuvas ocasionais no decorrer do período. Visibilidade prejudicada por neblina densa. Temperatura em declínio.
Santos	Nublado, com chuvas ocasionais no decorrer do período. Visibilidade prejudicada por neblina densa. Temperatura em declínio.
Vale do Paraíba	Nublado, com chuvas ocasionais no decorrer do período. Visibilidade prejudicada por neblina densa. Temperatura em declínio.
Litoral Norte	Nublado, com chuvas ocasionais no decorrer do período. Visibilidade prejudicada por neblina densa. Temperatura em declínio.
Litoral Sul	Nublado, com chuvas ocasionais no decorrer do período. Visibilidade prejudicada por neblina densa. Temperatura em declínio.
Região Norte	Sem e parcialmente nublado. Temperatura em ligeiro declínio. Umidade continua baixa.
Região Central	Sem e parcialmente nublado. Temperatura em ligeiro declínio. Umidade continua baixa.
Região Oeste	Sem e parcialmente nublado. Temperatura em ligeiro declínio. Umidade continua baixa.
Região Sul	Sem e parcialmente nublado. Temperatura em ligeiro declínio. Umidade continua baixa.
Vale do Ribeira	Nublado, com chuvas ocasionais no decorrer do período. Visibilidade prejudicada por neblina densa. Temperatura em declínio.

NO PAÍS	
Manaus	Parcialmente nublado, com chuvas ocasionais no decorrer do período. Temperatura estável.
Fortaleza	Parcialmente nublado, com chuvas ocasionais no decorrer do período. Temperatura estável.
Recife	Parcialmente nublado, com chuvas ocasionais no decorrer do período. Temperatura estável.
Salvador	Parcialmente nublado, com chuvas ocasionais no decorrer do período. Temperatura estável.
Cuiabá	Nublado, com chuvas ocasionais no decorrer do período. Temperatura em declínio.
Brasília	Nublado, com chuvas ocasionais no decorrer do período. Temperatura em declínio.
Belo Horizonte	Nublado, com chuvas ocasionais no decorrer do período. Temperatura em declínio.
Sul de Minas	Nublado, com chuvas ocasionais no decorrer do período. Temperatura em declínio.
Rio de Janeiro	Nublado, com chuvas ocasionais no decorrer do período. Temperatura em declínio.
Curitiba	Nublado, com chuvas ocasionais no decorrer do período. Temperatura em declínio.
Norte do Paraná	Nublado, com chuvas ocasionais no decorrer do período. Temperatura em declínio.
Porto Alegre	Nublado, com chuvas ocasionais no decorrer do período. Temperatura em declínio.

NO MUNDO

A condição de tempo e temperatura mínima e máxima de várias cidades do mundo nas últimas 24 horas: Amsterdã, bom, 4 - 10; Atenas, nublado, 13 - 21; Bruxelas, nublado, 5 - 9; Buenos Aires, nublado, 9 - 19; Caracas, nublado, 19 - 26; Chicago, nublado, 3 - 11; Estocolmo, bom, menos 3 - 4; Frankfurt, nublado, menos 2 - 4; Genebra, nublado, 3 - 11; Jerusalém, bom, 16 - 24; Lima, nublado, 17 - 23; Lisboa, bom, 5 - 10; Londres, bom, 2 - 8; Los Angeles, nublado, 13 - 21; Madri, nublado, 1 - 11; Miami, bom, 20 - 24; Moscou, nublado, menos 7 - menos 1; Nova York, nublado, 1 - 8; Paris, bom, 1 - 8; Roma, bom, 10 - 17; São Francisco, bom, 11 - 21; Tel Aviv, bom, 16 - 26; Tóquio, chuva, 2 - 10.

Cursos

O Centro de Estudos em Psicologia da Adolescência realiza curso, com o título "Nesses Amigos dos Desconhecidos de São Paulo (Agora)", no dia 17 e 27 deste mês, no auditório do Centro de Estudos "Seu Lucio", rua Peixoto Gomide, 100, sala 1005, das 14 às 17 horas, pelo telefone 257-4722, com Ramifer e CP, Ocde, 250-0178.

Um curso de formação para recepcionistas será promovido pela Associação Paulista de Shoppings, em 17 dias, com um curso de recepção. Durante dois meses serão realizadas aulas sobre Técnicas de Organização de Eventos, Dinâmica de Grupo, Relações Humanas, e Dicção e Expressão. Informações pelos telefones 220-4522 e 221-4404.

Durante a mês e Fragosos de São Paulo, tecnológicas de um seminário, na Escola de Engenharia Mauá, de São Paulo, com Walter Bornand. Organizado pelo Instituto Mauá. Tecnológica e pela ICI.

ADVOCACIA MINISTRO COSTA MANSO
HELIO DA COSTA MANSO
EDUARDO JORGE BASILE

Consultoria em textos, elementos, ciência de direito pessoal e com especializações nas seguintes áreas. RUA DA CONSOLAÇÃO, 3718 — 4.º, SL. 56 e 57. FONES: 258-6298 - e 257-1999.

A morte de Amante Neto na Estrada Velha de Santos

> Reportagem publicada na *Folha de S.Paulo* em 11 de novembro de 1980

EDSON FLOSI

Decorridos oito anos desde o dia em que o industrial Frederico Amante Neto foi assassinado, na Estrada Velha de Santos, o caso permanece arquivado e sem solução no Fórum Criminal de São Paulo. Um mistério que desafiou os melhores agentes da Divisão de Homicídios e que começou às dez horas da noite de 24 de novembro de 1972, uma sexta-feira, quando o industrial foi visto, pela última vez, na porta do Clube Homs, na av. Paulista, 735.

Frederico Amante Neto tinha 48 anos na época. De origem humilde, nascido em Minas Gerais, ele cresceu, porém, em Barra Mansa, no Rio de Janeiro, onde, na juventude, foi carreteiro, transportando aço em pesados caminhões. Quando morreu, era milionário, dono de fazendas e indústrias e, presidente da Lavre Guarulhos S.A., dominava o mercado da metade da produção de aço do país.

O industrial foi ao Clube Homs, naquela noite, para assistir a uma conferência maçônica. Estava com seu sócio Francisco Lau e dele se separou quando a conferência acabou. Suspeito do crime, Francisco Lau contou depois aos policiais que Frederico Amante Neto se despediu, já na calçada, e foi embora sozinho, para pegar o seu automóvel, que estava em um estacionamento da av. Paulista, 901, a 200 metros do Clube Homs. E nada se provou contra Francisco Lau.

Nesses 200 metros, entre o Clube Homs e o estacionamento, está a chave de todo o mistério. Ninguém sabe até hoje o que aconteceu, mas uma coisa é certa: o industrial sumiu nesses 200 metros, pois não chegou a pegar o seu carro – um Galaxie – no estacionamento.

O crime

Separado da mulher havia muitos anos, Frederico vivia com a sua única filha. Ela mobilizou vários setores policiais para encontrar o pai. As buscas, porém, resultaram negativas, até que, no dia 15 de dezembro, um bêbado que recolhia restos de macumba em uma encruzilhada deserta encontrou o corpo do industrial, no quilômetro 43 da Estrada Velha de Santos, em um matagal da serra, a 300 metros da rodovia, entre São Bernardo do Campo e Cubatão.

Frederico estava morto havia vários dias e o adiantado estado de decomposição do seu corpo prejudicou os exames. É possível que tenha sido assassinado na mesma noite em que desapareceu. Havia levado um tiro de grosso calibre. A bala, que se perdeu, entrou de baixo para cima atrás da orelha esquerda, saindo no alto da cabeça. A Divisão de Homicídios chegou a algumas conclusões examinando o local do crime: a arma, certamente uma pistola automática, era de nove milímetros. Os assassinos, sem dúvida, eram mais de um.

A investigação

Frederico Amante Neto vestia a roupa com a qual havia desaparecido: terno azul--claro, camisa da mesma cor, gravata vermelha e sapato esporte. Era um homem forte e havia sido dominado antes de morrer (seus pulsos estavam firmemente atados por tiras de esparadrapo). Tinha nos bolsos todos os documentos: cédula de identidade, cartões de crédito, bilhetes de amigos, anotações pessoais. A decomposição do corpo, porém, destruiu as suas impressões digitais e por algum tempo alimentou-se a hipótese de não ser dele o corpo encontrado no quilômetro 43 da Estrada Velha de Santos. O dentista Alberto Barreto, porém, que havia tratado do industrial, examinou a sua arcada dentária e concluiu: o corpo era mesmo de Frederico Amante Neto.

Surgiram os suspeitos, que foram interrogados, mas nada se provou contra eles. Mulheres que frequentavam boates junto com o industrial foram chamadas a depor. Homens de negócios estiveram na Divisão de Homicídios na condição de suspeitos. Inimigos de Frederico Amante Neto foram investigados. De concreto, porém, nada.

A Divisão de Homicídios investigou a vida inteira do industrial e descobriu que, enquanto uns o admiravam, outros o odiavam. Era, ao mesmo tempo, um homem bom e mau, liberal e ditador, capaz de perdoar e de matar. Esse retrato de Frederico Amante Neto à Divisão de Homicídios fez entrevistando dezenas de pessoas.

A vida

Velhos amigos do industrial falaram dos seus tempos de carreteiro. Trabalhou duro, ganhou muito dinheiro, em pouco tempo tinha uma frota de pesados caminhões de transporte. Ia buscar aço em Volta Redonda, no Rio de Janeiro, subornava meio mundo, ficou rico. Dava, porém, muito do que ganhava: pagava médicos e hospitais a amigos e empregados doentes, tirando dinheiro do próprio bolso; não podia ver ninguém em dificuldade, estava sempre pronto para ajudar.

Por outro lado, porém, não se importava com os meios para atingir os fins a que se propunha. Um carreteiro disse que, uma vez, uma jamanta de Frederico Amante Neto colidiu de propósito, na via Dutra, com oito caminhões que iam buscar aço, para que os carros da sua frota chegassem primeiro a Volta Redonda.

Em 1952, quando tinha 28 anos, Frederico já era um homem rico. Nesse ano ele se envolveu em uma história de violência. Foi em Bananal, no interior de São Paulo, durante uma caçada que ele promoveu. Entre os que caçavam estava Geraldo dos Santos, que também trabalhava com aço em Volta Redonda. O rifle de Frederico Amante Neto disparou. Geraldo dos Santos morreu com um tiro nas costas. Acusado do crime, porém, o industrial conseguiu provar que o disparo fora acidental.

O mistério

Em 1956, Francisco Rodrigues Lisboa, delegado de polícia do Rio de Janeiro, de quem o industrial não gostava, estava em um bar, na Barra do Piraí. Levou oito tiros e morreu na hora. Acusado de ser o mandante do assassinato, Frederico Amante Neto, mais uma vez, provou inocência.

Os casos de violência envolvendo o industrial são muitos e, para a Divisão de Homicídios, qualquer um deles pode ter provocado uma vingança no quilômetro 43 da Estrada Velha de Santos, onde ele acabou assassinado com um tiro na cabeça.

Uma vez, o industrial deu quatro tiros em sua mulher, Terezinha Leal Amante, da qual estava se desquitando[33]. Hospitalizada, ela se recuperou, e ele, como sempre, escapou da cadeia. Todos esses casos e mais alguns foram levantados pela Divisão de Homicídios para esclarecer o assassinato de Frederico Amante Neto, mas, decorridos oito anos, a sua morte ainda é um mistério.

---

33 Ver nota 2, p. 27.

Agenda

Tribunal de 2ª Criminal

Alçada, 16 horas, no Tribunal Alçada Criminal, será solenidade em homenagem aos novos juízes integrantes da Corte: Alberto Silva Franco, Amaral Salles, Angelo Godofredo Luiz Marques, Marcus Vinícius dos Santos e Schiesari.

Informação Gerencial

Amanhã, a Informação Gerencial - seminário que será realizado a 31 deste mês, no Hotel Eldorado Boulevard. O prof. Aldo Vizioli estará a cargo do curso. Informações e inscrições pelos fones 289 e 220-2829, ou pelo hotel, 320.

Jubileu de Prata de Formatura

Sábado, às 20 horas, na Mansão Jardim, será realizado o jantar comemorativo do Jubileu de formatura da bacharéis de 1955 da Faculdade Paulista de Direito.

Auditores Internos

O Instituto dos Auditores Internos do Brasil, em comemoração ao aniversário do Auditor Interno e da Profissão, realizará no próximo dia 20, às 20 horas, missa de ação de graças na Igreja Metropolitana de São Paulo. A propósito, o prof. Cosme parte dos auditores e empresários, será realizada, a 4 e 5 de Novembro, o II Seminário da Profissional do Auditor Interno, no Centro de Treinamento da ABA, a 6 nos 24 de maio, 104, 13º, conjunto A.

Ioga

Hoje, às 20 horas, Swamini Guru dará, no seu salão sede da sua vida no Brasil. A Ioga se estenderá no dia Realização Divina. A palestra, que será dada pela Swamini, estará aberta no novo e o mesmo tema. A programação da SIVB, Sociedade Indiana de Vedanta.

Execuções Fiscais

A Associação dos Procuradores e auxiliares da Justiça Federal da realização, de 13 a 15 de novembro, no seminário sobre a Execução, em Geral, e as Execuções Fiscais, em face das fazendas Estaduais, ao Profs. Pasqualotto, da Universidade de Direito. Os conferencistas serão dos professores universitários e advogados. Os juízes Dr. Antônio da Cunha Areal, Dr. Manoel de Arruda Alvim e Dr. Adão Felipe Grinover e etc., os Carlos Mário Velloso e outros. O Dr. Antônio Cosentino, advogado é o Ministério Público Federal, presidente do auditório da Justiça Federal, 6 de Ribeirão, 299, 4º andar, de 13 a 17 horas, pelo tel. 221-rane fr. 39.

Decisões Financeiras

O Núcleo de Pesquisas e Publicações de Empresas da Escola de Administração de Empresas de São Paulo da Fundação Getúlio Vargas mais cumpre o próximo dia 20 de novembro, o seminário "Decisões Financeiras Empresariais", a ser ministrado pelo prof. João Carlos Hopp. A série de cursos, promoverá o curso "A Análise e Interpretação de Balanços", no dia 1º e 2 de dezembro, a cargo do prof. Wanderley Campos de Abreu. Os dois programas estão programados a ter cursos com limite de 20 vagas e as inscrições já podem ser feitas pelo telefone 287, 3º andar, ou pelo tel. 5641 r 226-1660.

No dia 5 de dezembro, o Centro de Estudos e Debates Fisco-Contábeis, órgão do Sindicato dos Contabilistas de São Paulo, realizará uma mesa sobre o contabilista/Revista "Dados Contábeis", no restaurante Terra de Diamantina, à rua 7 de Maio. Adesões na secretaria do órgão, à rua Formosa, nº 7, 3º andar, ou pelo tel. 259-61 e 229-2799.

Veterinários

O 9º Congresso Panamericano de Medicina Veterinária será realizado de 26 a 31 de julho do próximo ano em Caracas, Venezuela. Os resumos dos trabalhos científicos deverão ser encaminhados até o final deste mês, para os dos Estados Unidos dos EUA. Inscrições para o Congresso à Federação Brasileira de Medicina Veterinária, à praça Floriano, nº 55, sala 703, no Rio de Janeiro.

PREVISÃO DO TEMPO
NO ESTADO DE SÃO PAULO

Grande São Paulo	Bom, com nebulosidade e chuviscos isolados, pela manhã, e parcial nebulosidade à tarde do dia. Temperatura estável. Amanhã: bom.
Santos	Instável pela manhã, com chuviscos e névoa úmida; prejudicando a visibilidade; melhorando gradativamente. Temperatura em ligeiro declínio. Amanhã: passa a bom.
Vale do Paraíba	Instável pela manhã, com chuviscos e névoa úmida prejudicando a visibilidade; melhorando gradativamente. Temperatura em ligeiro declínio. Amanhã: passa a bom.
Litoral Norte	Instável pela manhã, com chuviscos e névoa úmida prejudicando a visibilidade; melhorando gradativamente. Temperatura em ligeiro declínio. Amanhã: passa a bom.
Litoral Sul	Bom, com nevoa úmida e chuviscos isolados, pela manhã, e parcial nebulosidade o resto do dia. Temperatura estável. Amanhã: continua bom.
Região Norte	Bom e parcialmente nublado. Temperatura estável. Amanhã: bom, temperatura em elevação.
Região Central	Bom e parcialmente nublado. Temperatura estável. Amanhã: bom, temperatura em elevação.
Região Oeste	Bom e parcialmente nublado. Temperatura estável. Amanhã: bom, temperatura em elevação.
Região Sul	Bom e parcialmente nublado. Temperatura estável. Amanhã: bom, temperatura em elevação.
Vale do Ribeira	Bom, com névoa úmida e chuviscos isolados, pela manhã, e parcial nebulosidade o resto do dia. Temperatura estável. Amanhã: continua bom.

NO PAÍS

Manaus	Nublado, sujeito a chuvas esparsas, principalmente à tarde. Temperatura estável.
Fortaleza	Bom com nebulosidade variável. Temperatura estável.
Recife	Bom com nebulosidade variável. Temperatura estável.
Salvador	Bom com nebulosidade variável. Temperatura estável.
Cuiabá	Bom e parcialmente nublado. Temperatura em elevação.
Brasília	Nublado, sujeito a chuvas esparsas, principalmente à tarde. Temperatura estável.
Belo Horizonte	Nublado, sujeito a chuvas esparsas, principalmente à tarde. Temperatura estável.
Sul de Minas	Instável com chuvas esparsas pela manhã e chuvas isoladas no decorrer do período. Temperatura em ligeiro declínio.
Rio de Janeiro	Instável com chuvas esparsas pela manhã e chuvas isoladas no decorrer do período. Temperatura em ligeiro declínio.
Curitiba	Nublado: ligeiramente instável com temperatura em declínio.
Norte do Paraná	Bom e pouco nublado. Temperatura estável.
Porto Alegre	Bom e pouco nublado. Temperatura estável.

NO MUNDO

* A condição do tempo e temperaturas mínima e máxima de várias cidades do mundo no último dia 24 horas: Amsterdã, nublado, 6 — 10; Atenas, nublado, 14 — 20; Bangkok, nublado, 24 — 32; Beirute, nublado, 19 — 24; Berlim, nublado, 0 — 5; Frankfurt, nublado, bom, 1 — 5; Genebra, nublado, 2 — 9; Hamburgo, bom, 0 — 9; Lima, nublado, 15 — 19; Lisboa, chuva.

* 11 — 18; Londres, nublado, 5 — 9; Los Angeles, nublado, 14 — 20; Madri, nublado, 3 — 15; Cidade de México, nublado, 10 — 23; Miami, nublado, 25 — 28; Moscou, nublado, -4 — 1; Nova York, nublado, 4 — 10; Paris, nublado, 1 — 6; Roma, bom, 4 — 17; São Francisco, nublado, 11 — 21; Sydney, bom, 14 — 22; Tel-Aviv, bom, 14 — 25; Tóquio, bom, 7 — 16.

Colasuonno ganha ação no Supremo

BRASÍLIA (Sucursal) — O Supremo Tribunal Federal decidiu ontem anular sentença da Justiça paulista que obrigava o ex-prefeito de São Paulo, Miguel Colasuonno, a repor a quantia de Cr$ 1,9 milhão aos cofres municipais, gasto em 1974 com a apresentação da "Ópera Paris".

A decisão foi tomada por unanimidade pela primeira turma do STF, com base em relato do ministro Rafael Maier. Com isto, o Supremo encerrou o processo de ação popular contra o atual presidente da Embratur, considerando-o improcedente, por não ter demonstrado a ocorrência do "ato lesivo" ao Tesouro municipal.

A ação popular foi proposta por Paulo Cardoso de Siqueira Neto, obtendo sentença favorável na Justiça estadual. Colasuonno recorreu, então, ao STF, conseguindo a anulação.

Uma das acusações rejeitadas foi a de que o então prefeito de São Paulo permitiu a cobrança de ingressos a "preços excepcionais" apesar de a Empresa Teatral Vigiani obter do Município o pagamento das despesas de viagem e estada em hotel dos artistas integrantes da "Ópera de Paris".

Estado cria empresa para substituir Cecap

A criação de mais uma empresa estatal em São Paulo — a Companhia de Desenvolvimento Industrial e Urbano (Codinurb) — foi anunciada ontem, pelo secretário Oscar do Paiva, da Indústria, Comércio, Ciência e Tecnologia. Ela funcionará com recursos do Banco Nacional da Habitação (BNH) e será dirigida pelo ex-presidente da Cecap, Elias Correa de Camargo.

A nova empresa substituirá a extinta Cecap, mas, além da construção de casas populares, deverá promover a instalação de indústrias em cidades do Interior. A criação da Codinurb foi aprovada ontem pelo presidente do BNH, José Lopes Oliveira, e entrará em funcionamento efetivo em janeiro de 1981, informou Paiva.

Na primeira etapa, a Codinurb iniciará a implantação de indústrias no Interior e a construção de 19 mil casas populares, com recursos de Cr$ 6 bilhões, provenientes da transferência de 47 contratos com prefeituras do Interior, que estavam paralisados com a desativação da Cecap. Numa segunda etapa, a empresa desenvolverá estudos para o aumento das necessidades das cidades paulistas, no setor industrial, e procurará interessar unidades fabris, com financiamentos do governo.

De antiga Cecap, que tinha 600 funcionários, 300 já haviam demitidos e os outros 300 serão dispensados brevemente, segundo o secretário, que admitiu que a empresa tinha "muita gente ociosa".

Coordenador defende as mudanças na Cogep

O arquiteto Cândido Malta Campos Filho, da Coordenadoria Geral do Planejamento (Cogep), defendeu as propostas de reformulação do órgão que dirige, medida anunciada anteontem pelo prefeito Reinaldo de Barros. Apesar de estar a frente da Cogep há mais de quatro anos e meio, Cândido Malta aceitou com naturalidade as críticas do prefeito à atuação da empresa, principalmente no que diz respeito à duplicidade de funções.

"Não me sinto diretamente atingido pelas críticas do prefeito, porque acho que algumas falhas da Cogep decorrem na indefinição de suas atribuições, o que dificulta a delimitação de seus campos de atuação. E, nesse erro cabe ao prefeito corrigir, principalmente porque ele tem um estilo pessoal de administração que deve ser levado em conta", declarou.

Malta não acredita nas especulações que vêm sendo feitas na Prefeitura por técnicos e assessores, de afirmam que a instalização demonstrada por Reinaldo de Barros quanto ao desempenho da Cogep, haja com nível de secretaria, poderá implicar sua transformação em simples assessoria do gabinete do prefeito.

SOBREPOSIÇÃO

Apesar de defender a existência da Cogep como uma secretaria responsável pela coordenação intersetorial da Prefeitura, Cândido Malta admitiu que a empresa tem se sobrepondo "indevidamente" a algumas secretarias, participando de atividades como a elaboração do orçamento e desenvolvimento de projetos de creches e escolas de educação infantil, interferências

que foram citadas pelo prefeito.

"O erro está "desvirtuamento" e justificado pelo coordenador geral do planejamento da cidade. Segundo ele, por exemplo, a Cogep teve uma grande influência na montagem do orçamento deste ano "porque, no ano passado, a equipe do prefeito era novo e eu, depois de quatro anos de administração, detinha informações que me permitiam discutir melhor as prioridades das secretarias. Acho que isso foi bom e útil, mas gerou a seguinte pergunta: a Cogep vai fazer isto todo ano?"

Com relação à participação de membros do seu quadro em projetos que estão sendo realizados em secretarias, a explicação é outra. "A medida em que é formada a cooperação, a Cogep é tentada a entrar na montagem do projeto, trabalho concreto que aparece. Isto porque a atividade de coordenação geral é muito abstrata e pouco ingrata. Mas as declarações do prefeito, delineia informações que me permitem alcançar as prioridades da Cogep, pela qual já estava no serviço e, nesse momento, já não geralmente, aparece a sua ação, na divisão de tarefas básica do planejamento geral da cidade. E os problemas que surgiram em alguns áreas, segundo o prefeito devido à falta de planejamento na Parte Urbana de uma época, já havia trabalhado é uma parte efetiva na iniciativa privada tirando concorrer para aumentar o número de ofertas de vagas só estacionamento, Mas esta tese se demonstrou falsa."

Crimes misteriosos

O assassinato da líder divorcista Anita Carrijo

EDSON FLOSI

Quando a enfermeira Irma Sargenteli chegou ao consultório da dentista Anita Carrijo, na manhã do dia 13 de maio de 1977, a porta estava aberta, o consultório vazio e o fio do telefone cortado. Ela atravessou o corredor e foi até o quarto de Anita dormir. Abriu a porta, deu um grito e correu. A dentista estava morta, caída no meio do quarto, as pernas amarradas e com um chumaço de algodão na boca. Havia sido estrangulada.

Até hoje não se sabe quem matou Anita Carrijo. Ela morreu no apartamento de três quartos, que havia comprado dois anos antes, na rua Brasílio Gomes, 140, no bairro da Biblioteca Municipal, no centro da cidade. Transformou a sala em consultório, dividindo o apartamento, de morava e trabalhava. Tinha 32 anos quando foi estrangulada. Era, porém, uma mulher bonita e aparentava menos idade.

O suspeito Frederic Cappellin.   Anita Carrijo foi estrangulada

Filha de uma família argentina, Anita havia se naturalizado brasileira, casado-se mas, a um advogado e outro estado do Brasil, a favor do divórcio e da emancipação da mulher no trabalho e na sociedade. Fazia conferências e viajava muito, ela se tornou conhecida e havia publicado um congresso feminista no Rio de Janeiro, quatro meses antes de ser assassinada. Anita morava sozinha e era dentista.

Cartaz anunciando conferência de Anita Carrijo

O LOCAL

O consultório ficava no primeiro andar de um prédio de quatro andares. Anita havia alugado o apartamento um ano antes e morava nele com a enfermeira Irma Sargenteli. Anita encontrar o corpo, Irma saiu correndo e chegou ao térreo pela escada, à procura do zelador do prédio, que chamou a 3ª Divisão de Homicídios. Eram seis horas da manhã.

Delegados e investigadores acreditam a existência de um motivo político da parte de assassinatos misteriosos examinaram a área do crime em busca de pistas para descobrir quem matou Anita Carrijo. Descobriram 25 anos, porém, não descobriram nada.

O local do crime revelava que houve luta entre a dentista e o seu assassino. Algumas móveis estavam quebradas, roupa em desalinho e objetos espalhados. Os policiais encontraram uma chave de fenda, cabeça do prédio e nas, o casamento, no Ipiranga. Depois, às dez horas da noite, chegou ao prédio onde Anita moravam, autópsia revelou que Anita foi estrangulada durante a madrugada do domingo. Havia entrado no apartamento pela porta de garagem e antes da violência, por pouco, antes da Divisão de Homicídios. Por procedimento, chegou ao prédio, e neste, chegou pela hora da manhã, para tomar café com Anita Carrijo, uma das novas amigas.

O SUSPEITO

De um caderno de nomes e endereços da vítima a Divisão de Homicídios tirou um nome: Frederic Cappellin, trinta anos, ator de Torino, Itália, vivia quinze anos com Frederic Cappellin na França, estava no Brasil há dois anos e, logo que chegou, conhecera Anita, passando a frequentar seu apartamento. Foram vistos juntos, muitas vezes, em restaurantes e cinemas.

No domingo, enquanto Anita Carrijo estava numa cerveja em reunião com várias amigas, Frederic Cappellin pela recepção do apartamento e logo descobriu, Frederic Cappellin pelo desaparecer e, depois aumentaram-lhe. Acabei a, depois se apresentando a Divisão de Homicídios, uma semana depois, com um álibi confuso: ele, conhecido o álibi de Anita Carrijo, naquele dia, no apartamento, que ficava no outro prédio, e, na madrugada, em que Anita, no centro, a dentista foi estrangulada.

O álibi frouxo, não convenceu os policiais que, entretanto,

nunca conseguiram provar nada contra Frederic Cappellin. E a sua situação melhorou, pois, quando as cabeças encontradas nas unhas de Anita foram comparadas com as dele e o exame resultou negativo.

O MARINHEIRO

Por causa de tipo de jogo de crime isso ao da corda, que usado para amarrar os corpos das vítimas e os policiais checaram os marinheiros José dos Santos, de 41 anos, que tentaram, mais de uma vez, sem êxito, casar-se com Anita, José dos Santos, porém, provou que no dia do assassinato se encontrava em Lisboa, trabalhando em um navio, e, embora este elemento do Brasil.

A Divisão de Homicídios foi abandonando, pouco a pouco, o assassinato sobre o próprio zelador de Anita Carrijo, a Divisão do Homicídios, depois, a este muito sobre o crime. Finalmente a atenção dos policiais, voltou para os nomes e endereços daquele caderno que pertenciam à vítima, longo passaram. O suspeitos acabaram-se e quase, pela repercussão nas São Paulo, ter muitos arquivados nas prateleiras do Fórum Criminal.

A CORDA

A luta, porém, tem sido dura. Anita Carrijo estava morta e o crime ainda não havia sido descoberto, Frederic Cappellin pela desapareceu e, Frederic Cappellin não descobriram, A luta, porém, teve sido dura, porém, tem sido tranquila-la, A corda, que prendia os pulsos, porém, lá muito tempo havia partido por por Frederic Cappellin, Anita Carrijo, o era muita, sua, na madrugada em que a dentista foi estrangulada.

O álibi, frouxo, não convenceu os policiais.

CLASSIFOLHA
NÃO PERCA TEMPO
ANUNCIE POR TELEFONE
220-3105 · 220-4105 · 220-0011
Ramais: 444 - 445 - 446 - 447 - 448

INDICADOR MÉDICO
OUVIDO, NARIZ E GARGANTA

Dr. TONONCH P. SIMONSHI Dr. PEDRO P. SIMONSHI
Alergia, Rinite, Amigdales. Surdez. Cons.: Av. Pacembu, 1.732 - cj. 31 e 32. Tels. 52-1926, 52-9234. Das 15 às 19 hs.

UROLOGIA E VENEREOLOGIA
Dr. LINEU CONSCENDO

Clínica Geral. Urologia. Enfermidades Venéreas. Rua São Bento, 151 - 7º. Tel. 32-1926. Das 15 às 19 hs.

CONSULTA 400,00
Dra. V. Vendrame. Av. Paulista. Ginec., Obst. Proctologia. Rua Hermete Lima. Bento, 181 - 5º.
Fone: 34-2400.

Médicos e Dentistas

Inamps Urgente.

Você tem até o dia 14.11.80 para optar pela agência bancária onde você vai receber seus honorários do Inamps.

Dirija-se à agência Unibanco mais próxima, com a máxima urgência, para retirar a FCT - Ficha Cadastral de Terceiros.

UNIBANCO

O assassinato da líder divorcista Anita Carrijo

Reportagem publicada na *Folha de S.Paulo* em 12 de novembro de 1980

EDSON FLOSI

Quando a enfermeira Irma Sargenteli chegou ao consultório da dentista Anita Carrijo na manhã do dia 13 de maio de 1957, a porta estava aberta, o consultório vazio e o fio do telefone cortado. Irma atravessou o corredor e foi até o quarto onde Anita dormia. Abriu a porta, deu um grito e correu. A dentista estava morta, caída no meio do quarto, os pulsos amarrados e um chumaço de algodão na boca. Havia sido estrangulada.

Até hoje não se sabe quem matou Anita Carrijo. Ela morreu no apartamento de três quartos, que havia comprado dois anos antes, na rua Bráulio Gomes, 141, ao lado da Biblioteca Municipal, no centro da cidade. Transformou a sala em consultório, dividindo o apartamento, onde morava e trabalhava. Tinha 52 anos quando foi estrangulada. Era uma mulher bonita e aparentava menos idade.

Filha de uma família argentina, Anita havia se notabilizado pelas campanhas que liderou, em São Paulo e outros estados do Brasil, a favor do divórcio e da emancipação da mulher no trabalho e na sociedade. Fazendo conferências e viajando muito, ela se tornou conhecida e havia presidido um congresso feminista no Rio de Janeiro, quatro meses antes de ser assassinada. Anita morava sozinha e era solteira.

O local

O consultório ficava no primeiro andar de um prédio de 15 e a única funcionária da dentista era a enfermeira Irma Sargenteli. Após encontrar o corpo, Irma saiu correndo e chegou ao térreo pela escada, à procura do zelador do prédio, que chamou a Divisão de Homicídios. Eram dez horas da manhã.

Delegados e investigadores acostumados a esclarecer assassinatos misteriosos examinaram o local do crime em busca de pistas para descobrir quem matara Anita Carrijo. Decorridos 23 anos, porém, não descobriram nada.

O local do crime revelava que houve luta entre a dentista e o seu assassino. Alguns móveis e objetos estavam fora do lugar e havia fios de cabelo nas unhas da mão direita de Anita. As lâmpadas do apartamento haviam sido retiradas dos soquetes, no forro, e esse fato intrigou os policiais, pois, se o criminoso quisesse agir no escuro, certamente seria mais fácil desligar as chaves da caixa de luz do que desatarraxar as lâmpadas, o que lhe exigiu tempo e trabalho.

A corda

A luta, porém, deve ter sido rápida. A dentista não tinha outro ferimento, só o da garganta, por causa do estrangulamento. A blusa estava rasgada e uma peça íntima foi encontrada a um metro do corpo. O assassino usou uma corda fina de algodão para amarrar os pulsos de Anita Carrijo e outra igual para estrangulá-la. A corda que prendia os pulsos, porém, estava unida nas pontas por um nó que, imediatamente, chamou a atenção dos policiais. Não era um nó comum. Era um desses nós que os marinheiros costumam dar nas cordas que seguram as velas dos barcos. A Divisão de Homicídios começou, então, a procurar um marinheiro na vida da dentista.

A enfermeira Irma Sargenteli encontrou Anita morta numa segunda-feira. Levantando os últimos passos da vítima, os policiais descobriram que, no sábado, ela estivera numa festa de casamento, no Ipiranga. Depois, às dez horas da noite, foi vista entrando sozinha no prédio onde morava. A autópsia revelou que Anita foi estrangulada durante a madrugada de domingo. Na porta do apartamento não havia sinais de violência e, por isso, a Divisão de Homicídios concluiu: o assassino tinha a chave e já esperava pela dentista, lá dentro, quando ela chegou, ou ela chegou antes dele e, neste caso, Anita abriu a porta porque o conhecia.

O suspeito

De um caderno de nomes e endereços da vítima a Divisão de Homicídios tirou um suspeito: Frederic Cappellin, 30 anos, ator de teatro. Italiano, viveu 15 anos em Paris e outras cidades da França; estava no Brasil havia dois anos e logo que chegou conheceu Anita, passando a frequentar seu apartamento. Foram vistos juntos, muitas vezes, em restaurantes e cinemas.

No domingo, enquanto Anita Carrijo estava morta e o crime ainda não havia sido descoberto, Frederic Cappellin desapareceu e, por isso, as suspeitas sobre ele aumentaram. Acabou se apresentando à Divisão de Homicídios, uma semana depois, com um álibi confuso: dormia, sozinho, em um apartamento que ficava longe do centro da cidade e não era seu, na madrugada em que a dentista foi estrangulada.

O álibi fraco não convenceu os policiais, que, entretanto, nunca conseguiram provar nada contra Frederic Cappellin. E a sua situação melhorou quando os fios de cabelo encontrados nas unhas de Anita foram comparados com os seus e o exame resultou negativo.

O marinheiro

Por causa do tipo de nó que o criminoso deu na corda que usou para amarrar os pulsos da vítima, os policiais chegaram ao marinheiro José dos Santos, de 42 anos, que tentara, mais de uma vez, sem êxito, casar-se com Anita. José dos Santos, porém, provou que no dia do crime estava nos Estados Unidos, trabalhando em um navio que havia zarpado um mês antes do Brasil.

A Divisão de Homicídios foi abandonando pouco a pouco as investigações sobre o assassinato de Anita Carrijo, líder divorcista e destacada defensora dos direitos da mulher.

Os policiais também não conseguiram estabelecer o motivo do crime: paixão, vingança, sexo, roubo ou outro qualquer. Acredita-se que nada tenha sido roubado do apartamento de Anita Carrijo e provavelmente só o assassino sabe por que a matou.

Os nomes e endereços daquele caderno que pertencia à dentista foram se esgotando. O tempo passou, os suspeitos acabaram e o caso, que durante muito tempo repercutiu em São Paulo, terminou arquivado nas empoeiradas prateleiras do Fórum Criminal.

POLÍCIA — LOCAL

Crimes misteriosos

Geraldo Junqueira fez um filme sobre a vida no Pólo Norte e outro mostrando a matança de animais na África.

Crime do cineasta continua sem solução 20 anos depois

EDSON FLOSI

De todos os assassinatos misteriosos que aconteceram em São Paulo nos últimos vinte anos, o que repercutiu mais nos meios policiais foi o do cineasta Geraldo Junqueira, que levou seis tiros na cabeça, na noite de 22 de setembro de 1960, em um loteamento do Morumbi, na época era um bairro mal iluminado, de poucas casas e muitas ruas de terra batida.

Geraldo Junqueira, que tinha trinta anos, morreu em uma quinta-feira. Seu corpo foi descoberto, no dia seguinte, no meio do loteamento, um lugar cheio de árvores e mato. Havia marcas de pneus de carro no local do crime e o automóvel do cineasta — um Dauphine — foi encontrado, depois, no Jardim Europa, a oito quilômetros do Morumbi.

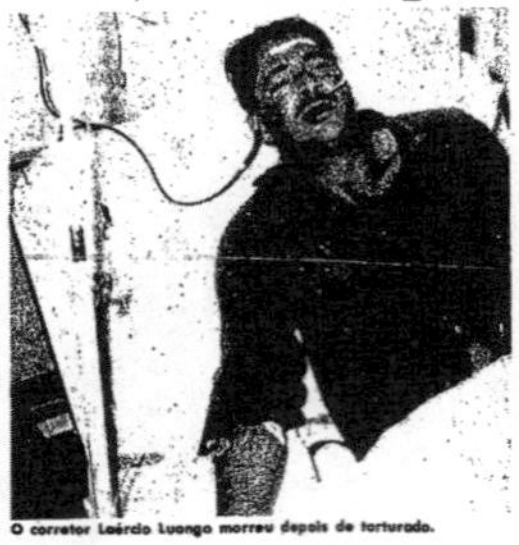

A Divisão de Homicídios, então, deduziu: forçada ou espontaneamente, a vítima levou o assassino, no seu carro, até o Morumbi. Lá, o criminoso matou o cineasta, fora do automóvel, que sujo, depois, para fugir. Mais tarde, o assassino abandonou o carro, no Jardim Europa.

Não se sabe, até hoje, quem matou Geraldo Junqueira, e, durante as investigações, a Divisão de Homicídios torturou um dos seus suspeitos — o corretor de imóveis Laércio Luongo — que morreu devido aos maus tratos. Posteriormente, provou-se que ele era inocente.

A Divisão de Homicídios investigou durante um ano a morte do cineasta. Não descobriu quem o matou, mas, usando os porões do Departamento Estadual de Ordem Política e Social (Deops), ela torturou, pelo menos, quatro suspeitos, pendurando-os de cabeça para baixo, enquanto lhes dava pancadas e choques elétricos. Ninguém foi para a cadeia por causa da tortura e, decorridos vinte anos, o crime do cineasta ainda é um mistério.

O CINEASTA

Rico e com amigos influentes na política e na alta sociedade, que sempre freqüentou, o cineasta Geraldo Junqueira havia se notabilizado por uma série de documentários que produziu para o cinema nacional, entre outros um que mostrava o drama humano e violento dos habitantes e animais que vivem no Pólo Norte. Ele havia produzido, também, um filme que mostrava como os caçadores matam impiedosamente na África, chamado "Kirongozi", o mestre caçador".

As primeiras investigações sobre a misteriosa morte do cineasta revelaram que no seu automóvel não havia sinais de sangue ou de luta, e que, por super, em princípio, que se levou o assassino para o Morumbi, espontaneamente, na noite em que morreu. Deveria, portanto, pelo menos conhecer o criminoso.

Partindo desse raciocínio, a Divisão de Homicídios fez uma lista de todas as pessoas que poderiam estar com Geraldo Junqueira, naquela noite, e investigou uma por uma, começando pela mulher de um industrial milionário, que era amante do cineasta. A mulher e, depois, o marido, provaram que estavam em São Paulo quando o crime aconteceu.

O POLÍGRAFO

Todas as pessoas que mantinham amizade ou negócios com Geraldo Junqueira foram investigadas, mas, os resultados negativos. Suspeita do crime, perde de alta sociedade destilou na Divisão de Homicídios, sempre acompanhada de advogados famosos. E, como ela podia bater em gente que conhecia importante a Divisão de Homicídios importou, dos Estados Unidos, o seu primeiro polígrafo (detector de mentiras).

Os suspeitos, um a um, passaram pelo polígrafo, examinados por um técnico norte-americano, George Woolley, que mal falava o português. Obtendo verba especial para esclarecer a morte do cineasta, a Divisão de Homicídios financiou várias viagens, de ida e volta nos Estados Unidos, para George Woolley, que acabou não concluindo nada com o seu polígrafo.

Um ano depois as investigações ainda estavam na estaca zero. Para esclarecer a morte do cineasta, a Divisão de Homicídios só tinha nada, além das seis balas de calibre 32 que achou na sua cabeça. As balas haviam encontrado resistência óssea e se achatado, mas estavam suficientemente boas para o exame de balística, que é a comparação das estrias do cano de uma arma com os sulcos deixados em um projétil por ela disparado.

A ARMA

A arma do crime, portanto, era o maior objetivo da Divisão de Homicídios, pois ela levaria os policiais ao assassino. Como se transformar depois, em prova decisiva contra ele. Mas, em um ano de investigações, as pistas, para se chegar à arma do crime, se revelaram todas falsas. Sabia-se que era um revolver de calibre 32 e nada mais. E, enquanto o tempo passava, as prisões aumentavam sobre a Divisão de Homicídios, para que ela descobrisse quem havia matado Geraldo Junqueira.

Os policiais, então, inverteram as investigações, o que tria mais caro: passaram a procurar, primeiro, o assassino, para depois, através dele, chegarem à arma do crime, e, substituíram o detector de mentiras pela tortura física, que passaram a infligir aos suspeitos, agora pessoas humildes, não mais aquela gente que a Divisão de Homicídios considerava importante e que vinha sempre acompanhada de advogados famosos.

A tortura, porém, a Divisão de Homicídios precisava de um lugar adequado e o Deops lhe emprestou os seus porões e os instrumentos de tortura, desde os cavaletes para pendurar os suspeitos de cabeça para baixo até as máquinas de aplicar choques elétricos. Torturado, Jacó Bastos, de 32 anos, um ilustre ser assassinado Geraldo Junqueira, junto com o corretor de imóveis Laércio Luongo, que tinha 39 anos, era casado e pai de dois filhos menores.

A TORTURA

Jacó Bastos, também corretor de imóveis, contou uma história completa sobre o crime, depois de ter sido supliciado durante uma semana, no Deops, com os gritos de dor abafados pelo barulho dos trens da Estrada de Ferro Sorocabana, que passavam nos fundos daquela repartição policial.

Laércio Luongo também foi torturado durante uma semana. Não admitiu, em nenhum momento, ter matado Geraldo Junqueira. Levado, às pressas, para um hospital, morreu dois dias depois, nos braços de sua mãe, jurando inocência. Tinha marcas de tortura em todo o corpo e, para justificar os ferimentos, a Divisão de Homicídios disse que a viatura que levava Laércio Luongo para o hospital havia capotado. Mais tarde, porém, a Divisão de Homicídios provou que Laércio Luongo era inocente.

Jacó Bastos, depois, perante o Ministério Público, admitiu ter confessado o crime porque não aguentava mais ser torturado. Esclareceu, então, que tinha ido como Laércio Luongo jamais haviam tido algum contato com o cineasta Geraldo Junqueira, que nenhum dos dois conhecia. Sobre a tortura, houve um processo, vários policiais foram ouvidos, mas nenhum foi para a cadeia. E com a morte do corretor de imóveis Laércio Luongo, a Divisão de Homicídios parou de investigar o assassinato de Geraldo Junqueira e o criminoso, até hoje, não foi descoberto.

O corretor Laércio Luongo morreu depois de torturado.

Julgamento de Georges Khour será no dia 26

RIO (Sucursal) — O julgamento do cabeleireiro Georges Khour, acusado do assassinato de Cláudia Lessin Rodrigues, foi oficialmente marcado, ontem, pelo juiz Paulo Panza, da 1.ª Tribunal do Júri, para o dia 26 deste mês.

O juri só não será realizado se os advogados Laércio Pellegrino e Jair Auler, defensores de Khour, deixarem de comparecer ou, uma vez instalada a audiência, pedirem o adiamento, alegando motivo de doença. A tentativa de adiamento não será surpresa, porque Pellegrino já afirmou que, no dia 26, deverá estar em São Paulo e que o juiz Paulo Panza lhe prometeu marcar o julgamento para 18 de dezembro.

DATAS

● Paulo Panza negou ontem ter feito um acordo de cavalheiros com os advogados de Khour, no sentido de que o júri será marcado para 19 de dezembro. Panza disse ter informado a Pellegrino que o julgamento, marcado para o último dia 5, seria remoboado em pauta ainda para este mês, caso houvesse vaga. A data em aberto é a do próximo dia 26.

O júri que está em exercício na presidência da 1.ª Tribunal do Júri, refutou as alegações da defesa de Khour, segundo as quais um julgamento só pode ser incluído em pauta se esta for publicada no Diário Oficial do mês anterior ao da realização do júri.

Panza esclareceu que o júri de Khour, marcado para o dia 5 deste mês, figura na pauta de sessões da 1.ª Tribunal do Júri de novembro do corrente ano, publicada no Diário Oficial, no mês passado. Como o julgamento não pôde ser realizado dia 5, em virtude de não estarem concluídas as diligências requeridas pelos advogados do réu, o júri foi remarcado para o dia 26.

PROVIDÊNCIAS

Paulo Panza deu, ontem, o seguinte despacho, já anexado ao processo:

"Cumpridas tantas as diligências requeridas pela ilustrada defesa do acusado Georges Michel Khour, estando, pois, o processo pronto para ser incluído em pauta para julgamento pelo Tribunal do Júri, isto posto, determino:

"1.° Inclua-se o presente processo em pauta para julgamento no próximo dia 26 de novembro de 1980, com início previsto para as 9 horas;

"2.° Sobre os documentos junto aos autos, digam as partes no prazo comum de 72 horas;

"3.° Republique-se, ainda hoje, a pauta do júri do mês de novembro, com a inclusão do presente processo — na data acima determinada, não como estava na consignada;

"4.° Intime-se o ilustre defensor do réu Georges Michel Khour e o seu ilustre representante do Ministério Público deste despacho, de imediato, expedindo-se o mandado.

"5.° Cumpra o sr. escrivão todas as diligências requeridas pelas partes para o pleiteário do júri;

"6.° Faculto às partes a extração de xerocópias dos documentos e lances referentes às diligências requeridas;

"7.° Cumpra-se. Rio, 12 de novembro de 1980. Paulo César Dias Panza."

Duas testemunhas reconhecem um dos linchadores

Duas testemunhas reconheceram José Antônio da Silva, ontem à tarde, na 6.ª Distrito Policial (Cidade Ademar), como um dos homens que incharam o menor conhecido por "Testão", no dia 20 de outubro, na favela da Vila Missionária, na zona Sul. José Antônio era irmão do comerciante José Francisco Torres, assassinado por "Testão" em dia antes, ao resgatar o um assalto.

Nilton da Conceição, o "Testão", foi atropelado e esquartejado por alguns homens quando chegavam em casa. Os homens, um deles, José Antônio da Silva, segundo a acusação, colocaram "Testão" no Volks amarelo, placa JT-8341 (de propriedade do acusado), o e levaram até o velório do comerciante. Depois, foi linchado por cerca de 40 pessoas, defronte o número 96 da rua Lealdade de Mar.

RECONHECIMENTO

José Antônio da Silva foi colocado ontem em uma sala com outros três homens, e, através de um pequeno buraco na parte, reconhecido pelo irmão do menor e por uma moradora que levo o telhado de sua casa aparelhado por causa do "Testão", que fugiu dos perseguidores.

A viúva do comerciante, Maria Avelina Torres, também passou pelo reconhecimento ontem, feito pelas mesmas testemunhas, mas foi inocentada. Maria Avelina, no entanto, é apontada por outra testemunha, que não participou do reconhecimento ontem, como sendo a mulher que "destruíu vários golpes na cabeça do menor, quando ele estava caído no chão e era esmurrado e receba de pontapés de uma pequena multidão".

José Antônio da Silva já vinha sendo apontado, juntamente com Manuel de Almeida, "Mané Serrinha", como um dos linchadores. Dois dias após o crime, ele compareceu à delegacia da Cidade Ademar para levar seu carro, quando negou qualquer participação nos fatos, pois disse que sua esposa passava mal, no velório, estivera se levá-la a um hospital.

Polícia quer laudo para apurar morte de detento

RIO (Sucursal) — Somente depois de receber o laudo do Instituto Médico Legal a polícia tomará o depoimento do funcionário e detentos do Hospital Penitenciário, de Niterói, onde preso Fabriciano Pereira Filho foi encontrado morto, no interior de uma latão de lixo, na última terça-feira.

O diretor do Hospital, Actoli Maia, afirmou que o detento morreu por aspirar gás carbônico das paredes da latinha, onde se tinha ficado por quase três horas. O carbônico, quando a guarda verificou o conteúdo, foi encontrado o cadáver de Fabriciano.

Por apresentar bom comportamento, o detento trabalhava na cozinha. Aparentemente, Fabriciano teria entrado no latão, junto aos lixo, e pretendia também atirar-se fora das cancelas plásticas, vendo a Laércio Actoli, porque também sofria de asma crônica.

Fabriciano estava preso em Niterói há pouco tempo. Anteriormente, entre ele no Hospital Penitenciário do Galeão, na Ilha do Governador, o que é objeto da Aeronáutica, também usada para preso politicos em 1977, durante a gestão do ministro Joelmir Araripe Macedo no Ministério da Aeronáutica. Para o Galeão, o réu Fabriciano foi mandado em fevereiro de 1977 quando tinha 36 anos.

Desde então, Fabriciano Pereira está desaparecido. Com o comentário do decreto indo encerrado 10 anos, por dos últimos quatro destes, o decreto já havia liberado os detentos envolvidos nesses casos, com exceção de alguns, cujo caso, hoje, está prejudicado pela nova Lei de Segurança Nacional. Preso lá por crimes comuns. Fabriciano não tinha qualquer relação com os presos políticos nem, muito menos sobre a família.

Chuva no Rio causa mortes e prejuízos

RIO (Sucursal) — As chuvas vêm caindo no Rio desde a drugada de terça-feira e causaram ontem vários deslizamentos, desabamentos de casas e barreiras, inundação, interdição de ruas, além da morte de duas pessoas ferimentos leves em outras Coordenação da Defesa Civil equipes para alguns pontos da Norte e Sul da cidade, enquanto Comlurb mobilizou mais de garis para limpeza de ruas e destruição das pistas interditadas.

O caso mais grave ocorreu na madrugada de ontem, em Santa Teresa, onde a casa da rua Progresso do Petrópolis, 175, foi solhada uma avalanche de terra, causando a morte das jovens Sandra Regina Fátima Regina dos Santos. A ainda conseguiu salvar as filhas menores, Rosana e Tânia, menos de um ano.

Na rua Pilar, ainda em Santa Teresa, um deslizamento de pedra e terra atingiu a casa de Pedro Santos, ferindo seu filho, Luiz Márcio dos Santos. Na rua Almirante Alexandrino, no Rio Comprido uma árvore caiu sobre a rede elétrica, deixando sem energia moradores das proximidades. Na rua Joaquim Lopes, em Fátima, uma pedra caiu sobre a residência de Francisco dos Santos e sua família, que não sofreram porque saíram a tempo.

DESLIZAMENTOS

Outro deslizamento de tercorreu em Jacarepaguá, na Alto Pereira, na rua Saiúl Ronça em Copacabana, a marquise prédio 301 desabou sobre a calçada, residência de cardeal-arcebispo dom Eugênio Sales, um dos motoristas ficaram feridos. Também ficou parcialmente destruída a estrada de acesso a Corcovado. Várias pedras e lama encobriram a pista, impedindo o tráfego de veículos. Nos fundos cemitério São João Batista, Botafogo, uma enxurrada destruiu algumas sepulturas.

Em vários pontos da Zona era grande a quantidade de lodo detritos, principalmente sobre as calçadas dos bairros de Botafogo, Humaitá. No bairro 4.° Centenário, na localidade de Taquara, em Jacarepaguá, 30 casas ficam pressos de lama, deixando muitas pessoas desabrigadas.

O abastecimento de água Cidade foi também parcialmente afetado, com o rompimento de uma subadutora na avenida Presidente Vargas.

Ladrões levam 40 quilos de ouro de ciganos no Rio

RIO (Sucursal) — Guardiãs jóias de uma dinastia de cigas que vivem nesta cidade, a um banco Francês, cujo nome não foi revelado, abriram os cofres para revelar a resultado do sequestro do menino Alfredo Carlos, no ano passado, e por ele, que já assaltaram em oito oportunidades bancárias, ontem, por um bando armado penetrar no subsolo e levar um conteúdo da caixa-forte. Segundo Pedro Carlos Pedroso, um dos proprietários, foram levados 40 quilos de ouro em jóias e de U$ 900 milhões.

As assaltantes, todos armados invadiram a residência da família na rua Serpa de Oliveira, 12, em Vidigal, pelo menos um deles é Cruz Romo Stanecco, "Sr. Carlos Stanecco" elegantíssimo e preso em casa e na mulher Helena, mãe dela, também Helena, e o filho Orlando Stanecco, de 12 anos. Em igual tempo, os bandos maltratavam a família com o uso das mãos e também amordaçando a família, fizeram com que o pai, a esposa e três crianças entraram diversos cofres enormes escondidos em ângulos do apartamento de 16 os 40 quilos de jóias e US$ 900 mil.

As assaltantes, todos armados, invadiram a residência da família na rua Serpa de Oliveira, 12, em Vidigal, pelo menos um deles é Carlos Stanecco, "Sr. Carlos Stanecco" elegantíssimo e preso em casa e na mulher Helena, mãe dela, também Helena, e o filho Orlando Stanecco, de 12 anos. Em igual tempo, os bandos maltratavam a família com o uso das mãos e também amordaçando a família, fizeram com que o pai, a esposa e três crianças entraram diversos cofres enormes escondidos em ângulos do apartamento de 16 os 40 quilos de jóias e US$ 900 mil.

Diante das ameaças, José Carlos Stanecco acabou indicando onde estava escondido o ouro: sob o assoalho da casa. Os bandos foram para o quarto do menor nonde se pode ver ainda podia dormir, rasgaram o colchão e encheram de jóias e moedas. O bando fugiu então um veículo não identificado, denunciado à Rocha Parla, pelo motor residência da família.

No ano passado, quando o menor José Carlos foi sequestrado, os bandidos também levaram três moedas de ouro, que estavam sobre guarda de família. Depois apareceram da Humaitá e da Matriz, avisando que o sequestro, de 15 dias, preso dos esses ia ligado a "quadrilha paulista", do major Aluíso Vermelho, que quatro meses depois foi levados e preso por diversos crimes um processo por difamação, ainda se acha em andamento.

Recentemente, o Sr. Carlos Stanecco, de 35 anos, foi interrogado no Departamento Federal Figueira, daí veio o regresso do cigano duros três dias, teve conhecido e um policial penetrou no prefeito de Nova Iguaçu, por parte do Rui Quádros, e por isso, atacou-se de muito perto repedamente por transmitido pela televisão.

Mas a polícia não prendeu até a forma de Carlos Alberto é a principal, pois ao dos mulher de Carlos Stanecco, dentro de uma trouxa ou de um embrulho, o marido do segunda. Não foi possível ouvir o advogado Maria José de Costa, o advogado da família, não conhecendo.

ARQUIVO DE JORNAL

Crime do cineasta sem solução 20 anos depois

> Reportagem publicada na *Folha de S.Paulo* em 13 de novembro de 1980

EDSON FLOSI

De todos os assassinatos misteriosos que aconteceram em São Paulo nos últimos 20 anos, o que repercutiu mais nos meios policiais foi o do cineasta Geraldo Junqueira, que levou seis tiros na cabeça, na noite de 22 de setembro de 1960, em um loteamento do Morumbi, que na época era um bairro mal iluminado, de poucas casas e muitas ruas de terra batida.

Geraldo Junqueira, que tinha 30 anos, morreu em uma quinta-feira. Seu corpo foi descoberto, no dia seguinte, no meio do loteamento, um lugar cheio de árvores e mato. Havia marcas de pneus de carro no local do crime e o automóvel do cineasta – um Dauphine – foi encontrado, depois, no Jardim Europa, a oito quilômetros do Morumbi.

A Divisão de Homicídios, então, deduziu: forçada ou espontaneamente, a vítima levou o assassino no seu carro até o Morumbi. Lá, o criminoso matou o cineasta, fora do automóvel, que usou, depois, para fugir. Mais tarde, o assassino abandonou o carro no Jardim Europa.

Não se sabe até hoje quem matou Geraldo Junqueira, e, durante as investigações, a Divisão de Homicídios torturou um suspeito – o corretor de imóveis Laércio Luongo –, que morreu devido aos maus-tratos. Posteriormente provou-se que ele era inocente.

A Divisão de Homicídios investigou durante um ano a morte do cineasta. Não descobriu quem o matou, mas, usando os porões do Departamento Estadual de

Ordem Política e Social (Deops), ela torturou pelo menos quatro suspeitos, pendurando-os de cabeça para baixo, enquanto lhes dava pancadas e choques elétricos. Ninguém foi para a cadeia por causa da tortura e, decorridos 20 anos, a morte do cineasta ainda é um mistério.

O cineasta

Rico e com amigos influentes na política e na alta sociedade, que sempre frequentou, o cineasta Geraldo Junqueira havia se notabilizado por uma série de documentários que produziu para o cinema nacional, entre outros um que mostrava o drama humano e violento dos habitantes e animais que vivem no polo Norte. Ele havia produzido, também, um filme que mostrava como caçadores matam impiedosamente na África, chamado *Kirongozi, o mestre caçador*.

As primeiras investigações sobre a misteriosa morte do cineasta revelaram que no seu automóvel não havia sinais de sangue ou de luta, o que fez supor, em princípio, que ele levou o assassino para o Morumbi, espontaneamente, na noite em que morreu. Deveria, portanto, pelo menos conhecer o criminoso.

Partindo desse raciocínio, a Divisão de Homicídios fez uma lista de todas as pessoas que poderiam estar com Geraldo Junqueira naquela noite, e investigou uma por uma, começando pela mulher de um industrial milionário, que era amante do cineasta. A mulher e, depois, o marido provaram que não estavam em São Paulo quando o crime aconteceu.

O polígrafo

Todas as pessoas que mantinham amizade ou negócios com Geraldo Junqueira foram investigadas, mas os resultados negativos. Suspeita do crime, gente da alta sociedade desfilou na Divisão de Homicídios, sempre acompanhada de advogados famosos. E, como não podia bater em gente que considerava importante, a Divisão de Homicídios importou dos Estados Unidos o seu primeiro polígrafo (detector de mentiras).

Os suspeitos, um a um, passaram pelo polígrafo, examinados por um técnico norte-americano, George Woolley, que mal falava o português. Obtendo verba especial para esclarecer a morte do cineasta, a Divisão de Homicídios financiou várias viagens de ida e volta aos Estados Unidos para George Woolley, que acabou não conseguindo nada com o seu polígrafo.

Um ano depois as investigações ainda estavam na estaca zero. Para esclarecer a morte do cineasta, a Divisão de Homicídios não tinha nada além das seis balas de calibre 32 que achou na sua cabeça. As balas haviam encontrado resistência óssea e se achatado, mas estavam suficientemente boas para o exame de balística, que é a comparação das estrias do cano de uma arma com os sulcos deixados em um projétil por ela disparado.

A arma

A arma do crime, portanto, era o maior objetivo da Divisão de Homicídios, pois ela levaria os policiais ao assassino, além de se transformar, depois, em prova decisiva contra ele. Mas, em um ano de investigações, as pistas para chegar à arma do crime se revelaram todas falsas. Sabia-se que era um revólver de calibre 32 e nada mais. E, enquanto o tempo passava, as pressões aumentavam sobre a Divisão de Homicídios, para que ela descobrisse quem havia matado Geraldo Junqueira.

Os policiais, então, inverteram as investigações, o que iria lhes custar muito caro: passaram a procurar primeiro o assassino, para depois, através dele, chegar à arma do crime, e substituíram o detector de mentiras pela tortura física, que passaram a infligir aos suspeitos, agora pessoas humildes, não mais aquela gente que a Divisão de Homicídios considerava importante e que vinha sempre acompanhada de advogados famosos.

Para torturar, porém, a Divisão de Homicídios precisava de um lugar adequado e o Deops lhe emprestou os seus porões e os instrumentos de tortura, desde os cavaletes para pendurar os suspeitos de cabeça para baixo até as máquinas de aplicar choques elétricos. Torturado, Jacó Bastos, de 32 anos, admitiu ter assassinado Geraldo Junqueira, junto com o corretor de imóveis Laércio Luongo, que tinha 30 anos, era casado e pai de dois filhos menores.

A tortura

Jacó Bastos, também corretor de imóveis, contou uma história completa sobre o crime, depois de ter sido supliciado durante uma semana, no Deops, com os gritos de dor abafados pelo barulho dos trens da Estrada de Ferro Sorocabana, que passavam nos fundos daquela repartição policial.

Laércio Luongo também foi torturado durante uma semana. Não admitiu, em nenhum momento, ter matado Geraldo Junqueira. Levado às pressas para um hospital, morreu dois dias depois, nos braços de sua mãe, jurando inocência. Tinha marcas de tortura em todo o corpo e, para justificar os ferimentos, a Divisão de Homicídios disse que a viatura que levava Laércio Luongo para o hospital havia capotado. Mais tarde, porém, provou-se que isso era mentira.

Jacó Bastos, depois, perante o Ministério Público, admitiu ter confessado o crime porque não aguentava mais ser torturado. Esclareceu, então, que tanto ele como Laércio Luongo jamais haviam tido algum contato com o cineasta Geraldo Junqueira, que nenhum dos dois conhecia. Sobre a tortura, houve um processo, vários policiais foram ouvidos, mas nenhum foi para a cadeia. E, com a morte do corretor de imóveis Laércio Luongo, a Divisão de Homicídios parou de investigar o assassinato do cineasta Geraldo Junqueira e o criminoso, até hoje, não foi descoberto.

------ dobre aqui ------

CARTA-RESPOSTA
NÃO É NECESSÁRIO SELAR

O SELO SERÁ PAGO POR

C AVENIDA DUQUE DE CAXIAS
1214-999 São Paulo/SP

------ dobre aqui ------

CADASTRO PARA MALA DIRETA

Recorte ou reproduza esta ficha de cadastro, envie completamente preenchida por correio ou fax, e receba informações atualizadas sobre nossos livros.

Nome: _____ Empresa: _____
Endereço: ☐ Res. ☐ Coml. _____ Bairro: _____
CEP: _____ - _____ Cidade: _____ Estado: _____ Tel.: ( ) _____
Fax: ( ) _____ E-mail: _____ Data de nascimento: _____
Profissão: _____ Professor? ☐ Sim ☐ Não Disciplina: _____

1. Você compra livros por meio de:
☐ Livrarias ☐ Feiras
☐ Telefone ☐ Correios
☐ Internet ☐ Outros. Especificar: _____

2. Onde você comprou este livro? _____

3. Você busca informações para adquirir livros:
☐ Jornais ☐ Amigos
☐ Revistas ☐ Internet
☐ Professores ☐ Outros. Especificar: _____

4. Áreas de interesse:
☐ Educação ☐ Administração, RH
☐ Psicologia ☐ Comunicação
☐ Corpo, movimento e saúde ☐ Jornalismo
☐ Comportamento ☐ Propaganda e Marketing
☐ PNL ☐ Cinema

5. Nestas áreas, alguma sugestão para novos títulos? _____

6. Gostaria de receber o catálogo da editora? ☐ Sim ☐ Não

Indique um amigo que gostaria de receber a nossa mala direta

Nome: _____ Empresa: _____
Endereço: ☐ Res. ☐ Coml. _____ Bairro: _____
CEP: _____ - _____ Cidade: _____ Estado: _____ Tel.: ( ) _____
Fax: ( ) _____ E-mail: _____ Data de nascimento: _____
Profissão: _____ Professor? ☐ Sim ☐ Não Disciplina: _____

Summus Editorial
Rua Itapicuru, 613 7º andar 05006-000 São Paulo - SP Brasil Tel.: (11) 3872-3322 Fax: (11) 3872-7476
Internet: http://www.summus.com.br e-mail: summus@summus.com.br